節子が主演を望んだ『アルプス物語　野性』（沢村勉監督、昭和25年公開）。
イングリッド・バーグマンに憧れていた。　（加藤朋子所蔵）

保土ケ谷尋常小学校の集合写真。後ろより3列目、左端が会田昌江(原節子)。成績優秀で級長を務めていた。 (卒業アルバムより)

昭和10年、14歳で日活に入社。月給は50円だった。(本地陽彦所蔵)

次姉・会田光代。相田澄子の名で女優、脚本家をしていた。写真は彼女が主演した『霊魂の叫び』（三枝源次郎監督、昭和2年公開）より。（国立映画アーカイブ所蔵）

光代の夫で映画監督の熊谷久虎。節子はこの義兄の影響を強く受けた。

次兄・会田吉男。大学を中退し映画キャメラマンになる。
（写真協力／川喜多記念映画文化財団）

初めて出演した映画『ためらふ勿れ若人よ』（田口哲監督、昭和10年公開）より。
（国立映画アーカイブ所蔵）

『白衣の佳人』（阿部豊監督、昭和11年公開）で入江たか子（右）と共演。節子が唯一憧れた先輩女優だった。
（国立映画アーカイブ所蔵）

山中貞雄監督に抜擢されて『河内山宗俊』（昭和11年公開）に出演。はじめての時代劇。
（国立映画アーカイブ所蔵）

節子に演技指導する山中監督（右）。節子の女優としての資質にいち早く気付くが、昭和13年に戦病死する。
（国立映画アーカイブ所蔵）

ナチスの資金で製作された日独合作映画『新しき土』(伊丹万作、アーノルド・ファンク監督、昭和12年公開）の主演女優に抜擢される。
（国立映画アーカイブ所蔵）

アーノルド・ファンク監督と節子。ファンク監督によって主演に起用され、一躍、スター女優となる。 （写真協力／川喜多記念映画文化財団）

ベルリンの日本大使館。左端より、『新しき土』で共演したドイツ人女優のルート・エヴェラー、ゲッベルス宣伝相、節子、武者小路公共大使。
(Ullstein bild／アフロ)

『新しき土』の公開にあわせてドイツを訪問。フランス、アメリカをまわって日本に帰国する。左は義兄の熊谷久虎。(澄子・モリソン・クリーター所蔵)

昭和10年に撮影された水着写真。節子は洋行後の昭和13年より水着撮影を拒み、世間から「原節子水着拒否問題」として糾弾された。

洋行後、「顔が美しいだけの大根女優」「生意気」と叩かれる。『母の曲』（山本薩夫監督、昭和12年公開）と森永チョコレートのタイアップ広告。（松田集所蔵）

人気が低迷するなか、『上海陸戦隊』（熊谷久虎監督、昭和14年公開）に出演。抗日の中国人少女を熱演した。　（国立映画アーカイブ所蔵）

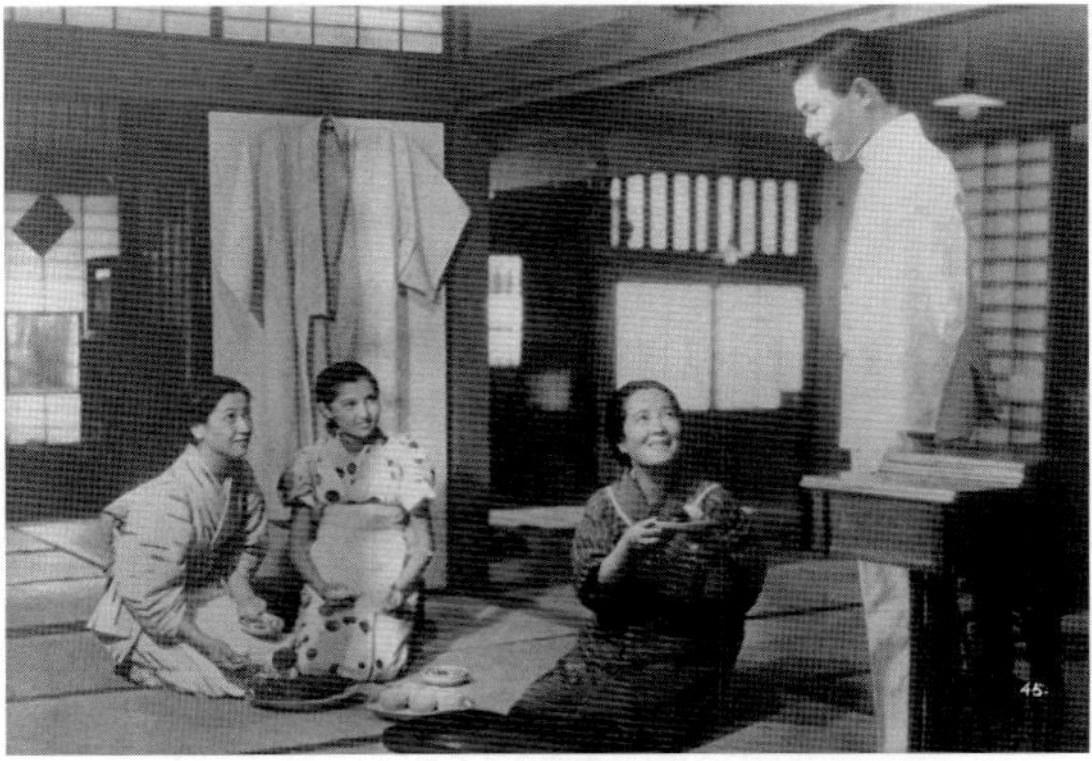

戦争映画の大ヒット作『ハワイ・マレー沖海戦』（山本嘉次郎監督、昭和17年公開）に出演。

戦争中は数々の戦意高揚映画に出演。『望楼の決死隊』（今井正監督、昭和18年公開）では匪賊と戦う警備隊長の妻を演じた。　（国立映画アーカイブ所蔵）

戦後は民主主義啓蒙映画で重要な役割を担った。『わが青春に悔なし』(黒澤明監督、昭和21年公開)より。 (松田集所蔵)

『わが青春に悔なし』では黒澤監督から厳しい演技指導を受けた。 ©TOHO CO.,LTD.

『青い山脈』（今井正監督、昭和24年公開）に出演。節子は戦後の価値観を体現する存在となった。 ©TOHO CO.,LTD.

映画監督・小津安二郎は節子を主演女優に強く希望した。（提供／毎日新聞社）

『晩春』（小津安二郎監督、昭和24年公開）より。ヒロイン「紀子」を演じる。
（国立映画アーカイブ所蔵／©松竹株式会社）

節子が意気込んで主演した『白魚』(昭和28年公開) 撮影中のスナップ写真。左は義兄の熊谷久虎監督。撮影中、悲惨な事故が起こった。(提供／毎日新聞社)

カメラ越しに節子を見つめる次兄の会田吉男(左)。『アルプス物語　野性』より。
(写真協力／川喜多記念映画文化財団)

『東京物語』（小津安二郎監督、昭和28年公開）の撮影中、節子のメイクを直す小津監督。短い台詞を何十回も直された。（提供／松竹株式会社）

『小早川家の秋』（小津安二郎監督、昭和36年公開）より。「ポスト原節子」と言われた司葉子（左）の母を演じる。　©阪急電鉄

『愛情の決算』（佐分利信監督、昭和31年公開）で人妻の不倫劇に挑み、娘役からの脱皮をはかった。35歳。
（撮影／田沢進）

新潮文庫

原節子の真実

石井妙子著

新潮社版

11065

まえがき　原節子と会田《あいだ》昌江《まさえ》

その女性《ひと》はすでに生きる伝説といわれて久しく、世間からのあらゆる接触を半世紀以上も絶って、自分の生死すら覚《さと》られまいとしていた。

平成二十七年（二〇一五）六月十七日、鎌倉――。

私は祝いの花束を抱えて、ある古刹《こさつ》の山門前でタクシーを降りた。まだ昼前だというのに朝からうだるように暑い梅雨の晴れ間で、山門の周辺には観光客や参拝者の姿がちらほらと見られたものの、一歩細道に入れば人影もない。

裏山へと至る坂道の途上に、その住《すま》いはあった。生い茂る生垣に深く覆《おお》われ中をうかがうことはできないが、折からの新緑、樹々《きぎ》の合間からは彼女が暮らすといわれる離れの屋根がかいま見られる。

古風な木戸には色あせた表札がふたつ。そのうちの一枚、「熊谷《くまがい》」と書かれたものの隅に、一見、それと気づかれぬほど細筆で「会田」とあった。彼女の本名は会田昌江である。

私がこの家を訪れるのは、三度目、いや、四度目だろうか。そのたびに、後ろめたい気持ちに襲われ、インターフォンを押すことがためらわれた。

ちょうど一年前のこの日にも、私は花束を届けに来て同居する親族にお渡ししている。さらにその半年ほど前には、彼女が危篤《きとく》だという情報が流れたため、動悸《どうき》を鎮《しず》めて、これを押したことがあった。

インターフォン越しに来意を告げると、同居する甥御《おいご》さんは、わざわざこの木戸まで出てきて、「原節子さんはお元気でしょうか。重病説が流れているのですが」という私の不躾《ぶしつけ》な問いに、「そんなことはありませんよ。お蔭《かげ》さまで元気でおります」と答えてくれたものだった。

いつでも甥御さん夫婦のどちらかが、インターフォンを押すと木戸まで出てきて、丁寧に応対してくれる。けれど、余計な質問に答えることはなく、安否以外に叔母の私生活をもらすことはない。彼らは〝柔らかな盾〟となって彼女を守り抜いているのだった。

こうした親族の献身に支えられ、彼女はすでに半世紀以上もこの生垣の奥深くに身を隠し、世間を遮断して隠棲《いんせい》し続けている。

今日はその彼女の、九十五回目の誕生日にあたった。


女優・原節子の評伝を書こうと思い立ち、すでに三年が過ぎようとしていた。

昭和の大女優といわれた彼女は、ふたつの意味で世間から未《いま》だ忘れ去られずにいる。ひとつには彼女があまりにも気品に溢《あふ》れて美しく、作品を通じて観《み》る人を今も魅了し続けているからである。ふたつには、そんな彼女がある日突然、理由も告げずに銀幕を去り、以来、姿を隠し沈黙を守り続けているからだった。

評伝を書こうと思う者なら誰しも、存命であれば本人に会い、直接、話を聞きたいと願うものだ。だが、彼女に関して言えば、それは絶対に望めぬことであった。どれほどの作家が、ジャーナリストが、これまで試みて拒まれてきたことか。

頑《かたく》なに自分を語ることを拒否した著名人でも、老境に至り、あるいは死を身近に感じて、心境が変わる人もなくはない。自分の死後に好き勝手なものが書かれるよりはと自伝を残す、もしくは、作家の評伝執筆に協力する。エディット・ピアフも、ココ・シャネルも、あるいはイングリッド・バーグマンもそうだった。

しかし、彼女に限っては、この先どんなに年を重ねようとそのようなことはないはずだと、三年、彼女を追い求めてきた私自身が誰よりも理解していた。

彼女は自分を語ることを欲せず、語り継がれることも望んではいない。その姿勢はこの先も変わりはしないだろう。できれば、もう忘れてほしい、そっとしておいてほしいと願っているに違いない。

それなのに私は、評伝執筆を思い立ってからというもの、こうして自宅に赴き、返事はないとわかっていながら手紙を託すのであった。彼女に静かな余生を過ごして欲しいと願う気持ちは私にもあるのに、何という矛盾であろう。

原節子は特別な女優である。

彼女は昭和十年（一九三五）、わずか十四歳で女優になった。そして昭和三十七年（一九六二）、四十二歳でしずかに銀幕を去っていった。二十八年間の女優人生で、出演作は百十二本。決して多くはない。なかには駄作と評されるものもあり、単に花を添えただけ、という作品もある。だが、それでも彼女の存在は他を圧している。画面に出るだけで、すべてを静かに制してしまうのだ。

外国人の血が混じっていると噂《うわさ》された彫りの深い顔立ちで、抜きん出た美しさと気品を持ち、人の心に訴える陰影のある演技をし、戦前から戦後まで日本映画界の黄金期に華として君臨した。

代表作といわれるのは、小津安二郎監督と組んだ一連の作品。特に初期の三作は、原節子の演じたヒロインの名がすべて「紀子《のりこ》」であったことから、「紀子三部作」と言われ、今も世界的に高く評価されている。

平成二十五年（二〇一三）に、私は取材に訪れたドイツで現地の映画研究者たちに会い、彼《か》の地でもいかに原節子の人気が高いかをつぶさに知った。

「セツコの演技は、私の心を大きく揺さぶる。どうしてここまで心に響いてくるのかわかりません」。つい最近の授業でも映画学をドイツで学ぶ東欧出身の留学生から、そのような声を聞いたと、現地の研究者は私に教えてくれた。

一方、日本では、長く「永遠の処女」のキャッチフレーズで彼女は知られる。お下げ髪の女学生役でデビューし、一貫して清純無垢《むく》な役柄を演じることが多かったからだ。当時の女優としては大変めずらしいことに、一度も芸者や遊女を演じていない。女学生や令嬢、もしくは教師か女医がはまり役とされた。加えて私生活においても、独身を貫き、ゴシップもなく、崇拝の対象とされたのである。

このように書くと、まるで彼女は初めからずっと映画界の中で陽のあたる道だけを歩み続けた人のように、思われるかもしれない。だが、彼女が最も美しかった頃、日本は戦争に明け暮れていた。映画女優としても、ひとりの女性としても、彼女には戦争の犠牲者という側面がある。

原節子が本当に女優として認められたのは戦後のことだ。敗戦を二十五歳で迎えた彼女は打ちひしがれる日本人を、慰撫《いぶ》し、鼓舞した。清く、正しく、美しく、日本を導く役割を担《にな》った女優、それが原節子だったのだ。

会田昌江として大正九年（一九二〇）に生まれた彼女は、「原節子」となり時代を背負って駆け抜け、昭和三十七年の映画出演を最後に忽然《こつぜん》と姿を消した。それから半世紀もの時が流れている。

私がこの日、花束を届ける相手は、原節子として人生の一時期を生きながら、その手で原節子を葬《ほうむ》り去った会田昌江、その人なのである。

照りつける太陽は夏日のように強く、時おり吹き抜ける海風は潮を含んで重たかった。

何度も離れの屋根を見上げる。あたりは物音ひとつせず、目に映るすべてが静止していた。インターフォンへと手を伸ばしかけるが、なかなか決心がつかない。
片手に抱いた花束から一瞬、蒸れるような花の香りが濃く立ち上《のぼ》った。

目次

原節子の真実

第一章 寡黙《かもく》な少女

その日も、梅雨の晴れ間の日差しが朝から照りつけるような一日だったのだろうか。

大正九年(一九二〇)六月十七日、まだ昼を迎えるにはだいぶ早かった。横浜駅のひとつ隣、東海道線の保土ケ谷駅(当時は程ヶ谷駅)から歩いて五分とかからない、坂道の途中にある会田家では、母のナミが陣痛を迎え苦しんでいた。すでに六人の子どもを産んでおり、出産には慣れていたものの、三十八歳の身体《からだ》には、やはりこたえるものがあった。最初に産んだ長女はすでに十九歳、彼女を頭に二男四女の母である。それなのに孫を抱いてもおかしくないこの年になって、さらに、もうひとり授かろうとは。夫の藤之助に至ってはナミよりさらに十歳も年長で、もう四十八歳になっていた。

ようやく昼に差し掛かる前、ナミはどうにか女の子を産み落とした。おませな姉たちは、この遅れてやってきた妹の誕生を喜んだが代わるがわる顔を覗《のぞ》き込み、思わず声をひそめて語り合った。

「これじゃ、赤ちゃんじゃなくて黒ちゃんだわ」

「女の子なのに可哀想《かわいそう》……」

「でも、将来この子が色黒になっても本人が傷つくといけないから、色が黒いっていうのはやめましょうね」

色の黒い赤ちゃんは、「昌江」と命名された。

年老いて得た子どもは可愛《かわい》いという。その例にもれず、昌江は年かさの両親のもと、四人の姉、二人の兄に囲まれて、愛情を一身に浴びて育っていった。両親と六人の兄姉《きょうだい》という存在が、昌江の生涯を決定づけたとも言える。家族の結束は固かった。この後、彼らは昌江の心の支えとなり、同時に足かせともなっていく。

一番上の姉は喜久《きく》といった。昌江とは十九も歳《とし》が離れていた。病弱でずっと臥《ふ》せっていた、という。昌江が女優になった頃、家族構成を聞かれて「姉は三人」と何度か答えており、いささか気にかかる。単なる誤報であろうか。それとも、喜久の存在を伏せていたのか。この長姉は結婚せぬまま昭和十九年（一九四四）に四十二歳で亡《な》くなっている。

二番目の姉は光代《みつよ》、昌江よりも十四歳年長だった。昌江の人生にもっとも強い影響を与えた姉だ。光代がいなければ、「原節子」は生まれ得なかった。昌江は生涯、この姉の傍から離れることなく、彼女の死後も、その次男である甥《おい》の久昭《ひさあき》夫妻に守られて暮らすことになる。

三番目の姉は十一歳年長で喜代子《きよこ》といった。光代と同じくフェリス和英女学校に学んでいる。教会で知り合った青山学院の学生、木下順《じゅん》と聖書の中にラブレターを挟んで交換するような、大恋愛を経て結婚。木下は三井銀行に勤め、神戸支社、大連支社に勤務する。一家は満洲で良い生活を送っていたが、後、敗戦によりすべてを失い、引き揚げてくることになる。戦後、長男が東宝に入社、映画監督になる木下亮《りょう》である。

四番目の姉は律子という。昌江より四歳年長で、小さな頃はどこへ行くにも一緒だった。姉たちの中で、最も美しかったといわれる。横浜高等女学校卒。一時、節子の身の回りの世話をしていたが「原節子よりも美しい姉」と映画界でも評判が立ち、映画監督の番匠義彰《ばんしょうよしあき》に見初められて結婚。その後、離婚している。

兄たちもまた、昌江を可愛がった。

長兄は武雄《たけお》といい、十六歳違い。東京外国語学校（現・東京外国語大学）でフランス語を勉強し、その後、弁護士となり満洲に渡った。

次兄の吉男《よしお》とは六歳違いである。年も近く、仲がよかった。明治大学で法律を勉強し、長兄と同じく弁護士を目指していたが、中退。昌江とともに映画界入りすることになり、映画キャメラマンになった。このふたりの実兄は、それぞれ非業《ひごう》の死を遂げることになる。

これら兄姉の経歴からもわかるように会田家は、裕福で、子どもの教育にも熱心な家庭だった。

そもそもは日本橋に四代続いた生糸《きいと》問屋。江戸の中心地、薬研堀《やげんぼり》に店はあり、さらにその前に遡《さかのぼ》ると埼玉県の「会田村」に行きつくのだと原節子自身が語っている。

日本橋ではそれなりの商家として知られていたようだが、昌江にとっては祖父にあたる会田伊兵衛の代で店が傾く。伊兵衛は俳諧《はいかい》の世界では名を知られた粋人だったものの、その分、商売には身が入らなかったようである。

昌江の父・藤之助は、そうした事情もあり明治三十年（一八九七）頃、住み慣れた日本橋を離れ新天地の横浜に移り住むと、港に近い尾上町《おのえ》に新しく生糸を扱う店を構えた。

明治維新後、海外との貿易が盛んになり商業の中心地は日本橋から横浜へと移りつつあった。特に生糸は明治政府が主力の輸出品として後押ししたこともあり、目端《めはし》の利《き》いた生糸商人たちは、皆、競うように横浜に店を構えた。立ち並ぶ洋館、夕暮れ時のガス灯、港に浮かぶ大型船、街を闊歩《かっぽ》する西洋人の姿。日本一ハイカラと言われたこの横浜の地で、二十九歳になった藤之助は明治三十四年、石川ナミという名の女性と知り合い結婚する。

藤之助は彫りが深く、「外人さんみたい」といわれる容貌《ようぼう》の美男子だったが、ナミもまた、負けず劣らず美しい女性であったという。

藤之助が日本橋に四代続いた江戸っ子なら、ナミはその日本橋から数えて四つ目の宿場町、東海道の保土ケ谷宿に生まれ育った女性だった。それもあって、一家は横浜の尾上町から、隣駅の保土ケ谷に移り住む。当時の保土ケ谷は、駅前の丘が切り拓《ひら》かれて新興の住宅地として人気を集めており、新しい住民の大半が会田家のような横浜に職場を持つ商人であったという。

会田家が暮らした借家は、保土ケ谷駅西口から旧東海道を渡って、高台のほうに向かう坂道の途中にあった。

昌江と尋常高等小学校で同級生だったというAさんは、平成十六年（二〇〇四）に取材に訪れた『週刊新潮』の記者にこう語っている。

「昌江ちゃんのおうちは、離れや中庭もあり、洒落《しゃれ》た、モダンなお宅でした。玄関先にはいつも綺麗《きれい》な鉢植えが並んでいた。上のお姉さんたち二人は振袖《ふりそで》を翻《ひるがえ》して、袴《はかま》姿で東海道線の二等車、今で言うグリーン車に乗って、横浜のフェリス女学校まで通っていたんですよ」

会田家の山手風の瀟洒《しょうしゃ》な暮らしぶりが伝わってくる。美男美女の両親、美しく手入れの行き届いた家、振袖を着てフェリスに通う姉たちの華やいだ姿。家の中では横浜山手のお嬢さん言葉が飛び交っていたことだろう。また兄ふたりも高学歴である。

後年、女優となった昌江が教養のある上流階級の娘を演じて得意役としたのも、こうした家庭環境を考えれば、必然のことと思われる。

しかしながら、この穏やかで豊かな生活は、昌江の誕生後、そう長くは続かなかった。

三歳になってほどなく、昌江は人生で最初の災禍を経験する。

大正十二年（一九二三）九月一日、正午前のことだ。突然、大地が引き裂かれるように激しく揺れ、地響きとともに会田家は大きく音を立てて崩れ落ちた。関東大震災である。震源地は相模《さがみ》湾沖で、横浜の受けた被害は甚大《じんだい》だった。

幼なじみの同級生、Aさんの話によると、この時、昌江の母のナミは台所で煮炊《にた》きをしていて頭から熱湯をかぶって大やけどを負い、その結果、心身を病むことになってしまったという。

一方、この震災に関して、「原節子」は、ほとんど何も語り残していない。戦前の映画雑誌に「家は音を立てて崩れたものの、幸いにして会田家は誰ひとり傷を負わずに済んだ。自宅にいた母は、子どもたちを連れて近くの小山に避難し、横浜から歩いて帰りついた夫と合流して再会を喜びあった」という逸話が載せられているのを、ひとつだけ見つけた。この齟齬《そご》をどう捉《とら》えればいいのだろう。母の件はあまりにも辛《つら》い出来事であり、口に出来なかったのではないか。

保土ケ谷の家は借家だったが倒壊した家屋を建て直して、一家は震災後も暮らし続けた。そして、震災から三年が経《た》った大正十五年（一九二六）十二月二十五日、大正天皇が崩御して元号は昭和となる。

明けて昭和二年(一九二七)四月、昌江は、兄姉も通った保土ケ谷尋常小学校に入学する。震災で全壊した校舎は建て直されたばかりだった。小学校は会田家から眼と鼻の先で、震災時に昌江たちが逃げたとされる小山を背にしていた。

横浜の発展とともに保土ケ谷尋常小学校も生徒数が年々、膨れ上がっており、昌江が入学した時点での児童数は、千八百十九人。分校の岩崎小学校ができるまでは、午前と午後の二回に分けて授業を行っていたという。当時の写真を見ると、生徒の大半が絣《かすり》の着物に下駄《げた》履きである。昌江は四歳年長の姉・律子に手を引かれて、この小学校に通った。帰り道も姉と一緒だった。昌江は年配の両親のもと兄や姉に囲まれて大事に育てられた分、人見知りが激しかった。休み時間も姉の教室に行き、姉の傍で過ごしていたと同級生は語っている。

彼女自身は三十代の後半に自分の小学生時代を振り返り、活発な男勝りの少女だったと回想している。

〈遊びといえば木登りが好きだったし、クラスの友だちが男の子にいじめられていたりすると、助けにかけつけたりいわゆるナイト的なところがあったんです〉

（「東京新聞」昭和三十四年二月二十七日夕刊）

ところが、同級生たちが記憶する彼女の姿は、まったく異なっている。少女は寡黙で人と群れず、いつも教室の片隅で本を広げ孤独な空気を漂わせていたというのだ。『週刊新潮』の記者に対して同級生のAさんは、こう語っている。

「私たちが石蹴《いしけ》りなんかしていると昌江ちゃんはその横を通り過ぎて、山の向こうの図書館に本を借りに行くんです。私たちなんかと違って、ずっと大人びてました」

証言から浮かび上がってくるのは、周囲との交流を拒絶し、独りで佇《たたず》む内向的な少女の姿である。

実はこの頃、彼女の家庭は経済的に問題を抱えていた。

昭和四年（一九二九）十月末、アメリカのニューヨーク・ウォール街に端を発した株価の暴落が、海を渡って少女の家庭をも直撃していたのである。輸出品の生糸が売れなくなり、父の店も大きな打撃を受けていた。かつては次姉と三姉が振袖に袴をつけて、フェリスに通った。けれど、小学三年生の昌江は丈の合わない傷《いた》んだ服ばかりを着続けていたという。同級生のAさんは、こう回想している。

「かわいそうに昌江ちゃんは、いつも着た切り雀《すずめ》でした」

悲劇はそれに留まらなかった。前述したように、母ナミが心身を病んでしまっていたという同級生たちの複数の証言がある。Aさんは、それは関東大震災で熱湯をかぶったせいだと語るのだが真相は定かではない。だが同級生たちは言葉少なく、昌江の母をこう語っている。

「家の中に閉じ込められていて」

「時おり家から脱走して、道端に白い着物姿でうずくまり、ブツブツと呟《つぶや》いていて。髪の毛が抜け落ちてしまっていて怖かった」

「昌江ちゃん本人から、『お母さんが、意味のわからない独り言をいうの』と相談されたことがある」

昌江の家と小学校はわずかの距離だった。近所の子どもたちは、皆、同じ小学校に通う。こうした家庭の事情は隠しようもなかったはずだ。子どもたちは時として残酷である。悪気はなくても騒ぎ立てる。

母が病におかされ、時おり母でなくなってしまう。それは、父の仕事が傾き経済的に苦しむ、という問題とは、まったく別次元の哀《かな》しみを少女に与えたに違いない。昌江は終生、自分を語ることを好まなかった。そこには、こうした事情も作用していたものと考えられる。少女が本を手ばなさず、つねに読書に没頭していたのも、厳しい現実から離れて空想の世界に身を置きたかったからなのか。

病んだ母に代わって少女の世話を焼いたのは姉たちだった。遠足に行くと言えば、夜を徹して自分の服を解《ほど》き、昌江の服に仕立ててくれた。朝早くから台所に立ち、お弁当も作ってくれた。

「母は病弱でした。ですから、私は姉の手で育てられたようなものです」

昌江は後年、たびたびそう語っている。

彼女は生涯、姉や兄たちをひたすら想《おも》い、幼き日に与えられた恩に報いようとした。肉親にかける深い愛情、それは、家庭の不幸のなかで育《はぐく》まれたと見ることができようか。

昌江の小学校時代の写真が何枚か残されている。彫りの深い顔立ちで、大人びて見える。美少女として、さぞ人目を引いたのではないか。

ところが、同級生たちは一様に「そんなことはなかった」と証言している。当時の昌江はなんといっても、色が黒くて痩《や》せていた。眼があまりにも大きくてギョロギョロしているので男子生徒からは眼の大きさが五センチはある、とからかわれ、〝五センチ眼《がん》〟とあだ名をつけられていたという。身なりが貧しかったこともあり、容貌で特に目立つことはなかったようだ。

ひとつには土地柄もあったろう。比較的裕福な横浜商人の子弟が多かった保土ケ谷尋常小学校には、他にも整った顔立ちの子どもがおり、また、西洋人を見る機会も多い。横浜では昌江の容貌がそれほどには目立たなかったのかもしれない。

加えて、昌江のすぐ上の姉である律子の存在も大きかった。昌江の同級生も皆、律子の美貌を記憶している。

「とにかく綺麗といったら律ちゃんだったから、昌江ちゃんより」

昌江は美貌の姉の陰に隠れて、少なくとも幼少期は特に目立つ存在ではなかったようだ。だからだろう。彼女には、女優になってからも、自分が美貌に恵まれているという自覚は希薄だった。自分の美貌を誇る気持ちをもう少し持ち合わせていれば、彼女にはまた別の女優人生があったであろう。

また、「原節子は混血だ」という噂が半ば事実のように語られているが、私が調べた限り、会田家の祖先に外国人がいたという事実はない。西洋風の顔立ちは日本橋に生まれ育った父から受け継いだものだが、会田家の先祖に外国人がいたという記録も証言も見られない。

中には昌江本人から、「ほんの少しだけ混じっているの」と聞かされたことがあると語る同級生や映画関係者もいるが、それは彼女が、ふざけて語ったまでのことであろう。

子ども時代の昌江は容姿とは別のことで注目を集めていた。とにかく成績がよかったのだと多くの同級生が証言している。Aさんはいう。

「昌江ちゃんはいつも一番。だから女の級長は、いつも昌江ちゃんで胸に級長の赤いリボンをつけていました。算数なんか特によくできた。先生は式を書いてすぐに黒板を消してしまうのですが、そんな時でも昌江ちゃんだけはスラスラと答えを言えたんです」

五年生の時、一度だけ東京からの転校生に負けて昌江は一番を取れなかった。担任の教師は成績表を配り終えると昌江ひとりを教室に残し、こう注意した。

「転校生に負けては駄目ですね。この次はしっかりと頑張りなさい」

昌江は期待に応《こた》えて、すぐに一番に返り咲く。

やせっぽちで眼ばかり大きい、着た切り雀。本を読み耽《ふけ》る寡黙な少女。努力家で運動も得意な優等生。それが同級生たちに記憶される〝昌江ちゃん〟だ。

横浜生まれの少女が本とともに愛したものがある。海だ。時間があれば昌江は海に行き、泳げる季節なら泳ぎ、冬は遠くから青い水面《みなも》を見つめて過ごした。そして次第に、ふたつの夢を少女は抱くようになる。

ひとつは堅実な夢だった。「学校の先生になりたい」、夢というよりも、それは成績の良い少女にとって現実的な目標だった。

もうひとつは、文字通りの夢で、「外国に行ってみたい」と憧《あこが》れた。小さな頃から海に浮かぶ外国船や船員たちを間近に見て、遠い異国に思いを馳《は》せてきた。肌の色も髪の色も違う人々が住む国に、いつか行ってみたい。けれど、いったいどうしたら外国に行けるのか。よほど偉い人にならなければ無理なのだろう。外交官の奥さんになればいいのか。想像もつかず、子どもながらに見果てぬ夢だとわかっていた。

外国への憧れは、横浜のモダンな空気を吸って育った会田家の、他の兄姉とも共有していた。とりわけ長兄の武雄は、東京外語でフランス語を学んだほど、フランスに恋焦《こ》がれていた。その兄にしても外国行きは、見果てぬ夢だった。よほどの資産家、成功者でなければ叶《かな》えられない。ましてや、会田家は没落し、生活に追われる日常では、外国など空想の世界でしかなかった。そんな兄の思いを知ってか、幼い昌江はこう呟いた。

「兄さん、私もいつか外国に行ってみたい」

身体に合わないおさがりを着て勉強ばかりしている小さな末妹が、めずらしく子どもらしい夢を語るのを聞くと、兄はいたたまれなくなる。思わず末妹の、か細い肩を強く抱くと、こう言って聞かせた。

「昌江、兄さんがいつかきっと、お前を外国に連れていってやるから」

昭和七年（一九三二）、昌江は小学校の六年生になった。次姉の光代、三姉の喜代子が通ったフェリス女学校に昌江も憧れてはいたが、それは家の経済が許さないことを早くから悟っていた。

少女は、県立横浜第一高等女学校を受験することにした。

どの小学校からも優秀な生徒が受験して、各校一人か二人しか合格できない県下一の難関校である。だが、マンモス校な上に優秀な生徒も多い保土ケ谷尋常小学校は、毎年、五、六人の合格者を出していた。学年一位の昌江なら絶対に受かるはず。誰もがそう思い疑わなかった。

ところが、思いもかけぬことが起こってしまう。肝心の受験当日に昌江は風邪をこじらせ、高熱を出してしまったのだ。試験は受けたものの、結果は不合格。この出来事は少女を打ちのめした。同級生のＡさんは語る。

「あれは、昌江ちゃんにとって大きな出来事だったと思う。今でも私、思うことがあるの。あの時、第一高女に合格していれば、昌江ちゃん、女優にならないで済んだんじゃないかって」

家は困窮していた。県立以外では、親に学費の負担が重くのしかかる。親思いの少女は、受験に失敗した自分自身を強く責めたに違いない。

昌江はすぐ上の姉、律子も通った私立の横浜高等女学校に入学する。ちょうど昌江が通ったころ、『山月記』の作者として知られる中島敦《あつし》や、歌手の渡辺はま子が教壇に立っている。地元ではそれなりに名が通った女学校だった。とはいえ、第一高女への憧れが強かった昌江にとっては、どこまでも不本意な結果だったのだろう。昌江より成績の悪かった同級生が、第一高女の制服を着て通学する姿と毎朝すれ違う。そのたびに、昌江は視線を伏せた。

世間では、昭和恐慌《きょうこう》に東北地方の冷害が重なり、自殺や少女の身売りが相次いでいた。こうした世相を受けて、昭和六年（一九三一）には、中国大陸で関東軍により満洲事変が引き起こされる。

翌年、国際的な非難を浴びるなかで、日本は強引に中国東北部に「満洲国」を建国し、疲弊した日本の農村から農民たちを次々と開拓民として移住させた。

昭和八年になると、欧州ではドイツにヒトラー率いるナチス政権が誕生し、満洲国建国を非難された日本とナチスドイツは、それぞれ国際連盟を脱退。孤立したもの同士、急速に接近していく。

昌江が女学校に入学したのは、まさにこの昭和八年のことであった。

第二章　義兄・熊谷久虎《くまがいひさとら》

それは昌江が女学校に通うようになって、初めて迎えた春休みのことだった。昭和九年（一九三四）三月下旬の穏やかな春の日、会田家に訪問客があった。やってきたのは二番目の姉、光代の一家だった。

それまでは京都で暮らしていたのだが夫の転勤に伴い、この春から東京で暮らすことになったため、生家に長男の陽《ひさし》を連れて親子三人で挨拶《あいさつ》にやって来たのである。昌江は久しぶりに次姉に会えて嬉《うれ》しくてならず、まとわりついて歓待した。京都の家に遊びに行ったこともあり、姉の夫の顔もすでに知っていた。義兄の名は熊谷久虎。映画会社「日活」に所属する映画監督で、このたび日活が東京に現代劇専門の撮影所を開所するにあたり、京都から赴任してきたのだった。

それにしても、なぜフェリス女学校を卒業した次姉の光代は映画監督と結婚し、京都で暮らしていたのだろうか。

光代の経歴は、これまで判然としなかった。

「大部屋女優だった」という噂がかねてから映画界にはあり、しばしば活字にもなっているが、芸名もわからず噂止まりだった。その一方で原節子は、「姉は日活の企画部におり脚本を担当していた」と語っている。「姉が大部屋女優だったことを隠したくて、そんなことを言うのだ」と意地の悪い見方をする人もいたが、このたび調べてみて、ふたつの事実に行きついた。

光代は、たしかに女優をしていたのだ。しかも、大部屋女優などではなく、主演作もあった。芸名は、「相田澄子」である。また、節子の語っていたことも事実で「相田澄子」の名で脚本も書いていた。光代はフェリス女学校を卒業後、大正十五年（一九二六）七月十日に日活に入社して女優となり、その後、脚本家に転身したようである。

それにしても、フェリス出身の子女が映画女優になるとは、当時としては、かなり奇異な選択ではなかったか。なぜなら初期の映画女優は、花柳界の出身者などで占められ、一般家庭の女性が就く職業とは見なされていなかったからだ。会田家が没落したため、いたしかたなく女優になったのかと想像したが、光代が入社した大正末年、まだ家運は傾いていない。

光代は明治三十九年（一九〇六）生まれ。大正デモクラシーと言われた自由な時代の空気を吸って青春を謳歌《おうか》した世代である。裕福な家庭に育ち、キリスト教の女性宣教師が開いた進歩的な女学校に通ったことから想像するに、時代の先端を行く典型的なモダンガールだったのではないだろうか。女学校生活の延長として、光代は文芸や芸術の世界に憧れを抱き、西洋的な価値観から映画界に飛びこんでいったものと考えられる。

この大正末期、日本の映画界もまた、「女優」を急ぎ求めていた。今日では信じがたいことだが、それまでは歌舞伎《かぶき》同様に映画でも女の役は女形、つまりは男に演じさせていたのである。

そうしたなかで「女の役はやはり女がやらないとおかしい」という当たり前の議論が起こり、女優への切り替えが計られていたのだった。

とはいえ、女性が人前に顔を晒《さら》すことが恥とされた時代である。そのうえ映画人は「活動屋」といわれて、「河原乞食《かわらこじき》」と蔑《さげす》まれた演劇人よりも、さらに一段低く見られていた。映画女優のなり手はおらず、芸者やダンサーといった玄人《くろうと》女性に声をかけて即席の映画女優にするか、もしくは、舞台に立つ新劇女優を金で口説き落として勧誘するしかない。そんな時代であった。

そうしたなかで、光代は「相田澄子」の芸名で、『霊魂の叫び』（昭和二年）、『更生』（同）などに主演。どちらも、フィルムは現存しないが、スチール写真が残っている。写真を見る限り女優らしい華やぎは、その風貌から伝わってこない。この時期、一世を風靡《ふうび》したのは新劇から日活入りした、あでやかな岡田嘉子《よしこ》だった。光代は女優としては大成せず、それで脚本家への転身を図ったのだろうか。あるいは、はじめから脚本家を志望して企画部に入ったものの、女優不足の折り、説得されて女優を一時、経験しただけなのか。

さらに調べてみたところ、「相田澄子」こと光代は、女優を経たのちに、溝口健二監督のもとで「筆耕」をしていたこともわかった。監督が脚本家と案を練るところに待機し、二人の口から飛び出すト書きや台詞《せりふ》をワンシーンごとに書き取る、それが筆耕と言われる仕事である。脚本家や助監督が、修業として引き受けることもあった。光代は溝口の下で、この筆耕をしながら昭和五年（一九三〇）、女優時代の芸名である「相田澄子」の名で、『母』の脚本を書いた。同年、本作は長倉祐孝監督によって、日活太秦《うずまさ》撮影所で映画化もされている。

そのまま進めば女性脚本家としての道が開けたのかもしれない。だが、光代はその道を進まなかった。時を同じくして、溝口監督の下で助監督をしていた熊谷久虎と結婚し、長男の陽を出産したからだ。光代は以後、家庭の人となる。

余談ではあるが、光代の後任に溝口監督は新しい筆耕を雇った。それが京都府立第一高等女学校を卒業した才媛《さいえん》、坂根田鶴子《たづこ》である。坂根は後に日本初の女性映画監督となり映画史に名を残している。

これが昌江の二番目の姉、光代の映画界における来歴である。こうした光代の知識と経験は、この後、妹のために生かされることになる。

次に紹介するのは原節子となってからの昌江の言葉である。

〈義兄《あに》夫婦（熊谷久虎氏夫妻）の存在を離れて、あたくしという人間は考えられませんわ〉

（『週刊朝日　別冊』昭和三十五年五月一日号）

義兄と次姉に対する信頼は終生、揺らぐことがなかった。

では、次姉の光代が伴侶《はんりょ》に選び、昌江の義兄となった熊谷久虎とは、どのような人物だったのか。

彼は明治三十七年（一九〇四）生まれ。昌江の人格形成に、あるいは原節子という女優の在り方に、光代以上に大きな影響を与えた人間であると断言して差し支えないだろう。

彼が生まれたのは大分県中津市。とはいえ、海辺の城下町である中津市街ではなく、熊谷家のルーツは南の山間部に分け入った耶馬溪《やばけい》と呼ばれる秘境である。土地の旧家であったが、父の久九郎の代で中津の中心部に出てきたという。熊谷の語るところによれば久九郎は松下村塾《しょうかそんじゅく》や適塾と並ぶ幕末の三大私塾のひとつ、耶馬溪からも近い日田の咸宜園《かんぎえん》に学んだ秀才。その後、市街に出て廻船問屋を営み財をなしたが家風は極めて厳格で、熊谷は父から咸宜園仕込みの教育を叩《たた》き込まれ、膝《ひざ》詰めで漢文を教えられたと語っている。こうした儒学的な素養と価値観は、熊谷を通じて義妹の昌江、すなわち原節子へと伝えられ、彼女の生き方にも大きく影響を与えたものと考えられる。

熊谷は自分の幼少期を振り返り、こう回想している。

〈元来、私の家庭というのは、映画はもとより小説も読んではいけないというような、固い、道学者的ふんい気で、そうした中で、子供の時も映画なんか見た事がなかった

（『週刊読売』昭和三十年三月二十七日号）

のです〉

熊谷は若い頃から思想哲学に興味を持ち、将来は帝国大学に進んで、それらを修めたいと考えていたという。ところが、中津中学に進む頃に父が炭鉱事業に手を出して失敗したため、やむなく大分高等商業学校（現・大分大学経済学部）に入学。だが、簿記やそろばんをやらされる高商の教育にはまったく興味を持てず、授業をさぼり読書ばかりしていたと語っている。好きでもない勉強をして学費の負担を母にかけることが心苦しくてならず、熊谷は留年をきっかけに思い切って高商を中退。父親の従兄弟《いとこ》である池永浩久《こうきゅう》を京都に訪ね就職を頼んだという。池永は当時、映画会社日活の大将軍《たいしょうぐん》撮影所の所長をしていた。

この池永もまた中津の旧家の出である。明治十年（一八七七）、中津の郊外に生まれ、久虎より三十歳近く年長だった。軍人志望だったが受験に失敗し、そこから壮士芝居に目覚めて草創期の映画界に飛び込んだという変わり種であった。

欧州で誕生し日本に輸入された映画は、動く写真という意味で当初は「活動《かつどう》」と呼ばれていた。明治末期は、まだ外国で買い付けたフィルムを映写するだけに留まっていたが、やがて手探りで国内でも製作が試みられるようになり、大正元年（一九一二）には日本初の本格的な映画会社「日本活動写真株式会社」、略して日活が誕生する。池永は、この日活発足当初からの主要メンバーだった。

日活は殺陣《たて》を目玉にした時代劇を量産し、瞬《また》く間に隆盛を誇るようになった。すると、これを目の当《ま》たりにして刺激を受けた歌舞伎興行の松竹が、大正九年（一九二〇）から映画製作に乗り出す。先行する日活との差別化を図るため、松竹ははじめから女形ではなく女優を用いて、ストーリー性のある作品で評判を取った。押された日活も負けじと女優の起用に踏み切り、巻き返しを図るのだが、その陣頭指揮に当たったのが、ほかならぬこの池永だった。

同時に池永は、自分が卒業した中津中学出身の学歴を持つ青年たちを積極的に日活に入社させていった。読み書きも出来ぬ者が集まっていると言われた旧弊な映画界をなんとか近代化したいという思いが強かったからだ。そうした噂は地元の中津にも広く伝わり、遠縁の熊谷も就職を頼みにいったのだろう。もっとも、彼自身に映画界に対する憧れは微塵《みじん》もなかった。それなのになぜ、この世界に入っていったのか。映画界入りした当時の心境を熊谷はこう語っている。

〈私は自分から好きで映画界に飛込んだというのではないのです。むしろ、この世界がきらいなくらいだったのです〉（同前）

〈「オレ自身、学生として敗北したのだ。これ以上、醜悪で不潔なところはないという、どんぞこの社会――それも結構だ。観念して飛込めば、そこから何かが生れるだろう」〉（同前）

就職先に困って遠縁の成功者にすがった、というのが実情で、だいぶ話が美化されているようにも思うが、少なくとも熊谷が映画には興味のない、哲学志向の硬派な青年であったことは事実である。そして、そんな熊谷だったからこそ、かえって池永は大いに期待を寄せて監督にしようとしたのだという。

というのも、それまで池永に入社を頼む青年たちは、映画好きの、どことなく不真面目《ふまじめ》で軟派な若者が多かったからだ。そこへ、「映画は一本も見たことがないが本だけはたくさん読んできた。自分の思想を表現したい」という無骨な親戚《しんせき》の青年が現れたのだ。池永は喜び、こう激励してくれたと熊谷本人は対談で語っている。

〈池永は（中略）「今の日本映画はつまらんが、将来は、社会教育上においても大いに貢献できるような映画をどんどん作りたいと、かねがね思っていたんだ」（中略）。ついては、自分の思想を映画に表現していくためには、監督という仕事があるから、お前も監督になる修業をしろ、と言うんだなぁ〉

（『勲章のいらない巨人たち』昭和五十六年）

あくまでも熊谷の回想によるが、ともかくも、池永の口利き《くちき》により大分高商を中退した彼は、日活の監督部に迎えられた。大正十四年（一九二五）のことである。

池永の肝いりで、熊谷は将来を最も嘱望されていた溝口健二監督のもとに送られ、助監督になった。だが、そこで彼は映画界の現実を見て、大きなショックを受ける。

ロケにいけば、土地のヤクザがやってきて居座る。それを、さんざん拝み倒して引き揚げてもらうのは助監督の仕事だった。ワンサと呼ばれる大部屋俳優は、やさぐれており、彼らを大勢使ってのシーンでは、指示が悪いと「殺してやる」と脅される。スターの機嫌も取らなくてはならず、監督からは理不尽に怒鳴られる。また、当時は監督でさえ読み書きのできぬ者がおり、「学校出を鼻にかけやがって」と絡《から》まれることも多かった。

中津の旧家に生まれ、儒教的な価値観の中で育ち、学校生活しか知らなかった熊谷は困惑した。

　九州男児で愛想がないうえに映画界を低く見る気持ちが自然と滲《にじ》み出るからか、撮影所内では仲間もできなかった。次第に熊谷は高商時代と同じように、読書に逃避していった。思想書や哲学書のほか、プロレタリア文学に熱中し、京都帝大にもぐり込んでマルキストの経済学者として知られた河上肇《はじめ》の講義を聴講することもあった。戦後は「映画界きっての右翼」「国粋主義者」と批判されることになる熊谷だが、この頃はむしろ、社会的不平等を憂《うれ》える「左翼青年」だったのである。その結果、講談本や大衆小説しか読まない映画人とはますます話が合わなくなっていった、と本人は語っている。

　折しもウォール街で起こった株の大暴落から、日本も昭和恐慌《きょうこう》といわれる時代に突入していた。知識人青年の多くが、左翼運動やプロレタリア芸術活動にのめり込んだ時代だった。

　映画界でも社会の矛盾などを描いた左翼的内容の「傾向映画」が作られ、新しい潮流となっていた。熊谷も早く監督になり、チャンバラ時代劇などではなく自分の思想を反映した映画を撮りたいと、この頃には願うようになる。ところが、早い人なら一年半、遅くとも三年で監督になるというのに、熊谷は依然として助監督のままだった。

その理由を本人は、「撮影所内で浮いて、なかなかスタッフとよい関係が築けず、嫌われ、煙たがられていたからだ」、「自分の才能を嫉妬《しっと》した同僚たちに足を引っ張られたせいだ」と語っている。

監督に昇格できない悔しさもあってか、熊谷は次第に会社首脳部に労働環境の改善を求めるなどして、楯突《たてつ》くようになっていく。撮影所長の池永は縁故入社させた遠縁に噛《か》みつかれることになり、周囲に示しがつかなかったのだろう、思わず「お前は赤だ！　国家転覆主義者だ！」と怒鳴り上げた。

このように、なにかと問題の多かった熊谷ではあるが、そんな彼でも恋愛をした。その相手が日活の同僚で、女優から脚本家に転じようとしていた相田澄子、こと会田光代だったのである。昭和五年（一九三〇）にふたりは結婚し、同年に息子の陽も授かっている。また、この年、熊谷はようやく監督にもなる。

熊谷の経歴をこうして振り返ってみると、会田昌江（原節子）との共通点が多いことに気づかされる。家の没落、志望校ではない学校への進学、読書への逃避、親に学費を負担させることへの気兼ね、映画界への嫌悪《けんお》……。昌江と熊谷には境遇だけでなく、気質にも近いものがあったのであろうか。

熊谷が光代と結婚し監督になった翌年の昭和六年には中国大陸で満洲事変が起こり、さらに翌七年には満洲国が建国される。同時期、日活は経営に行き詰まり、社員の大量馘首《かくしゅ》を断行した。人情所長といわれた池永は昭和七年九月、責任を感じて辞表を提出。監督の村田実や内田吐夢らも、これに同調して退社した。

その結果、得をしたのが熊谷だった。

〈村田実をはじめ、世間的には俺よりも上だった監督が一斉に脱退してしまったので、遂《つい》に俺がトップにのしあがったわけだ。その後は、社長の顧問というかたちで、企画から何から、すべて相談に乗るようになった〉（同前）

日活は首切りを断行したうえで、社運をかけてさらなる賭《か》けに出た。東京に現代劇を専門に撮る撮影所を設けようと考えたのだ。また、音のないサイレント映画から音入りのトーキーへの切り替えも同時に進めようとした。

こうして昭和九年（一九三四）三月二十四日、東京・調布に「日活多摩川撮影所」が開所することになる。そこへ現代劇担当の監督として、京都から赴任することになったのが、ほかならぬ熊谷だったのである。

この撮影所が成功するかどうかは、ひとえに女優にかかっていた。洋装の似合う、現代劇専門の女優を急いでかき集めなくてはならなかった。そのうえ、一社員の永田雅一《まさいち》が山田五十鈴《いすず》らスターを引き連れて日活を退社し、第一映画社を興《おこ》すという謀反《むほん》もあった。日活はライバルの松竹からスター女優を引き抜いたが、まだ足りなかった。

こうした状況のなかで、東京に赴任した熊谷は妻子を伴い、保土ケ谷の妻の生家へやってきたのである。京都を発《た》つ時から計画はすでに、夫婦のなかで練られていたのであろう。熊谷と光代は、成長した末妹の昌江に再会して、自分たちの見立てに間違いはなかったと満足したに違いない。

彼らは会田家に着いて、ひと息つくと江の島見物に行かないかと昌江を誘った。幼い彼女は喜んでついてきた。

江の島で観光を終えて料理屋に入り、注文した寿司《すし》を少女が夢中になって頬張っていた時のことである。おもむろに義兄の熊谷が切り出した。

「どうだ、女優にならんかな」

後は姉の光代が引き取った。

その時のことを、後に原節子は振り返り、こう語っている。

〈当時、私の家は経済的に困難の度を加えてきましたから、年上の義兄や姉がすすめるのなら、家のためにはそのほうがいいのかしらと思いました〉

（『映画ファン』昭和二十七年十一月号）

四月、新学期が始まると昌江は退学の意向を女学校に伝えた。校長は、少女を必死になって説得しようとした。

「学費は私が面倒を見る。だから、考えなおしてみてはどうか」

とびきり成績優秀な生徒だった。それなのに、家庭の事情で学校をやめて、よりによって映画女優になるという。校長は不憫《ふびん》でならず、言葉を変えて翻意を促した。けれど、少女は校長の恩情に感謝を示しながらも、学校を去っていった。二年生の夏休みを終えて教室に戻った同級生たちは、少女の戻らぬ机を見て何を思ったことだろう。

もともと志望校ではない女学校だった。だが、何といっても少女を決断させたのは、家庭の経済状況だった。親孝行をしたいという切なる思いがあった。映画界への憧れなど一切なかった。会田家の急場をしのぐための選択。だから女優を長くやる気持ちなどなく、職業にするという自覚も、もちろん少女にはない。

また、熊谷はこの時、昌江だけでなく、昌江の二番目の兄である吉男も映画キャメラマンになるよう強引に説得して日活に入社させている。当時、吉男は実兄の武雄に倣《なら》って弁護士になりたいと考え、明治大学で法律を学んでいた。だが、昌江と同じように生家が傾くなかで学生生活を続けていることに苦悩もしていた。そんなときに、熊谷が現れ、強く説得されたのだった。幼い妹が決心して映画女優となり家庭の犠牲になろうとするのを目の当たりにし、自分だけ逃げるわけにはいかない、と考え決断したのだろう。熊谷からすれば人員の乏しい東京の日活撮影所に、身内からキャメラマンと女優を供給することができ、会社に恩を売れたのではないか。

吉男は「義兄に言いくるめられてしまったが、自分も妹も納得して進んだことではなかった」と、この選択をずっと後悔し続け、最期には非業の死を遂げることになる。

女学校を中退した昌江は九月、保土ケ谷の生家から東京の義兄夫婦宅に移り住んだ。熊谷は昌江を、先輩監督の田坂具隆《ともたか》宅に預ける予定でいたという。当時、デビュー前の女優は監督の自宅に一定期間住み込んで、演技指導を受けるという習慣があったからだ。ところが田坂が急に東京から転居することになり、この話は流れてしまった。そのため、昌江は他人の家に預けられることなく、義兄夫婦を教育係として義兄宅で過ごした。十四歳の昌江は子役には大きすぎ、娘役には子どもすぎ、また、あまりにも痩《や》せていたため、デビューは当面、見送られた。その間、義兄の家で昌江は「女中さんのようにして」過ごしたと後年、語っている。

時おり、義兄の同僚が遊びにやって来ることがあった。義兄自身は折り目正しく厳しい人で、なるべく映画人を幼い昌江に触れさせまいとしたが、それでも例外はある。夜になれば酒が入る。昌江は銚子《ちょうし》を運んだが、これまで女学校と実家しか知らなかった彼女は初めて接する映画人の、よくいえば洒脱《しゃだつ》な、悪くいえば、どことなく崩れた様子がどうしても好きになれなかった。昌江に対して皆、独特の舐《な》めるような目を向ける。障子を閉めた途端に、自分の容姿を評する声が聞こえてきて苦痛だった。

撮影所を初めて見学した日は、さらに大きな衝撃を受けた。

いい年をした大人たちが顔に濃い化粧をし、奇妙な扮装《ふんそう》をして歩き回っている。そのうえ日本語とは思えない、意味のわからぬ言葉が飛び交っていた。隠語なのだろうが、見当もつかない。あちこちで上がる怒声、歓声。まるで、山賊か盗賊の集まりに紛れ込んだように思えた。

こんな世界で自分はやっていけるのだろうか。ここで女優というものにならなければいけないのだろうかと、改めて不安を憶《おぼ》えた。けれど、もう決めてしまったことだ。

受け入れるしかないのだろうと思うと心が沈んだ。

年が明けて昭和十年（一九三五）四月、昌江は正式に日活の専属女優となった。月給は五十円だった。

デビュー作は、トーキーではなくサイレント映画にところどころ音楽の入った「サウンド版」と言われるもので田口哲《さとし》監督の『ためらふ勿《なか》れ若人《わかうど》よ』に決まった。原作は劇作家、高田保の小説。中学生と美少女の淡い交際を描いており、昌江が演じた役の名は「お節ちゃん」だった。

撮影所長の根岸寛一《かんいち》は、ここから昌江の芸名を「原節子」に決めたと語っている。役柄の「節子」に合う名字をと考えて、なんとなく「原」がいいように思い芸名にしたという。ずいぶんと安直な決め方である。

当時の美人女優は皆、梅村蓉子《ようこ》、田中絹代、山田五十鈴、夏川静江、花岡菊子、霧立のぼる、山路ふみ子、高峰三枝子《みえこ》など、字面《じづら》を見ても音で聞いても、美しい容姿が想像されるような名前を与えられている。それらと比して、「原節子」とは、ずいぶんと平凡な名前である。

この芸名からもわかるように「原節子」は、大きく期待されてデビューしたわけではなかった。当時の記録を見ても、「原節子」の誕生もデビュー作も、ほとんど話題にされていない。会社が力を入れて売り出したのは他の新人女優であり、そこには雲《うん》泥《でい》の差があった。

昌江はこの時から「原節子」を生きることになる。

初めての撮影は撮影所ではなく、よりによって地方でのロケから始まった。家を出る時、姉の光代からは細紐《ほそひも》を一本、手渡された。

「寝る時は、これで膝頭を縛って寝なさい」

幼い節子には姉が何を言おうとしているのか、わからなかった。ただ、行儀よく寝ろという意味だと解して、細紐を鞄《かばん》に詰めた。

監督や他の女優は第一陣で出発してしまっており、節子が乗ったロケバスに見知った顔はひとつもなかった。しかも、全員が男性だった。映画人を山賊か何かだと思っていた少女は、バスに揺られながら、怖くて顔を上げることさえできなかった。

おまけにバスは遅れてその日のうちに現地に着けず、途中で一泊することになってしまった。宿屋に入ってご飯を出されても、まったく喉《のど》を通らない。周囲が気を遣って話しかけるのだが、それが余計に恐ろしくて、少女はただ無言でうつむくばかりだった。

とはいえ、ただただ大人しく、ことの成り行きに身を任せるだけの少女でもなかった。夕飯もそこそこに済ませると、彼女は思い切った行動に出る。女中部屋に飛び込み、ひとりの手を取ると、握りしめて必死にこう頼み込んだのだ。

「お願いです。あなたのお代は私が払いますから、お客様になって、私と一緒に私の部屋に泊まってください」

女中は笑いながら、節子の言うことを聞いてくれた。

女中の隣で床につく前、節子は姉の言いつけに従い、細紐を取り出すと自らの膝頭をきつく縛った。傍にいた女中は、そんな様子を見て声を立てて笑った。

翌日、ようやくロケ地に着き、監督や他の女優たちと合流した。ところが、節子は相変わらずで、何を聞いても蚊の鳴くような返事しか返さなかった。純真無垢《むく》な役柄にぴったりの女優が得られたと、それまでは喜んでいた田口監督も、さすがに不安を憶え始めていた。

ロケ現場に行ってみると、すでに、黒山の人だかりである。こんな状況に、この少女は耐えられないのではないか。酷なことだと思った。だが、そうは言っても慣れさせるしかない。節子を促し、とりあえず田口はキャメラを回した。その瞬間のことだった。突然、目の前の少女が豹変《ひょうへん》したのである。田口が回想している。

〈宿屋に居た時にはあんなにはにかんで居たのだが、まるで別人のように、集って来る見物の人など気にも留めず、キャメラの前を往《い》ったり来たり、そのひた向きな姿を見て居るうちに、私は何か眼頭が熱くなって来るのを今でも覚えて居る。
映画への第一歩から、お節ちゃんは飽くまでも正しく強く、飽くまでも清く美しかった〉

（『近代映画』昭和二十四年八月号）

それは天性の才か、あるいは覚悟を決めた少女の強さだったのか。節子自身は後年、「女優になって、はじめのうちは黒山の人だかりを見ても、あまりに緊張しているので、それが人の顔には見えなかった」と語っているが。

こうして節子の初出演作品、『ためらふ勿れ若人よ』は無事に完成し、公開前の試写が撮影所内で行われた。節子も、もちろん出席したが、この試写会で節子にとって、生涯、忘れられない出来事が起こった。スクリーンいっぱいに彼女の泣き顔が映し出された時、試写室に笑い声が起こったのである。節子はショックを受けた。なぜなら、そのシーンで節子は実際に泣き、本物の涙を流していたからだった。映画の中の「本物」とは何なのか。図らずもこの出来事は、彼女が演技とは何かを考えるきっかけとなる。

彼女は遥《はる》か後に、こう語ってもいる。「泣き顔を大写したところで意味はない。私が監督なら泣いている後姿で表現する。そうでなくては映画の意味がない」と。

「女優という自覚もなく女優をしていた」と繰り返し語っているが、それは半分は謙《けん》遜《そん》であろう。節子はデビュー作の試写を観《み》た時から映画における演技の本質とは何か、常に考え続けていた。


映画女優となった節子はロケを除けば、東京・世田谷区上北沢三丁目にあった義兄の家と、日活の多摩川撮影所をほぼ毎日、往復した。当時は所属女優も毎日のように出社したのである。たまに休みがあると保土ケ谷の実家に顔を見せた。

保土ケ谷尋常小学校の同級生は、そんな彼女と東海道線の中で一度だけ一緒になったことがあったという。同級生は両親に連れられて歌舞伎見物に行くところだった。一方の節子は、これから撮影所に行くのだと告げ同級生に小さな声で、こう漏らしたという。

「いいわね、朝からご両親とお芝居に行けるだなんて……」

また戦後のことになるが、ある同級生が撮影所に見学に行き、セットの中にいる節子と明らかに眼が合った。ところが次の瞬間、節子は眼をそらし、二度と同級生がいるほうを見ようとはしなかったという。見られたくないところを見られた……、どちらの逸話からも、そんな節子の気持ちが伝わってくる。

当時の女優、それも映画女優がどう見られていたか。

節子よりも十一歳年長の田中絹代は幼くして父を亡《な》くし、琵琶《びわ》に合わせて踊る琵琶少女歌劇団に入って舞台に立ち、日銭を稼いで家族を支えていた。だが、そんな境遇にあった彼女でも「映画女優になりたい」と母に告白すると、「お前はそんな賤《いや》しいものになりたいのか」と激怒され、家の外に放り出されたという。

節子より三歳年長の山田五十鈴は、やはり家庭が困窮し、元芸者の母に勧められ芸者になろうとしていた。そこへ、日活から女優にならないかと誘いを受け映画界入りするのだが、やはり、母は、「映画女優になぞなったら嫁に行けなくなる」と言って激しく反対したという。

当時の雑誌を読んでも、いかに映画女優が見下されていたかが、よくわかる。

映画界は堕落しきった社会として描かれており、特に女優は会社幹部、監督、男優と関係しないものはなく、性病にかかったり望まぬ妊娠をしたりする、しっかりとした紹介者もなく映画界に入れば、監督の腕に頼らなくては売り出せず、つまりは身を任すことになる。それなりの給金をもらっても衣装や宝飾につぎ込み、やりくりができなくなってパトロンを求める、そんな記事ばかりが眼につく。

映画界は「不道徳な世界」であり、その爛《ただ》れた世界を象徴する存在が映画女優だとされていたのだろう。また、それを印象づけるような事件も、確かにたびたび起こっていた。

節子はデビューした年の四作目『緑の地平線』で初めてトーキーを経験する。主演は四歳年上のスター女優、水久保《みずくぼ》澄子《すみこ》で節子は脇役《わきやく》のひとり。監督は阿《あ》部豊《べゆたか》だった。ところが撮影が始まって間もなく、主演の水久保が自殺未遂騒ぎを起こし降板するという問題が起った。水久保はその理由を、映画界の女優に対する差別的な扱いに耐えきれなくなったからだと後に明かして、こう語っている。

〈不道徳を自慢にしているような監督に悪ふざけなどされると、吐き出したいような気になるのでした〉　（『主婦之友《の》』昭和十二年十二月号）

これより、さかのぼること八年、昭和二年（一九二七）にも日活では製作中の大作

『椿姫《つばきひめ》』の撮影現場から主演女優の岡田嘉子が相手役と姿を消す、という騒動があった。岡田が相手役の俳優を誘って駆け落ちした格好だったが、やはり彼女も、「日活への、映画界への、監督への反発だった」と後年に述懐している。

水久保の降板劇があった年には、新興キネマを代表する人気女優の志賀暁子《あきこ》が、堕胎罪で逮捕されるという大事件もあった。志賀は、子どもの父親は阿部豊監督であり、監督の立場を利用した誘惑に抗《あらが》えず、結婚もしてくれなかったため堕胎に踏み切るしかなかったのだと公判で告白している。

水久保澄子も岡田嘉子も志賀暁子も比較的裕福な一般家庭の出身で、女学校にも通った女性たちである。花柳界出身の女優と違って、こうした女優たちの方が映画界の悪弊に染まりきれず心身を壊されていってしまう。

世間は女優を、不真面目でふしだらな存在だと色眼鏡で見ており、また、そう見られても仕方のない現実があることも確かだった。節子は幼いながら、冷静に、こうした映画界を一歩引いて見つめていた。決して自分は後ろ指をさされるような振る舞いはしまい、と彼女はこの頃から心に誓っていたように思われる。義兄夫婦の監視も厳しかったであろうし、何よりも熊谷というしっかりとした後ろ盾を持っていたことが、彼女にとって幸いしたと考えられる。「永遠の処女」の下地はこの頃から育《はぐく》まれていたのであろう。

節子は撮影所に行くと、いつも顔を伏せて歩いた。男たちが集まっている前を通る時は、小走りで駆け抜けた。女が通り過ぎた後で、「最近、腰が大きくなった」「なかなかいいじゃないか」などと品定めするのを知っていたからだ。

休み時間になると、いつもひとりになれる場所を探した。空き時間があれば、少しでも本を読んだ。無口で周囲になじもうとしない少女を、「可愛《かわい》げがない」と批判する声もなくはなかった。「読めもしないような小難しそうな本を広げている」との陰口もたたかれた。山田五十鈴がスタッフと酒を飲み、夜どおしダンスホールに繰り出し、〝ベル〟と呼ばれて可愛がられていたのとは対照的だった。後年、節子はこう語っている。

〈私は大体ぶすっとしていて、ひとに好かれるような愛嬌《あいきょう》はありませんでしたから、特別にかわいがって貰《もら》うようなこともなく、かえって気が楽でした〉

（『映画ファン』昭和二十七年十二月号）

撮影所の中で居場所を求めて不安気にさ迷う少女の姿が浮かび上がってくる。

そんな節子にとって最大の幸運は、生涯の友をこの大人ばかりの撮影所で見つけられたことだろう。

　相手は髪結いの少女で、名をさかゑ（結婚後、中尾さかゑ）といった。節子より一年年長で、日活の東京撮影所の開所とともに入社し結髪部屋で働いていた。

　同世代のふたりは、大人ばかり、男ばかりという社会の中で肩を寄せ合って過ごした。節子はさかゑと一緒にいる時だけ、重い鎧《よろい》を脱ぐことができた。撮影所では常にさかゑの姿を探し彼女のいる結髪部屋で過した。

　ふたりだけで鬼ごっこをして遊び、朝まで続く撮影の日には互いに菓子を持ち寄り、分け合った。小遣いを出し合い、一杯十銭ほどの支那《シナ》そばをひとつ頼んで、代わる代わる啜《すす》りもした。結髪部屋の押し入れで、うっかり眠り込んでしまい、探しに来た助監督に大目玉を喰らったこともある。ロケ地で夜の海を見ようと二人で宿屋を抜け出し、大騒ぎになったこともある。

　大女優と髪結いの友情は、映画界でもめずらしい例として語られていくことになる。節子が黎明期《れいめいき》の映画界で身をもち崩さずにすんだのは、彼女自身が聡明《そうめい》であったこと、義兄で監督の立場にあった熊谷が後ろ盾としてひかえ目を光らせていたことに加えて、この、さかゑの存在が大きかったと考えられる。大人社会のなかにあって櫛《くし》ひとって身を立てる少女は、節子にとって友であると同時に同志であり戦友でもあった。さかゑは、その後、結髪師として映画界に名を残すことになる。

さらに、もうひとり、デビュー間もない節子にとって心の支えとなった人物がいた。女優の入江たか子である。

女優になって二年目、昭和十一年（一九三六）公開の『白衣の佳人』で初めて入江と共演した節子は、彼女の美しさと内面から滲《にじ》み出る気品に撮影現場で圧倒された。映画界で初めて、憧れの対象を持つことができた、その喜びは大きかった。

〈うわァ、きれいなひとだな。こんな美しいひとが世の中にいるのかしら……〉

（同前）

銀幕のなかの姿と実際との落差に驚かされる先輩女優も少なくはない。考えられぬような意地悪をされることもあった。だが、入江はまったく違っていた。本物の品位があった。節子は自分の出番がなくてもキャメラのそばに陣取って、ひたすら入江の姿を見つめ多くを学んだ。

入江は監督をはじめスタッフと決して馴《な》れ合わなかった。かといって尊大に振る舞うわけでもなく、周囲から自然と敬意をもって接せられていた。

映画女優の中では別格の出自で、正真正銘の子爵《ししゃく》令嬢だった。幼いころに父が没し、新劇の舞台に立っていたところ、実兄が道楽で映画界に足を踏み入れたため、その伝《つ》手《て》で昭和二年（一九二七）、日活で映画女優になった。映画界入りした入江は親族から絶縁される一方、ジャーナリズムからは「華族のご令嬢が映画女優に」と盛んに書き立てられた。世間の人は華族令嬢の顔を見ようと映画館に殺到したという。

映画女優の社会的な地位を上げ、イメージを変えるという意味で、節子より九歳年長の入江が果たした役割は大きかった。その後、日活をやめて独立し、「入江ぷろだくしょん」を設立したが、自分のプロダクションを持ち一国一城の主《あるじ》となった女優もまた、当時は入江だけだった。女性の身で自立を目指したその姿勢にも、節子は密《ひそ》かに敬意を抱いていたようである。

入江に夢中になった節子は、ある日、並んで写真を撮ってもらうと大喜びで家に持ち帰り、得意になって義兄に見せた。ところが、熊谷は意外なことを口にした。

「お前の方がきれいなかんじだ」

まさか、と節子は思った。入江さんより私の方がきれいであるわけがない、と。

ところが義兄は、なぜそう思うかをこんこんと義妹に説明しはじめた。話は「美とは何ぞや」という深遠なテーマへと移っていく。熊谷は、さらに婦人雑誌を持ってきて中を開くと、ふたりの女が並んだ写真を見せて節子にこう問うた。

「お前には、どちらが美しく見える？」

節子は人形のように整った顔の女を指さした。すると義兄は、首を振った。

「違う」

美とは何か。美の本質とは何か。義兄は節子に諭した。

ひととおり聞いてから、節子は入江と並んだ写真を改めて見つめ、自分ひとりで考えてみた。なぜ、義兄《にい》さんは私のほうが美しいと言うのだろうか、と。

そのうち、あることに気づく。自分はただ無心でそこに映っている。映されることを少しも意識していない。ましてや美しく映されようとは思ってもいない。一方、女優としてのキャリアが長い入江は、自然と美しく撮られるように表情を作っているように見えた。

美は美を意識した瞬間に失われる、節子はこの時、そう悟《いた》ったのだろう。だからだろうか。彼女は驚くほど自分の美を無造作に扱った。髪や肌が傷むと注意されても海水浴をやめず、美容に神経を使ったり、化粧や衣装に凝ったりすることを嫌った。美にとらわれまいとしたのだろう。そこには表面的な美しさにこだわってはいけない、と諭した、熊谷からの影響がうかがえる。

撮影所からは、まっすぐ帰宅するようにと節子に厳命し、家事をやらせ続けたのも熊谷だった。映画人とはあまり付き合わないように、とも言われた。すれた人間にならないように、映画界に染まらぬように、そのためには普通の女性がそうであるように、家事をきちんとやりなさい、と教育されたのだった。だから節子は、ご飯も炊《た》けば、雑巾《ぞうきん》掛けもし、針仕事も覚えた。

人間としての美徳を失っては、本当の美は出てこないと熊谷は考えていたようである。家事ではなく、唄《うた》か踊りを習わせたほうがいいという社内の声もあったが、熊谷が突っぱねた。姉の光代からは、「将来、結婚した時に困らぬように」ともいわれ、もっともなことだと節子は思った。将来は結婚して女優はやめるものと疑いもなく、この頃は考えていたようである。

人に見られるのは恥ずかしい、演技をするのはもっと恥ずかしい。キャメラの前に立たされるのは苦痛だった。雨でロケが中止になると、節子は心から喜んだ。

そして、家にいる時も撮影所でも、時間があれば本を読んだ。

義兄の影響は、ここにも表れた。本を介してふたりはより強く結びつき、節子は義兄の本棚から難解と思われるものでも借りて読んだ。義兄は「よいものだけを読むように」と、とりわけ古典作品を強く勧めた。

節子が女優になって一年が過ぎた。まだ、スターの卵の卵である状態は変わらず、脇役を演じることが多かった。けれど、ほかの女優にはない初々《ういうい》しさと独特の雰囲気が少しずつ注目されるようになっていた。そして、ついにある監督の眼にとまった。

「この子やっ」

その監督は次回作のヒロインに、節子をどうしても使いたいと会社に訴えた。

「この子やなきゃ、あかんのです」

監督の名は山中貞雄《さだお》、「若き天才」と言われた時代劇の名匠だった。

第三章　運命との出会い

昭和十一年（一九三六）、十五歳の冬。節子は京都にいた。

二月の京都は、ただでさえ底冷えがする。しかも、その日は朝から雪が降り積もり、郊外の嵯峨野は、見渡す限りの銀世界となっていた。

田んぼの中にポツリと建つ、白い「ＪＯスタヂオ」はモダンな外観だったが、それとは裏腹にスタジオ内は火の気も乏しく、出番を待つ間にも手がかじかむ。息を吹きかけながら節子は震えていた。

山中貞雄監督の腰には手ぬぐいがぶら下がり、その細長い顔には終始、柔和な笑顔が浮かんでいた。まだ若い監督だったが、評価は高くスタッフからも全幅の信頼を寄せられていることが、節子にも伝わってきた。

この出演依頼の話が来た時、節子はろくに考えもせず断ろうとしたものだった。同じ日活でも東京の多摩川撮影所ではなく京都で製作する時代劇だ。しかも、日活の撮影所ではなく、近くの貸しスタジオを借りて撮るという。慣れない土地の慣れない撮影所に行くと思うだけで気が進まなかったからだ。

だいたい、時代劇には一度も出たことがない。現代劇は東京で撮り、時代劇は京都で撮るということになっていて、監督も俳優もスタッフも、明確に所属が分かれていた。節子は東京の多摩川撮影所に所属する現代劇の女優である。その自分が時代劇に出ては、京都の撮影所に所属する女優たちにすまないし、何よりも東京から遠く離れることが不安だった。

けれど周囲は、「あの山中監督が、わざわざ指名してくれるなんて」と、少女の背中を強く押した。ひとりでは不安だという節子に、京都の映画界に明るい姉の光代が付き添うことになり、ようやく少女は出演を決めた。

作品名は、『河内山宗俊《こうちやまそうしゅん》』。節子は貧しい甘酒売りの娘を演じた。ぐれて不良の仲間入りをした弟を心配する、心優しく清純な姉の役だ。弟がこしらえた借金のかたに身売りされそうになるところを、義侠心《ぎきょうしん》にかられた河内山宗俊らによって守り抜かれるという役どころである。

山中監督は、「この役柄に欲しいのは清純そのものの、女学生のような女優」であり、偶然、眼にした原節子をどうしても使いたいのだと興奮気味に、その理由を映画仲間に語ったという。

〈「女優にはあんな子は珍しい。素直で、無口で、あどけなくって……一口に云《い》えば、まだ全然子供なんだ。悪く女優ズレしたところが一ツもない。清楚《せいそ》で、如何《いか》にも純真って感じだ」〉（『映画ファン』昭和二十八年十月号）

山中貞雄は明治四十二年（一九〇九）生まれで、当時は二十代半ば。しかしながら、そのずば抜けたセンスは早くから注目され、「若き天才」と謳《うた》われて日活はもとより、すべての映画人から将来を期待される存在だった。

山中は、それまでは殺陣《たて》が見せ場とされてきた時代劇で、人間の心理を描こうと試みた監督だった。彼の稀有《けう》な才能と飾らぬ人柄は、多くの同僚、先輩を惹《ひ》きつけていたが、わけても親交を深めた相手が、小津安二郎監督だった。山中と、彼より六歳年長で松竹に所属していた小津は互いを意識し、ともに高みを目指して敬意を払い合っていた。

山中が撮ろうとした『河内山宗俊』は、小津が三年前に撮った『非常線の女』に対するオマージュとも言える作品だった。『非常線の女』は現代劇で、自殺未遂事件を起こす前の水久保澄子が可憐《かれん》な娘役を演じていた。山中はそれを時代劇に翻案、水久保が演じた役どころを甘酒屋の娘として、原節子という無名の新人女優に演じさせようとしたのである。

尊敬する小津に触発されて撮る映画に、山中が原節子を起用したことの意味は大きい。小津が戦後、原節子を主演に「紀子三部作」を作る遠因ともなっていると考えられるが、その点はまた後に触れたい。

撮影現場で山中は長い顎《あご》を右手でさすりながら節子を見て、「やっぱりええ、ええ子や。今にあの子は日本でも指折りのスターになりよる」と、ひとりごちた。

河内山宗俊を演じるのは、河原崎長十郎。節子以外の主な出演者は、全員が前進座に所属する芸達者な歌舞伎《かぶき》役者たちだった。扮装《ふんそう》も板についていれば、舞台で培《つちか》った確固とした演技力もあり、立ち回りには一分の狂いもなかった。節子は彼らが始終読み合わせを行い、演技の練習に余念がないことを知って驚いた。秀《ひい》でた技量を持ちながら、なお、これだけの努力を重ねているのか、と。

彼らを見るにつけ、自分はただの素人《しろうと》だ、とつくづく思い知らされた。映画女優とは、今日連れてこられてキャメラの前に立たされても、どうにかなってしまう仕事なのではないか。「右を向いて」「左を向いて」「うつむいて」「顔を上げて」「笑って」「泣いて」、そうした監督の指示に従うだけで、いつの間にか一本の映画が仕上がってしまう。すべてが細切れで、そこに演技というものが、どれほど求められているのか。必要とされているのは姿形だけ、まるで傀儡《くぐつ》ではないか。そう考えると、舞台俳優より映画俳優が低く見られるのも当然のことのように思われた。舞台の上では俳優は自分の技量だけが頼り、どう演技するかは俳優に任され、カットも撮り直しもないのだから。

それならば、映画俳優も舞台を経験したほうがいいのだろうか。だが節子には、それも違うように思えた。特に現代劇の場合は、大げさでない動きが求められる。映画には映画の目指すべき自然な演技というものがあるのではなかろうか。とはいえ、それをどうやって習得したらいいのかは、よくわからなかった。

『河内山宗俊』の現場で練達の俳優たちは、少女を可愛《かわい》がった。何くれとなく聞かれれば教えてやった。彼らは、少女をひと目見るなり素のままで十分だ、と監督が起用した意図を汲《く》んでいた。自分たちが脇《わき》を固めて、この少女の無垢な資質が生かされるようにすればよいのだ、と。

撮影はつつがなく進んでいった。

山中監督は相変わらず上機嫌だった。節子に眼を細めていたがシャイな彼は、撮影現場で節子に馴《な》れなれしくは接しなかった。ただ、遠くから見つめ、周囲に褒めて回る。そんな山中を見て節子に心からホの字なのだと、からかう者もあった。すると、山中は真っ赤になって否定した。純情な監督の、純粋な片思いだったのかもしれない。

作品は見事な出来栄《できば》えだった。この映画の中で節子は過剰な演技はしていない。かえってそれゆえなのか、見事に甘酒屋の少女を演じ切っていた。放蕩者《ほうとうもの》の弟を心配し続ける姉は、無言で弟をひっぱたく烈《はげ》しさをも見せつつ、最後は弟が作った借金のかたに女郎屋に売られていく運命を静かに受け入れようとする。自らの運命に従おうと決めた乙女の覚悟の強さ、そうした心の丈を、節子はその抑制された仕草と深い眼差《まなざ》しだけで表現した。甘酒屋の少女の健気《けなげ》な姿は、どこか映画界という場所に心ならずもやってきた節子の姿とも重なって見える。

『河内山宗俊』は節子が主演した映画で、全編が現存する最古のフィルムである。

山中によって、女優「原節子」は発掘されたのだった。そして、『河内山宗俊』の撮影中、さらに節子はある人物に発見される。

それは、まだ『河内山宗俊』を撮影中の二月八日。雪に閉ざされた「JOスタヂオ」で、節子はちょうど出番を撮り終えて楽屋に戻り、ドーランを落とし、衣装を脱ごうとしていた。ところが、そこへ宣伝部の社員が走り込んできた。

「スタジオ見学に外国の偉い人が来たから、一緒に記念撮影をしてくれまへんか」

節子は躊躇《ちゅうちょ》した。

「もう化粧を落としてしまったから」

そう答えたが、最後は節子が根負けした。素顔に衣装という出で立《いでた》ちで、仕方なくスタジオに戻ると甘酒屋のセットをもの珍しげに覗《のぞ》き込む西洋人の一行がいた。最初に紹介されたのはダブルのコートを着た、精悍《せいかん》な中年の紳士で、彼こそは、アーノルド・ファンク博士。山岳映画の巨匠として知られる著名な監督だった。節子はこう回想している。

〈もし私があのとき十分早く帰ってしまっていたら、私でなくほかの方に決まっていたわけで、ここにも運命の不思議を感じます〉(「東京新聞」昭和三十四年三月十八日夕刊)

節子が言うように、それは、まさに運命との出会いであった。

ハリウッドでも活躍するドイツ人のファンク監督が訪日するという噂《うわさ》は前年から日本の映画界を駆け巡り、新聞でもたびたび報じられていた。

ドイツの巨匠ファンクがドイツ人スタッフを率いて来日し、日本人俳優を用いて、日本を題材にした映画を日本で撮る。映画史上初の「日独合作映画」を巨費を投じて作り、世界に向けて公開する予定だという、このニュースは日本人にとっては誇らしいことであり、大きな話題になっていた。

それにしても、なぜ、そうした映画が作られることになったのか。表向きは外国映画の輸入配給会社「東和商事」の社長、川喜多長政《ながまさ》が企画し、出資したことになっていた。しかし、それは事実ではなく、真の発案者を公《おおやけ》にしないための偽装だった。実際の出資者はナチスであり、発案者はドイツ人で日本事情にも明るい、武器商人のフリードリヒ・ハック、通称ドクター・ハックだったのである。

ファンク監督とこのハックは、ドイツの地方都市フライブルクで育った幼馴染《おさななじみ》であり、同じ高等学校の同窓生でもあった。

その後、ファンクは大学で地質学を学び、登山の折にキャメラを回したことがきっかけで映画監督となる。山の景色やスキーを映像に捉《とら》えたファンクの作品は、やがて「山岳映画」と呼ばれて世界的に人気を集めるようになり、日本にもファンは多かった。

一方のハックは大学で経済学を学んで満洲に渡り、一時は南満洲鉄道に勤務した。その後、日本語もできたハックは、商社を興《おこ》し、日本軍部にドイツの武器を盛んに売った。その結果、単なる武器商人の域を超え、日本軍部とナチスをつなぐフィクサーとなるのだった。

日本もドイツも昭和八年(一九三三)、国際連盟を脱退していた。そのドイツと日本が同盟関係を結べば、国際的孤立を防ぎ、また、台頭するソ連を東西から抑えこめる。そのように考えた日本軍部はハックを通じてドイツに働きかけ、日独間の関係強化を図る協定の締結が水面下で進められていった。だが、そこには克服しなければならない問題があった。まず、日本という国に対する認知度が低い。そして、何よりも黄色人種への差別感情が根強かった。

日独で協定を締結するのなら、その前に日本に対するイメージを好転させる必要がある。そこからプロパガンダ映画の製作を思いつくのだった。

観客が自然と日本に好感を持つような映画を作ればよい、そう考えたハックは、ヒトラーの右腕といわれた宣伝相ゲッベルスのもとを訪れ相談した。ゲッベルスはすぐに同意し、映画製作の資金を出すと約束した。さらにハックの考えを聞いた駐独日本大使館付陸軍武官の大島浩《ひろし》（のちの駐独大使）もまた、熱心にこれを後押しした。

問題は監督だった。国策映画の意図を十分に理解し、しかも、日独関係を強化するためのプロパガンダ映画であるという実体を外に洩《も》らさない、信用できる監督でなければならなかった。

だが、おそらくハックは初めから、旧知のファンクを念頭に置いていたのだろう。彼の他に適任者はいなかった。彼なら引き受けてくれるはずとの確信もあったのだろう。そして、予想どおりハックの頼みをファンクはふたつ返事で引き受けた。

映画は十九世紀末に生まれ二十世紀に育った、二十世紀の申し子である。二十世紀は戦争の世紀であり、映画は常に戦争を養分に成長してきた。戦争が起これば戦場を記録したニュース映画が人気を博し、戦意高揚の戦争映画が作られ、映画界を潤《うるお》す。国家もまた、これを最大限に利用してきた。

第一次世界大戦が起こると、アメリカにおける映画産業の中心地ハリウッドでは極悪非道なドイツ人が登場する映画が数多く作られ、世界中に配給された。

ドイツも、ベルリンから三十キロほど南西にあるポツダムに巨大な映画製作会社「ウーファ」を設立して、これに対抗しようとした。ここからポツダムはハリウッドに張り合う欧州映画の一大拠点となっていく。日本に無条件降伏を求めるポツダム宣言で知られることになるポツダムであるが、元はハリウッドと並ぶ映画産業の街でもあったのだ。

ハリウッドとポツダムの映画産業は、それぞれ独自に発展していったが、そこにはある共通項もあった。どちらも働き手の大半が、ユダヤ系で占められていたのである。ユダヤの人々はその昔から、新興産業にいち早く参入し、第一線で活躍してきた。映画産業も、そのひとつに含まれたのだ。ところが、ナチスが政権を取ると、すぐさまドイツの映画界からユダヤ人が追放されていった。その結果、多くの優れたユダヤ人映画関係者がハリウッドへと渡り、反ナチス、反日本のプロパガンダ映画を作るようになるのである。

逆に、ナチスのお抱えとなって眼を見張るような活躍をした監督もあった。女性映画監督のレニ・リーフェンシュタールは、その筆頭であろう。一九三四年のナチス党大会を撮った記録映画『意志の勝利』、一九三六年のベルリン・オリンピックを映した『オリンピア』は、ナチス賛美のプロパガンダ映画として批判されるが、芸術性の高い記録映画の傑作でもある。

世界の映画監督に与えた影響は計り知れず、リーフェンシュタールの作品を初めて観《み》た黒澤《くろさわ》明は、椅子《いす》から立ち上がれぬほどの衝撃を受けたという。

このリーフェンシュタールとファンク監督は一時、恋人関係にあった。

もとはダンサーだったリーフェンシュタールだが、脚を傷《いた》めて踊れなくなり、写真を添えてファンクにファンレターを書くと、自分を女優にしてくれと猛烈に売り込んだ。ファンクは情熱的なリーフェンシュタールに夢中になった。こうして女優に転身したリーフェンシュタールであったが、彼女の野心はそこに留まらなかった。ファンクの傍らで、彼独自の新しい撮影技術を学ぶと、自ら監督となっていく。そして、その後はヒトラーの庇護《ひご》を受けて大成功を収めるのである。

このリーフェンシュタールの活躍とは対照的に、師匠のファンクは落ちぶれていった。

ゲッベルスに好かれなかった上に、ハリウッドで仕事をしようにも彼の地《か》ではドイツ人監督が作品を撮ることが、ナチス政権以降、難しくなっていたからだ。

生活は困窮した。その上二度目の結婚をしていた彼の、若く、美しい妻は身ごもってもいた。そうしたなかで旧知のハックが仕事を紹介してくれたのである。ファンクは日独が軍事同盟を結ぶことを前提にした宣伝映画だと、概要を聞かされたうえでこれを引き受ける。この国策映画に失敗は許されなかった。ファンクは、ハックと新妻エリザベートと生まれたばかりの息子ハンス、それにドイツ人女優のルート・エヴェラーほか三、四人の製作スタッフとともに一九三六年一月八日、マルセイユから日本行きの船に乗った。ほぼひと月に及んだ船旅で、ファンクはハックから改めて、政治情勢の説明を受けながら映画に入れるべき要素を確認していった。どうしても取り入れなくてはならない要素、それは「満洲」だった。というのも、日本は中国の東北部を侵略して勝手に満洲国を作ったと世界中から非難されていたからである。満洲国成立に関して日本には非がないと思わせるようなストーリーにしたかった。あとは、日本及び日本人のイメージをいかによくするか、それに尽きた。
後にファンクは語っている。「私は外交の最前線に立たされているのだと思った」と。

ファンク撮影隊が船に揺られている頃、日本ではその来日が新聞紙上で大きく報じられていた。ファンク一行が神戸港に着いた後も連日、新聞はその動向を追いかけ続けている。

ファンクは前述したように、まず京都で「JOスタヂオ」を見学して偶然、原節子に出会った後、汽車で東京に向かった。二月十日、東京駅に降り立つ。各映画会社は女優を伴い駅に出迎え、歓迎の意を表している。

一行は平河町の万平《まんぺい》ホテルに入ると旅装を解き、撮影を補助してくれる日本人の共同監督、日本人出演者の選定にまず取り組んだ。連日、特に主演女優の座をめぐっては、たくさんの売り込みがあった。だが、ファンクは決して安請け合いはしなかった。この映画で何よりも重要なのは主演女優だと考えていたからだ。ドイツ人の日本人観を改めさせるための映画だ。ドイツ人の目から見て美しく、好ましく、ひと目で魅了されるような女優でなければならなかった。ファンクは、スタッフに日本人女優全員のブロマイドを集めてくれと頼み、日本の映画雑誌を大量に購入して、女優という女優を知ろうとした。

そんなファンクをホテルに残して、表向きはこの映画のプロデューサーとして来日したフィクサーのハックは、ヒトラーや大島陸軍武官の密使として暗躍していた。日本の政府高官のもとを訪れては、ベルリンで進められている日独軍事協定の構想を説明して回り、ナチスドイツへの理解を求めた。ハックにとって、映画製作はフィクサーとして活動するための隠れ蓑《みの》だったのだ。ところが、そんなハックの行動と「日独合作映画」の構想を、初めから訝しんでいる人物がいた。ドイツ人新聞記者のリヒャルト・ゾルゲ。後に、ソ連のスパイとして逮捕、処刑される、あのゾルゲである。ゾルゲは、「日本とナチスドイツの間で軍事協定を結ぶ動きが見られる」とソ連に打電し、さらなる情報を得ようとファンクの仕事場を取材と称してさかんに訪れては、様子を探り続けた。

なお、偶然ではあるが、ファンク一行は万平ホテルに落ち着いて間もなく、二・二六事件に巻き込まれている。深夜、叛乱軍《はんらんぐん》が踏み込んできて、ホテルは数日間占拠され、妻のエリザベートは「生きた心地がしなかった」と回想している。日本の歴史が大きく変わろうとする時期だった。そして、だからこそ、このような日独合作映画もまた、作られたのである。

日本中を震撼《しんかん》させた二・二六事件が収まると、ファンクはまた、ひたすら映画づくりに没頭した。共同監督は伊丹万作《いたみまんさく》、主演俳優は小杉勇に決まった。だが、肝心の主演女優が、なかなか決まらなかった。

日本側関係者はファンクに対して、ベテラン女優の田中絹代を強力に推した。当時二十六歳で、女優としてのキャリアも人気も申し分ない、と。だが、ファンクはどうしても納得できなかった。「田中絹代を含めて日本人たちが薦める女優は私には十分に美しくは見えず、魅力を感じなかった」と自伝に記している。

ファンクが求めていたのは、あくまでもドイツ人の眼に美しく見える女優だった。しかも、これまでヨーロッパにさんざん流布《るふ》されたゲイシャ・ガール、あるいはマダム・バタフライといった、歪《ゆが》んだ日本女性のイメージを覆《くつがえ》してくれる、清廉《せいれん》で崇高な女優でなければならないと考えていた。

たくさんの女優に会った。だが、売り込まれる女優に会えば会うほど、彼は失望し、同時にある女優の顔をしきりに思い出すようになるのだった。あの雪の降り積もる京都のスタジオで見かけた、少女のようにあどけない女優のことを。

それを日本人スタッフに懸命に伝えたが、彼らは一笑に付して取りあおうとしなかった。まったく無名の新人で話にならないというのだ。彼女の名前を知らないという映画人もいた。それでもファンクが固執すると、彼らは妙なことを言い出した。

「日本には、一年目はエキストラ、二年目に小さな脇役、三年目にセリフのある役、四年目に準主役、五年目でようやく主役という法律があるのです。だから彼女を使うことはできません」

いくら日本の事情に疎《うと》いファンクでも、そんな「法律」があると信じることはできなかった。ファンクは自分を言いくるめようとする日本人に怒り、思わず声を荒らげた。

「とにかく自分自身を納得させるためにも、私はもう一度、あの女優に会わなくてはならないのです。彼女にここに来るよう伝えてくれ」

この話を伝え聞いて誰よりも驚いたのは、当の節子であった。彼女はいつものように尻込《しりご》みをして面会そのものを断ろうとした。それを日活の宣伝部員が「とにかく会うだけでも」と懸命に説得し、万平ホテルまで彼女を引っ張って行った。

再会した時、節子は部屋の中で、ただただ恥ずかしそうにうつむいていたとファンクは回想している。

ファンクは改めて節子に接し、こんなに内気な女優がいるのかと不思議に思った、という。それでも、厳しい目で少女を観察しながら台本を手渡すと、通訳を介してこう頼んだ。

「少し演じてみてくれ」

台本を受け取った節子は、さらに身をよじるようにして、はにかむようにうつむいた。ところが台本をめくって指示を受けた次の瞬間のことだ。その変貌《へんぼう》ぶりをファンクはこう記している。

〈彼女は、今までとはうってかわって無心な演技を披露してくれた。私はそれを見て大きな才能を持つ女優が、今、目の前にいるのだとはっきりわかった〉

（『Er führte Regie mit Gletschern, Stürmen und Lawinen』）


ファンクの心は、もう揺るがなかった。他の女優を売り込もうとする日本人関係者を集めると、有無を言わさぬ厳しい口調でこう宣言する。

「いいですか。わざわざ、ドイツの映画監督を用いて、ヨーロッパで受けるような映画を作ろうとしているのですよね。だとしたら私の目を信じてほしい。彼女こそ、ヨーロッパにおいて日本を代表する女優にふさわしい美しさを持っているのです」

無名の新人女優がヒロインの座を射止めたというニュースは、新聞に報じられ、瞬《また》く間に日本中を駆け巡った。ファンクは日本に来てから初めて、浮き立つような気持ちになり、滞っていた脚本も、節子を得てからインスピレーションが湧《わ》き、「俄然《がぜん》、やる気が出た」と自伝に記している。

一方、脚本の完成前から、ドイツ人キャメラマンを中心にした撮影隊は日本全国のロケに出ていた。北は宮城の松島から南は九州の阿蘇山まで「美しい日本の風景」をひたすら撮って回り、その三分の二の行程に節子も同行したという。

初夏、ようやくファンクは脚本を完成させ、本格的な撮影に入った。映画のタイトルは『新しき土』（外国では『侍の娘』）に決まった。

節子が演じるのは武士の血を引く、侍の娘「大和光子」。光子には親が決めた許婚《いいなずけ》の「輝雄」がおり、彼女は「お兄様」と呼んでいる。輝雄は貧しい農家の生まれだが、光子と将来結婚するという約束で大和家の養子となり、援助を受けてドイツに長く留学していた。その輝雄からついに留学を終えて帰国する、との連絡があり大和家では婚礼に向けて準備が始まった。「やっとお兄様と結婚できる」と光子は喜ぶが、同じ頃、ドイツで近代的な教育を受けた輝雄は帰国する船の中で、深く悩んでいた。親の決めた許婚である妹のような光子との結婚に、迷いが生じていたのである。輝雄は同じ船で日本に向う友人のドイツ人女性ゲルダにそんな自分の心のうちを素直に訴えるが、逆に「あなたはドイツで西洋の個人主義を間違えて学んだ」とたしなめられる。

光子は輝雄を出迎えるが、聡明な彼女は、彼の心の迷いを知って嘆く。光子との結婚に躊躇する輝雄は親類から責められ苦悩する。それを見た光子は自分が死ねばよいのだと考え、火山を登る。噴火口に身を投げて自殺しようとした、まさにその瞬間、光子の美質にようやく気づいた輝雄が駆けつけ彼女を救出する。その後ふたりは結婚すると、満洲に渡って新生活を営む。喜びに満ちてふたりは満洲の大地を耕し、光子の腕には赤子が抱かれている——。これが映画『新しき土』の粗筋である。

筋を読むだけでは、この映画がナチスの意向を受けた国策映画であるとは、わかりにくいかもしれない。しかしながら、実際に鑑賞すれば、ファンクが当時の外交を踏まえて、いかに細心の注意を払ったかを感じ取ることができる。

節子が演じる光子は、誇り高い女性として描かれている。名門の生まれで日本的な教育を受け長刀《なぎなた》や茶道や琴を嗜《たしな》む一方、ドイツ語を習い、ドイツ式の近代泳法まで身につけている、進歩的で西洋的な教育も受けた女性である。

対する輝雄は、ドイツで教育を受けドイツ語を自在に操る、ドイツに心酔したドイツかぶれの日本人として登場する。

富士山や桜や安芸《あき》の宮島といった風景が、これでもかと映し出されるが、それだけでなく、銀座のきらめくネオンや近代化された紡績工場の内部も登場する。ドイツ人女性のゲルダが「まるでヨーロッパと変わらないのね」と感嘆すれば、かたわらで輝雄が「日本が近代化を成し遂げられたのはドイツのお蔭《かげ》だ」と即答する。

他にも「地震などの災害を通じて、日本人には高い精神性が育《はぐく》まれた」「日本人の最上位に在るのが天皇家で、日本人は天皇家のために生まれて死ぬ」と、ナレーションで日本や日本人が紹介されていく。そうしたなかで、とりわけ目をひくのが満洲国の描かれ方である。

「日本は人口が多く土地が少ない」「日本はどこも耕された、古い土だ。新しい土が必要だ」と畳み掛け、日本が満洲の地を手にするのは必然であると訴えかけている。

そもそも、「新しき土」とは満洲の暗喩《あんゆ》なのだった。

節子が演じた光子は、つまりは日本そのものである。そして輝雄は、ドイツの暗喩だ。輝雄は、光子の美点になかなか気づけない。遅れていると見る。しかし、次第にその美しさ、素晴らしさを理解する。光子は、輝雄のためなら自分の命も投げ出す侍の娘なのだ。輝雄と光子が結婚し、満洲に赴いて幸せになるという結末は、ドイツと日本が軍事同盟を結べば輝かしい未来がある、というメッセージにほかならない。光子は日本であり、日本はドイツに尽くすのである。しかし、そんなファンクのメッセージに撮影中も公開後も、気づく日本人はほとんどいなかった。ファンクもまた、この映画がドイツで担《にな》う国策上の意味を日本人に語ることはせず、むしろ悟られまいとした。

現場では共同監督の伊丹万作が、「ファンクの描く日本観はおかしい」と異を唱え、しまいには、共同監督を降りたいと言い出す騒ぎもあった。結局、彼にも編集権を与えてなだめたが、伊丹の機嫌は撮影後半に向けて、ますます悪くなっていった。現場でファンクと揉《も》めることも多くなり、節子はそのたびに心を痛めた。そのうちに伊丹の怒りの矛先は、ファンクに愛される節子にも向けられるようになっていく。

上高地での最後の撮影で噴火口に向かうシーンを撮っていた時のことである。連日、撮影のため焼岳に登らされ、若いとはいえ節子の体力も限界に近かった。宿に戻るともはや足腰が立たず、這《は》って移動するほど身体が辛かった。そんなある日、山での撮影で泥だらけになって戻った節子は勧められて風呂《ふろ》に入った。ところが、それを知って伊丹が激怒した。

「チンピラ女優の分際で、一番風呂に入ったのか」

伊丹の怒りはなかなか収まらなかったという。

このエピソードには、当時の日本の監督の女優観が如実《にょじつ》に表れている。日本の映画界は完全なピラミッド型で監督がその頂点に君臨していた。監督が女優を怒鳴り、スタッフを殴りつける。ドイツの映画人にとって、これは信じられぬことであった。ファンクは日本での座談会で、「日本の監督の女優に対する態度には驚かされた」と語っている。

ファンクは常に、「私のかわいいセッコ」と呼び、節子が気持ちよく撮影に臨めるように気を遣った。それは西洋社会では当然のことだった。彼女は主演女優であり、この映画で最も大事な存在なのだ。

ファンクは伊丹の不満に、もちろん気づいていた。伊丹の目に自分の描こうとする日本や日本人が奇異に映っていることも、重々承知していた。けれど、この映画は日独の軍事協定締結に際して、ドイツ人を納得させるために作られる映画なのだ。ファンクが求めたのは真実ではなく、ドイツ人に好ましく思われる日本の「イメージ」であり、その象徴が光子を演じるセッコ・ハラなのである。しかし、それを撮影中、伊丹に打ち明けることは機密上、できなかった。

撮影の合間を縫って、密命を帯びていたハックは、日本とベルリンの間を忙《せわ》しく往復していた。日本側の意向をベルリンに伝え、ベルリン側の意向を日本に伝えるために。そして、ついにその日を迎える。

昭和十一年（一九三六）十一月二十五日、朝から濃い霧が立ち込めるベルリンで日独防共協定が締結された。武者小路《むしゃのこうじ》公共《きんとも》駐独大使がサインする様子を、傍らで誰よりも満足気に見入っていたのは陸軍武官の大島浩と、日本の撮影隊から離れて急遽《きゅうきょ》帰国したハックだった。

当初は、ソ連を仮想敵国として結ばれた、漠とした軍事協定だった。ところが、翌年にはイタリアが加盟して日独伊防共協定となり、さらに発展して昭和十五年（一九四〇）には三国同盟の締結へと至る。

日本の命運を決することになった軍事同盟、その陰に存在した一本の日独合作映画、そこで日本を体現する役割を担わされた原節子は、このとき、まだ十六歳だった。

京都では撮影がすべて終了し、編集作業に入っていたが、ベルリンで日独防共協定が結ばれたとの報を受けて、作業が速められた。

『新しき土』は昭和十二年（一九三七）の二月四日にまず日本で、続いて四月にドイツで日独防共協定締結を記念する合作映画として、公開されることが決まった。日本では前宣伝の広告に莫大《ばくだい》な金が使われたが、そうせずとも、この特殊な映画は新聞紙上で常に大きく扱われ続けていた。

公開前日の特別試写会には一流劇場である帝国劇場が選ばれ、宮家のほか政府高官、外交官夫妻らが煌《きら》びやかに着飾り集った。低俗、下劣、「丁稚《でっち》小僧と子守女中が見るもの」と蔑《さげす》まれてきた日本映画界にとって、それは考えられぬことであり、新聞は「映画界初の快挙、八宮家ご光臨、感涙」と伝えている。

軍事協定を結んだ友邦ドイツの資金で作る国策映画であれば、日本も当然、国家としてそれなりの敬意を示さなくてはならない。そこで八宮家までが臨席したのであろう。また、会場には密《ひそ》かにベルリンから日本に帰国した大島浩の姿もあった。当日、帝国劇場の舞台には、巨大な日の丸とドイツの国旗となったナチスの鉤《かぎ》十字の旗が掲げられた。ファンク監督と原節子は万雷の拍手で迎えられて舞台に立つと挨拶《あいさつ》をした。節子が映画の舞台挨拶に立ったのは、後にも先にも、この『新しき土』の時だけだ。

翌日から映画館の前には長蛇の列ができた。

当時の新聞には、「猫も杓子《しゃくし》も見に行った」とある。地方で上映が始まれば、前夜祭には県知事らが招かれ、その感想が地元紙に大きく載った。もはや、『新しき土』は映画の域を超えた社会現象となっていたのだ。日本映画など観ることもない高位高官、インテリ学生が足を運ぶ一方、普段はこうした映画などに見向きもしない庶民層も映画館に押しかけた。批評には、もちろん手厳しいものもあった。「日本の描かれ方が西洋人のそれである」「あまりにも筋書きが陳腐である」等。しかし、大半の日本人は西洋人監督が日本に注目してくれたということだけで、十分すぎるほど満足していたのだった。

ドイツでの公開に向けてファンク監督が帰国の途につくと、それもまた新聞の見出しとなった。

ファンクが去っても、熱狂は続いた。とりわけ人々を興奮させたのは、ベルリンで行われるナチス高官を招いての公開前日の特別試写会に、節子も招待されたことだった。さらに、今度はドイツにて、ファンク監督が原節子を主演に二作目の日独合作映画を作ることになったとも報じられた。

いったい、どこまで幸運な女優なのか。映画人のみならず、誰もが節子を羨《うらや》んだ。原節子の名はさらに、日本全国に知れ渡り、洋行のニュースは何度となく新聞紙上で大きく取り上げられた。

「外国に行く」ことが夢のまた夢だった時代である。それを、この十六歳の少女は易々《やすやす》と手に入れてしまったのだ。出発前にインタビューを取ろうと自宅には新聞記者が連日、押しかけた。それに対して節子は、実に淡々と応じている。

たとえば、おびただしい数の和服をトランクケースに詰める様子を見せながら、「現地ではずっと和服で通すつもりです。日本人が洋服を着ても、体格が悪くて西洋人に見劣りがしますもの」と答えている。彼女は自分が日本を背負っていくのだと、よく理解していたのだろう。現に新聞も「百人の外交官に匹敵する」と書き立てていた。

また、この洋行には義兄の熊谷久虎も同道すると発表される。

記者にむかって熊谷はその理由を、「ドイツで原節子主演映画の第二弾をファンク監督が企画しており、自分が共同監督に選ばれた。それに自作の『蒼氓《そうぼう》』を現地で公開する予定もあるからだ」と話しているが、節子の付き添い人として同道することになった、というのが実際のところだろう。

さらに言えば、この洋行に合わせて、熊谷はあることを画策していた。日活をやめて、節子とともに新しくできる映画会社「東宝」に移籍しようと考えていたのである。宝塚歌劇団や阪急電鉄の経営者だった小林一三《いちぞう》が、JOスタヂオや中堅映画会社のPCL製作所などを吸収して新たに映画会社「東宝」を設立しようと動き始め、水面下で松竹や日活の監督やスターに接触、高い移籍金と給料を提示して引き抜きを画策していた。これに熊谷は節子とともに応じようと考えていたのである。

熊谷は東京の撮影所に来てから製作した『情熱の詩人啄木《たくぼく》』で代用教員時代の啄木の苦労を描き、これまでにない硬派な作風が高く評価されていた。翌年には石川達三《たつぞう》の第一回芥川《あくたがわ》賞受賞作『蒼氓』を映画化。ブラジルに移住する貧しき人々の苦悩を描いて、ますます注目を集め、新進気鋭の一流監督と見なされつつあった。

映画界に移籍問題はつきものだった。とはいえ、一歩間違えば血の雨が降る。松竹から東宝に移籍しようとした二枚目俳優の林長二郎（後の長谷《はせ》川《がわ》一夫《かずお》）が映画雑誌にさんざん事実無根の中傷を書き立てられた挙句、暴漢に剃刀《かみそり》で顔を切りつけられるという事件が起こるのは、この年の初冬のことだ。

そういったトラブルを避けるためにも洋行は打ってつけの口実であり、熊谷は、しばらく日本を離れ、帰国後に、節子とふたりで新会社に移ろうとしたのだろう。

するとドイツへの出発が目前に迫ったある日のこと、降って湧いたように節子にとって初めてのゴシップ記事が雑誌『話』に掲載された。見出しには、「原節子の殉情初恋物語」の文字が躍っている。

そこには、先のベルリン・オリンピックに陸上種目で出場した専修大学の学生選手、矢沢正雄と原節子が淡い恋愛関係にあり、節子の洋行によって交際が中断されることを、ふたりは嘆き悲しんでいる、と書かれてあった。節子はこの記事に対して、「事実無根」と真っ向から否定した。洋行の取材にやってきた「読売新聞」の記者に対して、「日本出発にあたって残念でならないのは、私の初恋の噂のことです。全く事実無根のこの事だけは必ず出発前に解決して置きたい」と語り、その隣で熊谷久虎も、

「裁判を起こすことも考えている」と物騒な発言をしている。節子は、さらにこうも続けている。

〈噂される相手の男の方は全く知らない人で、もちろん会ったことも話を交したことも絶対にございません。こうした濡衣《ぬれぎぬ》を着て日本をたつのは残念でならないのです。女優というとすぐ恋とか何とか噂をたてられるのが本当に口惜しいわ〉

（「読売新聞」昭和十二年三月十日）

ここまで言うのであれば、節子の言うように「事実無根」なのだろうと信じたくなる。実際、長くそう思われてきた。

ところが、この記事が書かれてから五十余年が経《た》った平成五年（一九九三）になって、矢沢正雄が初めてふたりの間に交流があったことを『週刊新潮』の記者に明らかにしている。

〈原節子さんとは彼女の義兄で映画監督でもあった熊谷久虎さんの紹介で知り合いました。（中略）ちょうどこれから仕事でドイツに行くという節子さんにヒトラー・ユーゲントはこうだとか、ベルリンはどうだとかアドバイスしたのがきっかけで、親しくなったんです》（『週刊新潮』平成五年八月十二日・十九日合併号）

矢沢の証言によれば、ちょうど節子が『新しき土』に抜擢《ばってき》されてドイツに渡ることになり、オリンピック選手としてベルリンに滞在した経験を持つ矢沢に会って、国情を聞くようになった。銀座でお茶を飲みながら話し、手紙もやり取りしていたという。当時の節子に、矢沢と交際しているという感覚はまったくなかったのかもしれない。それを「初恋物語」とされ、「矢沢と離れたくない節子は、渡欧をためらっている」とまで書き立てられ、怒りを覚えたのだろうか。

ただ、矢沢の証言が正しければ、少なくとも「会ったこともない」というのは嘘《うそ》になる。もちろん、矢沢の立場を慮《おもんぱか》って、マスコミに対して徹底的に否定したのかもしれない。あるいはお茶を飲むような交際を身内にも秘していて、熊谷の手前もあり否定したのか。もしくは、自分の清純なイメージを保つためか。理由はいろいろと考えられる。さらに言えばこのような、ある種のゴシップが出たこと自体、移籍が絡んだ嫌がらせだったかもしれない。むしろ注目すべきことは、この時の節子の態度である。ここまではっきりとマスコミを批判する女優はめずらしかった。彼女には、少女の頃から、こうした烈しさがあった。

騒ぎのなかで、ついに節子は出発の日を迎える。

『新しき土』の公開から約一カ月後の昭和十二年（一九三七）三月十日、節子は東京駅に向かった。夜の九時過ぎだというのに、駅には「開闢《かいびゃく》以来」といわれる二千人を超える人々が押しかけ、凄《すさ》まじい混乱と狂騒を呈していた。

節子は義兄夫婦、それに東和商事の川喜多長政、かしこ夫妻とともに五人で汽車に乗り込んだが、今にも窓ガラスをたたき割り、人がなだれ込んできそうな様子に恐怖を覚えた。

「節チャンを出せー」

「日本の恋人っ」

「違う、世界の恋人だっ」

時おり大きな歓声が巻き起こる。人気女優を見たいというだけの理由ではない。

「西洋で認められてきてくれ」という明治の開国以来の、この国の人々の悲壮な思いと祈りが、そこにはあり、すべてが少女に託されていたのである。翌日の新聞には、

「鯨波、叫喚、悲鳴、見送り狂躁曲《きょうそうきょく》」「ファン殺到　原節子嬢ベルリンへ」「〝節ちゃん旋風〟に送られて」といった見出しが躍っている。

道中でも駅に列車が止まるたびに、節子は記者からカメラを向けられ、集まった人々の熱狂を肌身に感じた。神戸でいったん下車し、銀行員の木下順に嫁いだ三姉の喜代子のもとを訪問し、再び汽車に揺られて十二日の朝九時半、下関に到着。門司港からは船で大連へ。そこから先は再び汽車で、満洲、ロシアを経由してベルリンを目指す予定だった。

東京駅からここまで付き添ってきた姉の光代とは、門司港で別れなければならなかった。光代には息子の陽がおり、ともにベルリンに行くわけにはいかなかったからだ。洋行の期間は当初、数カ月、場合によっては約一年とされていた。節子は十六歳、熊谷は三十三歳。果たして光代はどんな気持ちで夫と妹を見送ったのだろう。なんの不安も感じぬほど夫婦の、姉妹の、家族の結束は固かったのだろうか。

もっとも、光代自身がこの洋行を強く後押ししていたのかもしれない。光代はかつて女優だったものの、大成はしなかった。映画界のなかで躍進する美貌の妹は、彼女にとって、もうひとりの自分だったのかもしれない。あるいは、自分の夫が監督として、さらに地歩を固めるためにも、この洋行のチャンスを逃してはならないと考えていたのか。

港に銅鑼《どら》が響き渡り、大連行きの大型船ウスリー丸は出帆の時を迎えた。港にも節子ファンは殺到していたが、いよいよ船が港を離れる段になると、群衆は早くも散りぢりになり踵《きびす》を返し始めた。

人影もまばらになった波止場ではただ光代だけが、白いハンカチを力いっぱい振り続けていた。節子も必死になって姉に手を振り返し続けた。その時だった。かたわらにいた熊谷が節子にこう言って聞かせているのを、川喜多かしこは偶然、耳にした。日記に熊谷の言葉を書き残している。


〈ファンというものはいつでもこんなものだ。最後まで残るのは家族のもの丈《だけ》だよ〉

（『東和商事合資会社社史』昭和十七年）


やがて門司港は海原の向こうに見えなくなった。

節子はこのウスリー丸の中で、ある人物に出会っている。元憲兵大尉《たいい》の甘粕正彦《あまかすまさひこ》と、清《シン》朝王族の血を引き川島芳子《よしこ》の姪に当たる、愛新覚羅《あいしんかくら》廉鋁《れんろ》のふたり連れである。

甘粕は大正十二年（一九二三）、無政府主義者の大杉栄《さかえ》らを虐殺《ぎゃくさつ》した罪で服役したが、仮釈放で渡仏した後、満洲に渡った。そして、満洲国の建国後は満洲国協和会の幹部になる。さらに、昭和十四年（一九三九）には満洲国の国策映画会社、満洲映画協会（満映）の理事長に就任。映画界のみならず満洲国において絶大な権力を振るう。

そんな人物と同じ船に乗り合わせたのは偶然なのか。川喜多は船中で甘粕と親しくつき合った。この二年後に甘粕が映画会社の理事長になることを考えると興味深い。

三月十四日、船は満洲の玄関口である関東州の大連港に入った。ここでも節子は熱烈に歓迎される。

船から降りた川喜多夫妻と熊谷、節子の四人は車で大連から旅順まで足を延ばして、一日観光を楽しんだ。

節子は石畳の続く、どこか寂れた旅順の街並を見て、心から美しいと感じた。けれど、日露戦争の激戦地二〇三高地に立った時には、まったく別種の感慨に捉われる。大地に吹きすさぶ、耳が千切れるような朔風《さくふう》が生真面目《きまじめ》な少女の胸を、余計に熱くさせたのかもしれない。赤土の広がるばかりの荒涼とした風景、そこに建つ巨大な忠霊塔を見て、胸にこみ上げてくるものがあった。ここで多くの日本兵の血が流されたのだ。

節子は傍らにいた熊谷に言った。

「義兄《にい》さん、こんなに沢山の方々が犠牲になられたのだもの、満洲はどうしたって日本で守らなければいけないわね」

熊谷は、義妹を振り返って思わず目を細めた。

「感心なことをいう」

節子がとりたてて軍国少女だったわけではないだろう。世界中で映画の買い付けをしていた国際人の川喜多かしこでさえ、この時は同じような思いに浸っていたのだから。彼女は日記にこう書き残している。


〈二〇三高地。東鶏冠山。博物館。水師営を見物する。これ等を見ると矢張り異常な感激に打たれるのはサムライの子の故《ゆえ》であろうか。此処《ここ》に流された日本の兵隊の血が吾々《われわれ》に叫んでいる。「これは俺達のものだ。俺達の血と肉弾とで贏《か》ち取ったものだ。離すな。絶対に離すな」と〉（同前）

旅順観光を終えると、四人は大連から満鉄の「あじあ号」に乗った。ハルビンに出て、さらに北西の満洲里《まんしゅうり》へと向かうのだ。

途上、ハルビンの手前、奉天駅で一行は下車した。この駅で節子は、長兄の武雄と再会を果たす。武雄は日本での生活に見切りをつけ、満洲に渡り弁護士をしていたのだ。フランスに憧《あこが》れ、フランス語を学んだ、あの長兄である。幼い節子に、「いつか一緒に外国に行こう」と語ってくれた妹思いの、やさしい兄だった。その兄は奉天でも生活に追われているように見えた。節子は、急に自分ひとりが夢を叶えて西洋に行くことが申し訳なく思えてきた。

再会の時間は、わずかだった。節子は再び汽車に乗ったが、名残惜しくていつまでも最後尾の展望車からホームにいる兄に向って手を振り続けた。

雪が降りしきるなか、兄の姿はだんだんと小さくなっていく。節子の胸に言い知れぬ哀《かな》しみが広がっていった。

「兄が行けなくて、私ひとりが行く、兄が行けなくて……」

これが長兄との永久《とわ》の別れになるとは、この時、知る由《よし》もなかった。

国境の街、満洲里に到着すると、この最果ての地でも『新しき土』は公開されており、節子は驚く。一行は満洲里でシベリア鉄道に乗り換えた。ここから先はソ連領である。車中の給仕もロシア人に代わり、異国に足を踏みいれたことを強く意識させられた。

四人はトランプをして、長い時間を過ごした。節子はそんななかでも、時おり紙切れを帯の間から取り出しては、ブツブツと呟《つぶや》く。舞台挨拶に向けてドイツ語の挨拶を必死で暗記していたのだ。

三月二十五日の夜九時、ポーランドの首都ワルシャワに到着した。この時、川喜多かしこはドイツの新聞を買って読み、思わず眉《まゆ》をひそめる。『新しき土』の映画評が載っていたからだ。

「おかしい。もう封切りしてしまったのかしら？　妙だわ」

封切前日の特別試写会で原節子が舞台挨拶をする予定なのに、どうしてもう映画評が出ているのか。

翌朝の七時四十三分、汽車はついにベルリン動物園駅（ツォー駅）に滑り込んだ。

東京を出てから実に十六日目、早朝にもかかわらず駅でファンク監督が出迎えてくれた。日本の大使館員やドイツの映画関係者の姿もあった。歓迎の花束を受ける節子を、新聞記者たちが取り囲んだ。復活祭の休暇で郊外に向かうベルリンっ子たちで、駅は朝から混み合っていたが、皆、着物姿の異国の美少女をめずらしげに振り返った。

投宿先は駅のそばの高級ホテルで「エデン・ホテル」という。向かいには歴史あるカイザー・ヴィルヘルム教会の尖塔《せんとう》が天に向かって聳《そび》え、細い道を隔てベルリン動物園の緑が見えた。節子が舞台挨拶をする予定のカピトール劇場も、ほど遠からぬ場所である。

現地に着いてみると、やはり映画は、すでに封切られていた。ナチスの高官が休暇に入る前に、ということで公開予定が前倒しになったのだという。二十三日夜に行われた特別試写会には、ゲッベルス宣伝相、ブロンベルク国防相、ダレ農相、ルスト文化相、ヒムラー警察長官らが出席し、日本側も武者小路大使らが出席し盛大だった、と。だが、節子の舞台挨拶は予定どおり二十七日、映画上映の合間に行い、ゲッベルス宣伝相が改めて臨席すると聞かされた。一行は荷をホテルに預けると、まずは武者小路大使夫妻に挨拶するため、ティーアガルテン地区にある日本大使館に赴いた。日本の映画人が大使館で大使から直々に歓迎されるのも、この映画が日独防共協定の一助として作られた国策映画だったからである。

節子は大使館に向かう車中からベルリンの街を目にし、崇高な美しさに感激していた。これが西洋の一等国の首都なのだ。日本で最も西洋的な街といわれた横浜に育った節子だが、本物の西洋とはこんなにも違うのだと感じ入った。緑の多いこと、道がアスファルト舗装であること、自動車や電車がこんなに走っているのに騒音が少ないこと。いったい、なぜだろうか。美しさと品格、それは人ばかりでなく街にもあるのだと節子は、この時、初めて知った。

〈やっぱり大国の首都はこういう品位がなければうそだと、生意気なことを考えました〉
（「大阪毎日新聞」昭和十二年四月十七日）

ベルリン到着の翌二十七日、節子は、予定通り市内で最も大きな外国映画専門館であるカピトール劇場で上映の合間に、舞台挨拶に立った。

劇場は外も内もいたるところ、ハーケンクロイツ（鉤十字）旗と日の丸で飾り立てられ、戸外には節子を描いた巨大な看板が掲げられていた。観客席は満員で二千人を超える観衆で溢《あふ》れかえっていたが、男性客の大半が左腕にナチス党員の証《あかし》であるハーケンクロイツの腕章をつけていた。

ファンク監督と出演女優のルート・エヴェラーに促されて、振袖《ふりそで》に身を包んだ節子は舞台の中央まで進んでいった。薄暗いなか客席の金髪が光って、まるで波のようである。大きな拍手と歓声を受けた節子は、いかにも恥ずかしげに身をかがめて一礼するとマイクに向かった。長旅の途中に必死で覚えたドイツ語を、か細い声を張り上げ披露した。

「私はベルリンの街に来ることができて嬉《うれ》しい。私がこの街を好きなように、皆さんが私を好きになってくれたら嬉しい……」

可憐な少女の、おぼつかないドイツ語は、会場から沸き起こった割れんばかりの拍手と「ヤーッ」という絶叫に取ってかわられた。節子は何回となくカーテンコールに応じて、お辞儀を繰り返した。

日本の特派員は、この日の興奮をすぐさま書き送っている。

〈日本娘に讃華　振袖姿でナチスファンに挨拶　原節子さん大人気〉

（「大阪時事」昭和十二年三月二十九日）

その頃、ドイツの新聞各紙にも、映画を絶賛する評が溢れかえっていた。「不思議な魅力をもつ少女」「気品にあふれている」「ヨーロッパ人をうっとりさせる」「演技表現が繊細」など、目立つのは節子への讃辞である。

もちろん、これらはナチスの言論統制の結果ではあったものの、節子の美しさがドイツ人に認められたことだけは確かであった。

ドイツ国内二千六百の映画館で上映され、六百万人を動員して、ドイツでは外国映画のロングラン記録を塗り替えたと日本の新聞各紙は熱狂気味に伝えている。もっとも記事では、ナチスの影響力には一行も触れられていない。

四月十五日には日本大使館主催の晩餐会《ばんさんかい》が開かれた。その場で節子はゲッベルス宣伝相を紹介され、通訳を交えて談笑した。節子は彼の印象をこう語り残している。

〈写真で見ていたゲッベルスという方にははじめてお目にかかりましたが身体《からだ》は小さいが、精悍な顔だちで闘志に満ち満ちたような方です。愉快そうに打ちとけてよく話されました〉

（「東京日日新聞」昭和十二年五月七日）

ナチス高官の中でも怜悧《れいり》な切れ者として恐れられ、ヒトラーの側近中の側近と言われたゲッベルスも、節子には相好を崩したようだ。節子はこのように自分の役割を見事に果たしていたが、一方、義兄の熊谷は現地で問題ばかりを起こし、このパーティーに出向くにあたっても滞在先のホテルではひと悶着《もんちゃく》あった。ベルリンに着いてからというもの熊谷の機嫌はずっと悪く、この日も、パーティーに出ないと言い出して周囲をほとほと困らせたのだ。

日本を出立する前は威勢よく、取材に来た新聞記者を前に、「ドイツへ行くといったところで大した期待も持っていない。かえって国粋主義の進んだ、今日の日本の進歩から取り残されはしないかと心配なほどです」と大言壮語していた熊谷だった。だが、ベルリンに足を踏みいれた途端に西洋社会の威容に圧倒され、呑《の》み込まれてしまったのである。

そのうえドイツ語はもちろんのこと、西洋式のマナーも心得ていなかった熊谷は、始終まごつくことになり、劣等感に苛《さいな》まれた。西洋料理を食べればすぐに胸やけがして、腹具合まで悪くしてしまう。

背が低く小太りで、身体の大きなドイツ人たちからは文字通り見下される。映画人や知り合いと離れて街に出てみれば、黄色人種に対する差別にまともに晒《さら》された。熊谷は次第にふさぎ込み、苛立《いらだ》ち、怒りを爆発させるようになって、川喜多夫妻や節子を困らせていた。

どこへ行っても注目され大事に扱われるのは節子だけである。日本映画界では監督として、それなりの評価を受ける身であっただけに、熊谷のプライドは深く傷つけられた。ドイツの映画人に、いくら日本の映画監督だと自己宣伝してみても、彼らは興味を示してもくれない。熊谷の扱いには川喜多夫妻も手を焼いたのだろう。かしこ夫人は四月二十一日の日記に、注意深く熊谷の様子をこう書き綴《つづ》っている。

〈熊谷氏は原さんのバディ《ママ》・ガードと言った役で気の毒である。ファンク博士は原さんを一人で旅行させて熊谷氏は、その間みっしりスタヂオで勉強したらどうかと言ったのだが熊谷氏にして見れば心配で、それも出来ないのであろう。併《しか》し熊谷氏に取っても此《こ》の旅行は将来きっとよかったと思う事と思う。

只《ただ》、現在は世にも憂鬱《ゆううつ》な顔をしているのは気の毒である。なんとか気の持ち方を変えて上げ度《た》いと思うのだが、むつかしいらしい〉（『東和商事合資会社社史』昭和十七年）

日本大使館主催の晩餐会に招かれた際にはタキシード着用が義務づけられた。だが熊谷は着つけにもたつくうちに感情を爆発させた。

「こんなもの誰が着るかっ」

大声を上げるとタキシードを脱ぎ捨て、ホテルの窓から動物園めがけて丸めて放り投げ、「出席しない」とごねたのだった。

また、街中に出ると金髪の子どもたちに取り囲まれ、「中国人、中国人」と囃《はや》し立てられることがよくあったが、その度に、熊谷は腹を立てた。

「着物を着た節子が隣にいるのに、なぜ中国人と間違えられるんだっ！」

ドイツのどんな田舎町にも中国人は住んでいる。東洋といえば中国を指すのであって日本ではないという現実が、日本こそ東洋を代表する一等国と信じる熊谷には受け入れられないのだった。だからこそ、日本の知名度を上げるために『新しき土』という映画も作られたのであるが。

おまけに、ファンクと共同で監督を務める予定だった原節子主演第二作も、ベルリンに来てから流れてしまった。

ファンクは『外交官の娘』という脚本を書き上げていたようである。日本人外交官の娘である原節子が四人のドイツ人青年に想《おも》いを寄せられるものの、それを振り切り日本に帰る、というストーリーだったらしい。

企画が流れた理由を熊谷は、「脚本があまりに下らなかったので自分が書き直すと言ったら、ファンクの機嫌が悪くなった」「自分だけでなく、イタリア人のガローネ（カルミネ・ガローネ）も共同監督に選ばれて三人で撮る予定だったが、日本人である自分のギャラだけが不当に安かったので蹴《け》ってやった」と語っているが、もともと、実現性の乏しい企画だったのではなかろうか。映画製作が流れたため、彼としてはやることもなく余計に気が滅入っていったのかもしれない。

節子は連日、ドイツ各地で舞台挨拶をし続けていた。地方からベルリンに戻ってくればナチス高官との会食や視察が入る。地方回りには川喜多夫妻は同行せず、熊谷とドイツの映画関係者と通訳が付き添った。あまりの過密な日程に節子と熊谷は疲弊し、不満を募らせ、次第に川喜多夫妻との間も気まずくなっていったようである。節子は後年、この洋行を振り返って言葉を選びながら、こう語っている。

〈川喜多ご夫妻が一行の責任者でしたが、この旅は、その内容には、とてもいやなこと、心にそまないことがたくさんありましたけれども、わたしの一生の大きい記録として忘れることができません〉（『映画スター自叙伝集』昭和二十三年）

かしこ夫人の四月二十三日の日記にも、「原さん。こうした旅行は、どうしても来月五日までに止め度《やた》いという」と節子の不満が書き留められている。川喜多夫妻に正面から苦情を切り出したのは、熊谷ではなく十六歳の節子自身だったようだ。意志をはっきりと伝える彼女の気性が、ここにもうかがえる。

節子の気迫に押されたのか、川喜多夫妻は言われたとおりにドイツでの活動を五月上旬に打ち切った。それまでに節子はミュンヘン、ハンブルク、ドレスデンといった主要八都市のほか三十数カ所に足を運んで舞台挨拶をしており、ほとほと疲れ切っていたようである。

ナチスの威光が届かぬ田舎町では、観客がまばらなこともあった。それでも、型どおりの挨拶をしなくてはならない。鸚鵡《おうむ》のようにドイツ語で、「私はこの○○街に来ることができて嬉しい。私がこの街を好きなように、皆さんが私を好きになってくれたら嬉しい」と街の名だけを替えて繰り返す自分に、疑問を感じてもいたようである。

一行はドイツ滞在を切り上げ、次の目的地であるパリに向かうことになった。

その前にドイツ南西の温泉保養地バーデン・バーデンに一週間ほど投宿し、旅の疲れを癒《いや》している。トルストイやドストエフスキー、ブラームスも愛した森の中に憩《いこ》い、節子は生気を取り戻した。賭博場《とばくじょう》で大当たりした熊谷の機嫌も、いくぶん上向いたようである。節子は洋行中の最も楽しかった思い出として、バーデン・バーデンでの日々を挙げている。

休暇を終えて節子ら一行は五月二十日夜、パリに向けてベルリンを旅立った。駅にはファンク監督夫妻、ドクター・ハック、大島陸軍武官夫人、武者小路大使夫人らが見送りに来た。

翌朝の十時過ぎ、一行はパリに到着する。

ベルリンの緊張感とはまったく違う、パリの解放された空気に節子と熊谷は癒される。当時のパリにはロシア貴族やユダヤ人など、居場所を失った亡命者たちがヨーロッパ中から集まっており、街には独特の活気が漂っていた。ドイツと異なり街並は整然としておらず、それがかえって味わい深い。ドイツではナチスに歓待され、ベルリンを代表する高級ホテルに泊まっていたが、パリでは一転、安宿となった。けれど苦痛だった舞台挨拶もなくなり、節子の心はむしろ浮き立っていた。また、熊谷の機嫌が急速に回復し、それも彼女の心を明るくしたようである。

きっかけとなったのは、ある日本人青年との出会いだった。

青年の名は、川添紫郎。昭和三十五年(一九六〇)、東京・六本木にイタリアン・レストラン「キャンティ」を開いたことでも知られる人物だ。この川添は明治の元勲、後藤象二郎の孫である。後藤の次男の妾腹《しょうふく》であった。早稲田第一高等学院に通う頃から映画や演劇に魅了され、後に映画監督となる山本薩夫《さつお》や谷口千吉とも親しかった。当時の学生の例にもれず、左翼活動に染まり拘置された後、心配した親戚《しんせき》の計らいでパリに遊学していたのだ。映画青年の彼は熊谷作品を高く評価しており、前年にパリでフランス人に向けた日本映画上映会を企画した際には、わざわざフィルムの買い付けに日本まで戻り、熊谷の『情熱の詩人啄木』を選んだほどだった。

そんな青年とパリで出会い、熊谷の機嫌は改善されたのである。

この川添の紹介でフランス映画界の重鎮ジャン・ルノワール監督にも会うことができ、熊谷はすっかり感激する。ルノワールの人気は、日本でも大変に高かった。おそらくは川添が配慮したのだろう。ルノワールは胸襟《きょうきん》を開き、熊谷を自分と対等な映画監督として丁重にもてなした。

熊谷はよほど心に染《し》みたのか、帰国後、「私の今度の旅行での一番楽しい思い出」としてルノワールとの面会を挙げ、盛んに吹聴《ふいちょう》して回った。しまいには反感と失笑を買うほどに。

フランスでも『新しき土（侍の娘）』の試写会が開かれ、そこには『舞踏会の手帖《てちょう》』で知られる映画監督のジュリアン・デュヴィヴィエもやってきた。彼は、映画に関しては酷評したが、「原節子は大変よい素質を持っているから私も使いたい」と川喜多かしこに語った。パリでの日々は瞬く間に過ぎた。『新しき土』に結局、買い手は現れなかった。一行は次の目的地であるアメリカに向かうべく、約一カ月のパリ滞在を切り上げる。

港町シェルブールからイギリスの豪華客船、クイーン・メリー号に乗船し、ニューヨークへと向かった。出航翌日の六月十七日、節子は十七回目の誕生日を船上で迎える。世界中の貴顕富豪が乗り合わせる巨大な船内では映画会、音楽会、ゲーム大会が連日、開かれていた。二十一日、ニューヨーク着。節子は船上から自由の女神を見上げた。

上陸した節子は、まず街の喧騒《けんそう》に驚かされる。激しく行き来する車、そしてクラクションの音。なんという、うるさい街だろう。同じ西洋でもヨーロッパとはまるで違うと節子は思った。

川喜多夫妻は節子を、セントラル・パークやコニー・アイランドに連れていき、半日、遊びに付き合った。お化け屋敷や回転木馬にはしゃぐ節子の様子を見て、大人びてはいるものの、まだ十七歳の少女なのだと夫妻は改めて気づいた。

だが、一行が、楽しく過ごしてほっとしたのも束《つか》の間《ま》、またしても問題が起こった。横断歩道を渡ろうとした時、すれ違いざまに白人女性と熊谷の肩が触れ合った。すると女性が激怒し、熊谷に「ヘイ、ジャップ！」と怒鳴って、唾《つば》を吐きかけたのである。

熊谷は怒り狂った。なぜ、肌が黄色いというだけで、このような差別が生まれるのか。なぜ、自分たちはこんなにも見下され、蔑視《べっし》されなければならないのか。白人社会に対する彼のコンプレックスは、この瞬間から、はっきり憎悪《ぞうお》と敵愾心《てきがいしん》に変化して、彼の後半生を変えることになる。

ニューヨークでも試写会を開いたが、『新しき土（侍の娘）』はやはり不評で買い手がつかなかった。

七月二日、一行はワシントンからサザン鉄道に乗り、西海岸のロサンゼルスに向けて出立した。ニューオーリンズで途中下車し、半日、ドライブを楽しんだが、ここでまたしても、熊谷の怒りが爆発する。南部は人種差別が一層ひどい。黒人たちがまるで家畜のごとく扱われているのを目の当《ま》たりにし、熊谷は他人事《ひとごと》ながら耐えきれなくなったのだ。

「なぜ、白人に対して反旗を翻《ひるがえ》さないんだっ。黒人同士連携して、革命を起こしたらいいではないかっ！」

現地の人が、「黒人たちにはそんな気力もないのだ」と説明して宥《なだ》めようとしたものの、熊谷の怒りは収まらなかったという。

そんな騒ぎを経て七月六日、一行はロサンゼルスに到着する。まずはコロンビア映画のプロデューサー、ガブリエル・パスカルのもとを訪れた。パスカルは会うなり、節子に夢中になった。「自分に預けてくれたら、必ず大スターにしてみせる」、そう熱心に勧誘していたと、川喜多かしこの日記にはある。

さらに一行は、ファンクの友人で『新しき土』の製作中に来日し、節子や川喜多とも知り合っていたジョセフ・フォン・スタンバーグ監督を訪ねた。幼少期にアメリカに移住したユダヤ系のスタンバーグ監督は、ドイツに招かれて成功するが、ナチスが政権を取って以降、ドイツ映画界と縁を切りハリウッドで名をなしていた。公私にわたるパートナーは女優のマレーネ・ディートリッヒで、ふたりはこれまでに『嘆きの天使』『モロッコ』『間諜《かんちょう》X27』など名作を生み出していた。

マレーネ・ディートリッヒも交えた会食では、間近に見る大女優の映画から受ける印象との違いに節子は驚かされる。

〈彼女は映画で見るような特殊な感じはなく、顔も凸凹ではないし、まして妖婦《ようふ》的なところもありませんし、開放的な親しみ安い《ママ》感じでした〉

（『映画ファン』昭和二十八年一月号）

また、スタンバーグ監督の案内でパラマウント映画の撮影所を見学した際、節子は大好きなゲイリー・クーパーにサインをもらうかどうか大いに迷ったものの、やはり気が引けて化粧部屋のドアをノックできなかったと語っている。

ドイツではウーファを、フランスでも撮影所を見学したが、ハリウッドの広大さや近代的な設備は桁《けた》違いだった。冷暖房が完備していて、さぞかし俳優は過ごしやすいだろうと、節子は目を見張った。冬の日にはかじかむ手に息を吹きかけ、真夏には卒倒しそうな暑さのなか団扇《うちわ》であおぎながらキャメラを回している日本。そんな環境に一番苦しめられているのは、女優だった。女優は、男の俳優が来る前の早朝に準備に入るが、その間はストーブさえ焚《た》いてもらえない。

旅は終わりに近づいていた。

十六、十七歳の多感な時期に、世界中の映画人と出会った経験は大きかった。もともと好きで女優になったわけではない。しかし、この旅に出て、彼女は女優という職業に対する考えを改めるようになっていた。

どの国でも、出会った映画人たちからは風格を感じた。映画という産業は最新・最先端の文化であり芸術であると位置づけられていて、映画人の地位も高い。節子がつくづく羨《うらや》ましいと思ったのは、俳優たちの置かれている社会的な立場だった。

それに比して蔑まれてもしかたのない自堕落な面が、日本の役者にはあるように思えた。欧米では芸術家として遇されるに相応《ふさわ》しい知性と教養、品格が、いずれの映画人からも感じられた。

ドイツでは憧れの女優のひとり、『制服の処女』の主演女優ドロテア・ヴィークと会い、その気品に圧倒された。アメリカで会ったディートリッヒは、くだけた雰囲気のなかにも貫禄《かんろく》があり、やはり尊敬の念を禁じえなかった。彼女たちが威風堂々と見えたのは、演技者であることに矜持《きょうじ》を持っているからなのだろうと節子は感じた。冷暖房が整い、快適な環境が俳優たちに与えられているのも、俳優たちに対する敬意が根底にあるからに違いない。日本では何日も「夜間撮影」と称して徹夜を重ね、短期間で撮影を終え、安直に映画を作ってしまう。そうしたことも、西洋では考えられぬことだった。それればかりではない。日本では映画は消耗品として扱われ、映写後はろくに保存もされない。俳優学校も存在しないし、衣装やメーキャップ専門の職人もいない。何もかもが違う。

節子はもともと外国映画が好きだった。しっかりとしたストーリーがあり、納得できるテーマがある。一番の違いは、脚本なのだと思っていた。ところが、実際に撮影所を見て回ると、すべてにおいて、あまりにも違うことばかりだった。もっとも、それは映画界に限らない。社会全体が違うのだ。熊谷は西洋人の人種差別に憤《いきどお》っていたが、節子は、どこの街でも女性が男性に対等に扱われ、大事にされている様子を目の当たりにして感銘を受けていた。

日本もますます近代化されるのであれば、徐々に変わっていくのだろうか。日本の社会も映画界も変わるのか。女性への蔑視も改められていくのか。そうであるならば、女優という仕事にも、もっと誇りが持てるのではないか。

今回の旅で西洋の映画人に接し、節子は初めて女優という職業に前向きな気持ちを抱いたのだった。帰国したら気持ちを入れ替えて、専心努力しよう。西洋で見た女優たちを目標にしよう、と心に思った。

七月十二日、一行四人はスタンバーグ監督に別れを告げて、サンフランシスコから竜田丸に乗船し一路、日本を目指した。

船に乗る間際《まぎわ》のことだった。さかのぼること五日、七月七日に北京郊外の盧溝橋《ろこうきょう》で日本軍と中国軍が衝突し、戦闘状態に入ったことを一行は初めて知った。中国で暮らしたこともある川喜多長政が、途端に眉を曇らせた。「この戦争は長引くかもしれない……」

川喜多の予感は、的中する。

第四章　生意気な大根女優

節子は船上から、遥《はる》か遠くに浮かぶ日本の島影を眺めていた。

ちょうど季節が七月末だったこともあるのだろう。緑に包まれて霞《かす》む島国はこれまで巡ってきたどの国よりも美しく見えた。

「なんて綺麗《きれい》な国なんだろう」

ところが港に入った途端に、節子の気持ちはどんどん沈んでいった。街が、人が、眼に飛び込んでくる。西洋の先進国を見慣れてしまったせいであろう。魔法が解けたように、急にすべてが貧しく、みすぼらしく感じられた。

「なんだか陰気だわ」

節子はそんなふうに母国を思う自分自身に気づき、驚くのだった。

昭和十二年（一九三七）七月二十八日、節子は横浜港に降り立った。新聞記者たちが待ち構え、出迎えの人も大勢いた。けれども、何かが違っている。

街に漂う空気そのものが大きく変わっていたのだ。たった四カ月あまりの不在。その間に、中国大陸で戦いの火の手が上がり、日本はすっかり戦時下となっていたのである。道行く出征兵士、街角で千人針を乞《こ》う女たち。すべて出発前には見られなかった光景だ。女優の凱旋《がいせん》に大騒ぎするような呑気《のんき》さは消え失《う》せ、新聞は中国での戦況を伝える報道で埋め尽くされていた。事変が始まってまだ一カ月足らずということもあり、人々の関心は大陸情勢に向けられていたのである。

とはいえ、母国に陰気さを感じ取ったのは、やはり節子自身の内面が大きく変わっていたからだった。港についた節子は新聞記者に取り囲まれ、質問を受けた。元来、素直で生真面目《きまじめ》な性格である。旅を終えた高揚感もあった。

「西洋で何に一番感心したか」との問いに、節子は女優マレーネ・ディートリッヒに会った感想を述べ、続けてこう答えてしまう。

〈女優としてとても立派な人格の持ち主であるという印象を受けました。結局慌《あわ》ただしい欧米の旅の後に得た私の感想の結論としては、今後私も人格的に生きて行きたいということです。日本人でも映画人をもっと真面目な目で見て頂きたい、それには俳優ももっと真面目に人格的にならなければならない、そういうことを泌《ママ》々と感じて来ました〉

（「都新聞」昭和十二年七月二十九日）

彼女のこうした真摯《しんし》な発言は、思いもかけぬ波紋を呼んだ。

「西洋かぶれ」「生意気」「洋行気取り」……。日本人の男性が抱える屈折した根強い西洋コンプレックスと年少の女性に対する蔑視の深さを、節子は十分に理解しきれていなかった。よほどの高位高官でもない限り果たせぬ世界一周の旅から帰ってきた少女が、自分が眼にしてきた西洋と比して日本を批判する。日本の男たちは、自分たちが少女に見下されたように感じたのだろう。報復は卑怯《ひきょう》なことに彼女の演技力をこき下ろすという形で、この後、執拗《しつよう》に続くことになる。

映画会社は映画会社で世界的なスターとなった少女を起用して、すこしでも早く映画を製作することしか考えていなかった。節子は長旅の疲れを癒《いや》すことも許されず、すぐさまJOスタヂオで撮影中の『東海美女伝』の製作現場へと送られた。

作品は大々的に「原節子、帰朝第一作」と宣伝され、同年十月には公開されている。節子はキリシタン大名・小西行長の娘という役どころだが、節子が出るという話題性だけに寄りかかり、にわか作りされた作品だった。当然ながら不評だったが、その責任はすべて節子にあるといわんばかりに叩《たた》かれた。
「国際派女優といってもこんなものか」「ただの大根役者じゃないか」。
原節子に「大根女優」というレッテルが貼《は》られるのは、この時からである。節子はディートリッヒらと出会い、「これからは私も女優として頑張ろう、高みを目指そう」と浮き立つ心で帰国したところだっただけに、事の成り行きに戸惑った。この後は何をやっても「大根」と叩かれ続け、精神的にも追い詰められていく。

〈ドイツへ行く前までは同じ下手でも、それほど「大根、大根」とは云《い》われませんでしたが、帰ってきてからある批評家が座談会で、「原節子はドイツへ行ってきてから頭がヘンになったのではないか」と云っている記事を読みました〉

（『映画ファン』昭和二十八年二月号）

「ドイツに行ったせいで不当に叩かれた」「私ほど大根といわれた女優はいない」と、彼女は女優を引退する間際《まぎわ》まで口惜しさを滲《にじ》ませていた。「どうせ私は大根だから」と自ら口にして予防線を張ることもあったが、そこにもまた過去のこうした評価への恨みが含まれている。

洋行前に熊谷が決めたとおり節子は古巣の日活には戻らず、帰国後、新会社の東宝に移籍した。

東宝は関西財界の大物、小林一三が写真化学研究所、ＰＣＬ製作所、ＪＯスタヂオなどを吸収合併して立ち上げた新しい映画会社であり、ハリウッドを真似《まね》た近代的な経営を目指していた。

俳優には出演前に出演料を示し、製作にあたっては東宝社員であるプロデューサーが主導するプロデューサー方式が導入された。

多くの監督や俳優が、この新会社に魅力を感じて移籍を望み、日活や松竹をはじめとする他社は徒党を組んでこれに対抗した。東宝に移籍したスターの醜聞を雑誌に書かせ、さらには先述した長谷川一夫のように顔を切りつけられるといった傷害事件まで起こっている。あるいは節子の演技力に対する誹謗《ひぼう》中傷も、ここに一因があったのかもしれない。

できたばかりの東宝は監督もスターもスタッフも寄せ集めの状態で、映画づくりの環境が十分には整っていなかった。加えて前身であるＰＣＬからの社員や俳優、監督たちが社の中心にいて、日活から移籍した節子は、いわば外様《とざま》だった。

PCL出身の女優たちとの間には溝があり、スタッフには見知った顔もなく、節子は孤立していた。そのうえ、帰国以来のバッシングが続く。女優をやめたいと思っても義兄の手前もあり、また、移籍金も前借りしていて一部は渡航費用に使っていた。何より節子には、養うべき両親と、証言に従えば病身の長姉がいた。

撮影所の片隅にいると自然と母のことが思い出されてくる。病に侵される前、母がよく話してくれた大好きな猿の親子の物語を、心の中で節子は自分に語り聞かせた。

昔、ある山へ猟師が狩りに行きました。猿がいたので撃とうとしました。けれど、その猿は猟師に向かって一生懸命手を合わせます。近づいてみると、猿は子猿を抱いた母猿でした。その日から猟師は鉄砲を捨てました。——

節子は、その話をしてくれた時の、母の腕のぬくもりや優しい声を思い出し、ひとり撮影所の片隅で泣くのだった。

戦争も節子には禍《わざわい》した。次々と赤紙が男たちのもとへ届けられる。映画界も例外ではなく、ちょうど節子の帰国と入れ替るように山中貞雄監督が出征していった。山中もやはり日活から東宝へ移籍してきたのだが、節子を起用できないまま戦地へ赴いたのである。

節子は気の晴れぬまま新しい年を迎えた。昭和十三年（一九三八）の正月、数えで十九（満年齢は十七）となった。当時の気持ちを綴《つづ》ったエッセイが残されている。

〈十九の春はこんなものであっていいのでしょうかしら。こんな時勢に生れて、少しでも緊張した生活が出来るのは、大きな幸福でなければならないと、きかされては居《お》りますが、あたしにはその方向が未だ判《は》っきり把《つか》めないのです。一つは自分の生活はやはり自分で建てたり壊したりしなければいけないのじゃないでしょうか？　新しい装《よそお》いで訪れて来た三八年、何か一つのものを把握したいと希《ねが》っています〉

（『日本映画』昭和十三年二月号）

節子の心の葛藤《かっとう》がそのまま伝わってくる。

節子がこのエッセイを発表した直後、新聞を賑《にぎ》わす事件が起こった。正月早々の三日、日活の元女優、岡田嘉子《よしこ》がソ連に亡命したのである。岡田は北海道から樺太《からふと》にわたり、恋人の杉本良吉とともに国境を越えてソ連領へ走り去った。杉本は左翼系の演劇人で官憲から監視を強められるなかでの逃避行だった。

明治の世となり西洋を真似て日本でもシェークスピア劇などが演じられるようになると、歌舞伎（旧劇）に対して、これらは新劇と呼ばれた。新劇関係者には外国に通じた進歩的なインテリ層が多かった。その新劇界で女優をしていた岡田は映画界が女形を廃止して女優に切り換える際、乞われて日活に入社した。同じ時期に節子の姉、光代も女優をしていたことは前述したとおりである。岡田は映画女優として人気を博したが、この世界のあまりのモラルの低さに閉口する。女優を芸者のように扱い、監督は横暴きわまりない。こうした映画界に反発して、岡田は撮影現場から共演者と駆け落ちする騒ぎを起こし、日活を解雇される。その後、映画界と決別して新劇界に戻ったものの、世間からは理解されず好奇の眼で見られて苦しんだ。ソ連への亡命の根底には、日本の男性社会に対する岡田の深い絶望があったのだろう。

それからおよそ二週間後の十六日には、前年に首相に就任した近衛《このえ》文麿《ふみまろ》が、あの有名な声明を発表する。

「爾後《じご》国民政府を対手《あいて》とせず」

中国との戦争は、ここからますます泥沼化する。その一方で国内は軍需景気に沸いていた。恩恵を最も受けたのは映画界だった。昭和十二年（一九三七）に公開された邦画は、史上最高の五百六十二本。ソ連やアメリカをも凌《しの》ぐ数字である。日本は世界第一位の映画生産国となったのだった。

岡田の亡命騒動があり、近衛首相の声明が出されてから半年後の夏、節子は相変わらず何に出演しても「大根」と酷評されていたが、さらに別の問題でマスコミから容赦なく叩かれることになる。毎年、夏になると、若い女優たちは映画雑誌に掲載する水着写真を撮らされるのだが、それを節子が拒否し、思わぬ波紋を呼んだのである。一般紙までが、「原節子、水着拒否問題」として大きく報じている。昭和十三年七月五日付の「読売新聞」に掲載された記事を紹介しよう。

〈――どうして水着の写真を撮らせないのであるか

余りいい形のものじゃないわ、だって水着を撮るわけは、均整のとれたからだを見せるべきものなのでしょう。それがどう、一種の興味からでしょう、侮辱を感ずるわ、ある二三の雑誌からも、わざわざお出《い》でになりましたがお断りしましたが、日本人の水着姿なんてよくないのだもの、恐らく女優さんでなくとも、誰れでも厭《いや》だと思うでしょう、他の方は断るときっとなにか云われるから、仕方なしに撮るのでしょう〉
（「読売新聞」昭和十三年七月五日）

節子はこの時もまた、誤解されやすい言い方をしている。あるいは、わざと挑発したのだろうか。「日本人の」という言い方は洋行帰りを鼻にかけているように聞こえ、「西洋かぶれ」と揚げ足を取られかねない。記者もそれを感じたのか、続けてこう尋ねている。

〈——日活時代に水着の写真がある

あのときは、わけもわからずに映画に入った十六歳（著者注、数え年）のときですし会社からの命令のまま大勢の方と撮ったのですわ〉
（同前）

〈——会社の命令だったら今でも撮るか？

飛《と》んでもない、それだけはお断りしてありますし、こんどはっきりお約束もしました、会社では、宣伝写真も仕事の一つだよとおっしゃいましたが、こんなことも、これからの女優は考えなくてはならないと思います、それよりか俳優なら演技を勉強す

ることね〉（同前）

節子はまだ十八歳になったばかりの少女である。相手はおそらく大学出の、それなりの年齢の男性記者であろう。水着にこだわる記者に、節子は「映画女優に必要なことは演技だ」と言い返している。記事からは一歩も引かずにやり合う、迫力が感じられる。「大根」と叩かれるなかでの発言であることを考えると、余計に彼女の覚悟と憤《いきどお》りが伝わってくる。

この時代、一般には日本において女性が水着姿を人目に晒《さら》すことは、ふしだらなこととされていた。それなのになぜ、女優だと逆に「水着にならない」と糾弾されるのか。節子は納得がいかなかった。女優は演技者だ。色を売るものではない。それをわかってほしいという思いが、そこにはあった。

映画の中で水着になるべき必然性があれば、節子は受け入れるつもりでいた。現に、『新しき土』の中では水泳帽をかぶり近代泳法を父親から習うというシーンがあった。彼女はもちろん水着で演じている。だが、映画とは無関係に水着姿を晒す気はなかった。むしろ女優になったばかりの頃、無自覚に自分が水着撮影に応じたことを節子は恥じていた。

このほかにも彼女が拒んだことがある。舞台挨拶《あいさつ》だ。節子は『新しき土』以前から、どんなに頼まれても舞台挨拶はしなかった。恥ずかしがり屋で、人前に出ることを嫌ったという理由もあるが、それ以上に映画は映画の中で完結しているという思いがあったからだ。

『新しき土』はそんな彼女にとって唯一《ゆいいつ》の例外だった。これは日独両国の思惑が絡《から》んだ国策映画で、断りようもなかったからだろう。実際にドイツで舞台挨拶を何十回となくしてみて、つくづく、こんなことはすべきではないと改めて思い至ったようである。だが、どう言葉を尽くしても、「ドイツに行く前は水着になっていた」「ドイツでは舞台挨拶をした」との非難の声が、消えることはなかった。すべては「西洋に行ってから偉そうに勘違いをしている」と受け取られてしまう。

さらに、節子は主題歌を歌うことも拒んでいる。主演女優に主題歌を歌わせてレコードにし、宣伝を兼ねて売り出すのが当時の常で、高峰三枝子や高峰秀子《ひでこ》は、これに応じた。節子は「音痴だから」という理由で断っているが、これもやはり映画女優の本分から外れていると判断してのことだろう。だが、こうした発言や振る舞いは理解されず、彼女をいっそう孤立させていった。

女優の中にあって最も西洋的な顔立ちと均整のとれたプロポーションに恵まれてい

た節子が放った、「日本人の水着姿なんて」との言葉に、気分を害した女優もいたに違いない。断りたくても断れない立場の女優も、大勢いたことだろう。節子は世知に長《た》けてはいなかった。言いたいことを言いたいように言った。もちろん、記者によってゆがめられた面もあるだろうが、若い頃の彼女は時として、驚くほど率直に自分の考えを述べている。ここまではっきりと物を言う女優はめずらしい。いくら「生意気」だと叩かれても、彼女はこの自分の姿勢を決して崩さなかった。

撮影所では、相変わらず本ばかり読んでいた。そんな態度も「周囲を拒絶している」「取り澄ましている」と批判の的にされた。小説家の丹羽文雄《にわふみお》が、関係者から節子の評判を耳にしたのだろう。こんなエッセイを書き残している。

〈女優が偉くなる一つの方法としてガルボのように口数すくない、人のあつまりにもあまり顔をださず、つんと高くすましている方法を原節子はまねをしているのではないかという噂《うわさ》も二三きいているのだが、まさかそんな馬鹿《ばか》々々しい事はないであろう。しかしそんな噂をつくらせたということは原節子も考えてみるべきである。何か世人にそんな噂を作らせた原因があったにちがいないのだ〉

(『映画之友《の》』昭和十三年九月号)

「生意気な大根女優」。それが当時、世間に流布《るふ》された節子のイメージだった。

帰国翌年の昭和十三年（一九三八）、節子の出演作は四本。どれもパッとしない。ビクトル・ユーゴー原作『レ・ミゼラブル』を翻案した伊丹万作《いたみまんさく》監督の『巨人伝』、アンドレ・ジイドの原作を翻案した山本薩夫監督の『田園交響楽』、節子にとっては初めての戦争映画になる渡辺邦男監督の『将軍の孫』、そして、豊田《とよた》四郎監督の『冬の宿』ではタイピストの職業婦人を演じるが、いずれも評価は低かった。

この年、爆発的にヒットした作品は田中絹代が看護婦を演じた松竹の『愛染《あいぜん》かつら』で一千万人が観《み》たといわれる。他にも松竹所属の高杉早苗《さなえ》、高峰三枝子、桑野通子《みちこ》の三人が人気を集めていた。彼女たちは節子と、ほぼ同世代だった。

松竹には女性映画の伝統があり女優を売り出す術《すべ》にも長《た》けていた。他方、スタートしたばかりの東宝に策はなかった。東宝は節子に女学生や良家の子女といった無難な役ばかりをやらせた。『新しき土』で箔《はく》のついた節子のイメージを傷つけたくなかったのだろうが、誰よりも節子がこれに不満を抱いた。人気も低迷していた。「もっと精神の強い人間を演じたい」と座談会の席などで節子はこぼすようになる。

中国との全面戦争が始まって一年余、思いがけぬ訃報《ふほう》が映画界に届く。節子を『河《こう》内山宗俊《ちやまそうしゅん》』に抜擢した、あの山中貞雄監督が昭和十三年九月十七日に、中国の野戦病院で戦病死したのである。まだ、二十八歳でしかなかった。

中国との戦争は泥沼化し一向に終わる気配はなく、映画界は相変わらず戦争特需に沸いていた。昭和十四年（一九三九）の正月興行は、前年より二割から三割も収益を増やしたという記録がある。昭和十四年に製作された映画本数は五百三十本、昭和十五年も四百九十七本。数字上、日本は世界一の映画大国となっていた。

この人気を国家が看過するはずはなく、昭和十四年、ついにナチスの映画政策を参考にした映画法が施行される。ここから娯楽性を極力排除し、国策にそった映画を作るようにという締めつけが始まった。

検閲は脚本段階でなされることになり、俳優、監督、技術者にいたるまで、およそ映画製作に関わる人間は全員、登録が必要になった。また新規の参入者には年に二度行われる試験を受けて合格することが義務づけられた。節子のように、すでに実績のある者は試験を免除されたが、法に反する行いがあれば、いつでも取り消されてしまう。また、外国映画は著しく上映を制限されることになり洋画ファンを落胆させた。

映画法の施行に映画人たちは戸惑った。ところが一部には「これで映画も国家に認められた。これからはくだらない映画を会社に命令されて作らなくてもすむ」「映画人は積極的に国策に貢献すべきである。この非常時においては映画も弾丸である」と、この法律を歓迎し擁護する映画人もあった。節子の義兄、熊谷久虎は、そのひとりだった。洋行以来、白人憎しの感情に捉《とら》われていた彼は、「日本に抵抗する中国の蔣介《しょうかい》石《せき》を裏で援助し、あおっているのも欧米だ」と敵愾心《てきがいしん》を露《あら》わにし、この戦争には絶対に勝たなくてはならない、そのためには映画人も協力を惜しんではいけないと熱弁をふるっている。

映画法が施行された昭和十四年、それまで美しく善良な娘ばかりを演じてきた節子が、今までにない役柄に挑んで周囲を驚かせる。五月二十日に封切られた『上海陸戦隊』でのことだ。監督は熊谷だった。節子は初めて義兄の作品に出演したのである。

本作は、盧溝橋事件から約ひと月後の昭和十二年八月、実際に上海で繰り広げられた日本海軍陸戦隊の戦いを再現した、セミドキュメンタリータッチの作品である。節子が演じたのは、日中両軍の戦いに巻き込まれた中国人の難民少女。汚い中国服を身にまとい、顔は泥にまみれ、顔を歪《ゆが》めて憎々しげに中国語で日本人を罵《ののし》り倒すという役柄だった。これまで築いてきた彼女のイメージが壊れる恐れもあったこの役を、よく東宝が許したものである。

意志の感じられぬ役ばかりやらされ、不満を募らせていた折でもあり、節子は起用されて嬉しかったと喜びを語っている。意気込みどおり節子は、眼をギラつかせて熱演し、『河内山宗俊』（山中貞雄監督）で演じた甘酒屋の少女と同様、出番は少ないが確固とした存在感を見せている。

若き天才と言われた山中貞雄、巨匠ファンクは確かに節子の〝発見者〟だった。だが、そもそも女学生だった節子を見出《みいだ》したのは義兄の熊谷である。なぜ節子を女優にしようと思ったのか。熊谷は節子が『新しき土』のヒロインに抜擢された頃に受けたインタビューで、理由をこう語っている。

〈一目見た瞬間こいつはものになると思ったのです。まだほんの子供で色も黒く、眼をギョロギョロさせて居ましたが、私達に応対する動作に何となく芸術的な感受性が秘められて居るような気がしました。（中略）私の考えを率直にいえば、兄の口からいうのも変ですが、節子は今までの既成女優のあまり持って居なかったいい素質――さあ何といいましょうか、極く勝気なしかもいつでもそれをおさえている女、淋《さび》しさの底に強さを持った女、理性に勝った鋭い感覚を持った女――そういった風の素質にかけては大変いいものを持っていると思うのです。しかし今まで会社で撮って来たような映画では、いつも節子を安っぽいセンチメンタルな女学生かなんかにばかり扱って、ほんとの節子を殺してしまっているのです〉

（「東京朝日新聞」昭和十一年十一月二十六日）

的確に義妹の本質を見抜いていたことがよくわかる。そして、だからこそ節子は、その感受性と素質ゆえに映画界で苦しんでいたのだった。

洋行後、「大根女優」と叩かれて低迷し続ける節子とは対照的に、熊谷は東宝に移籍してから気を吐いていた。昭和十三年に発表した『阿部一族《あべ》』は興行的には成功しなかったものの、世評は極めて高く、彼はこれまでにない硬派なテーマをダイナミックな映像で表現する奇才として認められた。東宝社内での発言力も増したに違いない。また、なによりも、原節子から絶大な信頼を寄せられる義兄でもあった。中国人孤児の役を与えて節子の新境地を切り開きたいという熊谷の主張に、会社も反対するわけにはいかなかったのだろう。

『上海陸戦隊』に筋らしい筋はなく、最大の見せ場は戦闘シーンにあった。撮影は上海で行われ、海軍の全面的な協力を得て実際に飛行機や戦車を借り受け、大砲には実弾を使って戦いを再現したというだけあって、さすがに迫力がある。

洋行以来、激しい白人憎悪《ぞうお》、西洋嫌いとなっていた熊谷は、この時、「蔣介石軍に援助をしているのも英米だ。よほど英米の上海租界地に向けて、借りてきた大砲をぶっ放して本当の戦争を自分が仕かけてやろうかと考えたが、いざとなると妻子の顔が浮かんで思いとどまった」と語っている。ニューヨークの街角で唾《つば》を吐きかけられた恨みを、彼は決して忘れていなかったのだ。

撮影時は節子も現地ロケに赴いた。反日感情は強く、乗っていたタクシーに石が投げつけられたこともあり、恐ろしかったと語っている。歴史ある上海の街並はところどころ破壊され、日中両軍による戦争の爪痕《つめあと》は生々しく、はじめて上海で戦争を実感した、とも。ロケ先で感じたことを、節子はエッセイとして発表している。

〈上海の街は、国際都市として、享楽《きょうらく》の都として、うたわれていたところ、それが、こんなにも、無惨《むざん》な、荒れ果てた街となってしまった。これもみな、自業自得《じごうじとく》と云ってしまえばそれまでのことですが私は、戦争には、どんなことをしても勝たなければいけない、とかたく思いました。（中略）いろいろなことを見聞しました。が、結局

は、私たちは、戦争は勝たなければいけないという考えに到達しました〉
（『東宝映画』昭和十四年二月上旬号）

戦争には絶対に勝たなくてはならない――。この思いを彼女は敗戦の日まで、あるいは敗戦後も抱き続けることになる。節子は、「兵隊さんに故国のことを心配させてはならない」「そのために私たちは、銃後の護《まも》りをもっとしっかり果たさなければならない」とも、このなかで書き綴っている。上海への旅が確実に彼女を変えたのだろう。この時から彼女は、軍国の優等生となっていく。

節子は『上海陸戦隊』で抗日の中国人少女を体当たりで演じ、迫力のある演技を見せた。映画は公開されると大ヒットし、東宝の首脳陣を喜ばせた。これがひとつの転機となったのだろう、この頃から少しずつ、節子は周囲になじんでいった。そこへ、さらに幸運が重なる。節子のファンでもあり、時には厳しい批評もしてきた丹羽文雄が節子を念頭に小説『東京の女性』を書き下ろしてくれ、伏水修《ふしみおさむ》監督によって映画化され主演。好評を博したのだ。

丹羽文雄は、男社会のなかで様々な嫌がらせを受けながらも、負けず屈せず働き続ける颯爽《さっそう》とした、勝ち気なモダンガールという女性像を節子に与えた。これは、節子にとってはまり役だった。映画は十月に公開され、ヒットした。節子はこう回想している。

〈それまでは、どっちかというと理性も感情もないうじうじした内気な役が多かったのです。ところが『東京の女性』では自動車のセールス・ウーマンで積極的な職業婦人。この作品の批評はそんなに悪くなかったと記憶しています。（中略）それ以来私は、「理性的な役がむく」と云われるようになりました〉

（『映画ファン』昭和二十八年二月号）

洋行以来、八方ふさがりだった節子に、ようやく光が差し始める。

この昭和十四年秋、さらに大きな出会いがあった。

女性映画の大家といわれ、女優を育てることにかけては当代一と言われていた島津保次郎《やすじろう》監督が、松竹から東宝へと移籍してきたのだ。節子を自作に用いたいがための移籍だと一部では噂になっていた。

島津の東宝移籍第一作は大作『光と影』に決まり節子はヒロインに指名された。

穏やかな秋の日、東宝撮影所の一角で島津ははじめて節子に会った。国際女優と持て囃《はや》された挙句、「大根」と叩かれ、「高慢ちき」と陰口を言われ続けてきた女優を間近に見て、島津はその声の小さいこと、物事を深く考えて一拍おいてから言葉を紡《つむ》ぎだす誠実さに、まず驚かされた。

節子は、十九歳。女優を見なれた島津の眼にも、まばゆく輝くばかりに映った。松竹の日本的で、庶民的な愛くるしい女優たちとは違う。整いすぎた美貌、知的で高貴な雰囲気が節子にはあった。それなのに当の本人は自分の資質にまるで気づかず、すっかり自信を失いきっている。節子は島津に正直に打ち明けた。

「何をどう演じていいのか、すっかりわからなくなってしまいました」

島津は答えた。

「あなたはスランプになったんだ。気にしなくていい。スランプになることが本当なんだ」

必ず自分の手でこの女優を大成させてみせる、島津はそう心に誓った。

折しも欧州では、ナチスドイツが隣国ポーランドに侵攻。それをきっかけに第二次世界大戦の火ぶたが切られようとしていた。

第五章　秘められた恋

島津保次郎は明治三十年（一八九七）生まれ。小津より六歳、熊谷より七歳年長で、日本映画界の礎《いしずえ》を築いた監督のひとりだった。弟子には吉村公三郎《こうざぶろう》、木下惠介《けいすけ》らがおり、また、門下には含まれないが、小津安二郎も彼の影響を色濃く受けたひとりと言われる。

その島津が東宝に移籍し、原節子とコンビを組んだ。昭和十五年（一九四〇）から十七年にかけて、彼が手がけた原節子の主演作品は実に六本におよぶ。

助監督を怒鳴るのは当たり前、時には平気で殴りかかり女優にも現場で罵声《ばせい》を浴びせる。ところが、そんな島津が節子にだけは嘘《うそ》のように優しかった。まるで親鳥が羽根を広げて雛《ひな》を庇《かば》うように守り育てた。出会った時、島津はすでに四十二歳、節子は十九歳だった。

節子と間近に接し、生意気でも高慢でもない、ただ性格が地味で内向的なだけだと島津は感じた。恵まれた容姿の持ち主であるが、それは重要ではない。節子と向き合っていると知性と理性、それに品位というものが伝わってくる。美しさに恵まれた女が必ず持つ自己顕示欲とも軽薄さとも、まったく無縁の女優だと島津の眼には映った。

島津は節子を徹底して擁護した。


〈節子さんの性格は、女優に珍らしい程地味なので、撮影所の中でときどき、人づきが悪いなどと言われますが、私がつき合った限りでは、別にそんな風にも思えません。無口なひとですから、そう思われるのかも知れませんが、変に馴《な》れ馴《な》れしくされる薄気味悪さより、この方がずっと私にはつき合い良く思われます〉

（『日本映画』昭和十五年六月号）


節子は監督にもスタッフにも媚《こ》びなかった。無駄口を叩《たた》かず、人と飲食をともにせず、まっすぐ家に帰るので遊び好きな映画人からは「愛想がない」と言われていたのだった。

その上、彼女は「付け届け」をしなかった。当時の映画界には、見返りを期待して役者が金品をスタッフらに送る習慣が横行していた。

島津の発言は、そうした事情をも踏まえてのものであろう。さらに彼は節子の演技力についても、今はまだ巧《うま》いとは言えないが、それは将来性のある拙《つたな》さなのだとかばった。

〈この人が巧くなったら素晴らしいだろうな、と。すると急に、この人を大成させるのは自分の義務であるような気がして来ます。聊《いささ》か思い上がった気持ですが、これもインスピレーションの一種でありましょうか〉（同前）

節子もそんな島津に対して、全幅の信頼を寄せていたのだと、後年に語った言葉からうかがわれる。

〈戦前の東宝時代で忘れられないのは、亡《な》くなった島津保次郎先生にとてもかわいがっていただいたことです。島津先生といえば、こわい監督さんとして有名な方でしたが、どういうわけか私だけは一度もしかられたことがありませんでした。初めて出たのは昭和十四年の「光と影」で、前からこわい先生ときいていただけにコチコチに緊張してセットに入ったんですけど、案に相違してとてもおやさしく、かたくなった私の気持をほぐして楽に演技のできるようなふんいきを作って下さったので、ホッとしました〉（「東京新聞」昭和三十四年三月二十七日夕刊）

島津は具体的に演技指導をしていった。まず正したのは発声である。それまでの消え入るような節子のか細い声を改めさせた。次に教えたのは舞台女優とも異なる、映画俳優らしい動き方と感情の表し方だった。島津は子どもに教え諭すように説明し、しばしば助監督たちの失笑を買った。

「親父《おやじ》さんもトシだねえ。まるで好々爺《こうこうや》だ」

節子は、「役者にも幼稚園から大学までクラスがあってね、その人の進級の度合をみて演出方法も変えなければいけないんだ」と島津が語るのを聞き、自分に優しくしてくれるのは、きっと自分が幼稚園クラスだからなんだろうと理解していた。

島津は節子の中に既存の女優にはないものを見出《みいだ》し、それを自分の手で引き出そうとしていた。それは思慮深さであり、育ちのよさからくる気品、理性と知性。大人しい外見の下に隠された烈しさ、強固な自我をも、島津は感じ取っていたに違いない。

節子をヒロインに迎え島津は、夢中になって映画を撮った。ところが不幸なことに、それは日中戦争が泥沼化し、映画法ができて映画界全体が国家から統制されていく時期と重なっていた。検閲を受けるため思うような映画が撮れなかった。


当時の撮影現場を知る、貴重な証言者に出会った。

大正十二年(一九二三)生まれの杉本セツ子は、私がお会いしたとき九十一歳だった。

映画好きな少女だった杉本は女学校を出た後、レニ・リーフェンシュタールの活躍を新聞で読み、映画監督になりたいと憧《あこが》れて東宝の入社試験を受けた。女が受かるわけがないと思いながらの受験だった。面接で「監督になりたいんです」と元気よく訴えたところ、その場にいた面接官全員が腹を抱えて笑い出した。女が監督を志望するなんて笑い話にしか聞こえない時代だったのだ。てっきり落とされるものと思ったが、なぜか合格通知が届く。戦争中で人手不足だったからなのか。とはいえ希望する監督部には配属されず、スクリプターとして現場に出された。スクリプターとは監督の傍らに控え、ワンシーンごとの所要時間をはじめ、あらゆる状況をこと細かに書きとめる記録係である。

杉本が入社したのは昭和十五年春。初めて担当した『二人の世界』は、島津が得意とする中流家庭を描いたホームドラマで、戦後の小津映画にも受け継がれる父親思いの心優しく美しい娘を節子が演じていた。

節子は他のどの女優とも比べようがなかった、と杉本はいう。

とあるシーンでのこと、助監督の谷口千吉が節子にこう聞くのを杉本は耳にした。

「節チャン、次、薬で行く？　それとも本チャンでいく？」

節子が父親役の丸山定夫《さだお》の胸に顔を当てて「そっと泣く」というシーンで、谷口助監督は目薬を使うかと節子に聞いたのだった。節子は少し考えてから、谷口にこう答えた。

「少しお時間を頂けるのであれば、本チャンで行きたいです」

途端に「小休憩」と号令がかかってセットの明かりが落とされ節子の周りからはスタッフが離れていった。すると、節子はひとり瞑想《めいそう》を始めた。スクリプターの杉本は職業柄、手元のストップウォッチを押していた。やがて、静まりかえるスタジオの中に節子の透き通るような声が響いた。

「どうぞ、結構です。お願い致します」

セットに明かりがついた瞬間、杉本は再びストップウォッチを押した。ぴったり十五分だった。島津監督が素早く判断し、叫んだ。

「やるよ！　本番っ」

スタッフの間に緊張が走った。「本番、行くよー」の掛け声とともに、助監督がカチンコを打つ。次の瞬間、節子の眼からは涙がポロポロとこぼれ落ち、そっと父親役の丸山の胸に寄り添った。

わずかな動きで節子は、父を想《おも》う娘の心情を表現し切っていた。新劇の名優として知られた丸山も、節子の演技を受けとめて、見事に娘を想う父の心を演じ返した。

「カット！」の声がかかった時、スタジオは水を打ったような静けさに包まれた。丸山が会心の笑みを浮かべていた。

杉本は戦後になって松竹に入社し、演劇演出を専門にすることになり、長く名優の演技を間近に見たが、あれほどの場面に遭遇することは、その後、なかったという。

「私は本当に雷に打たれたように思いました。ああ、演技っていうのはこういうものなのか。役者っていうのは、こういうことをしなきゃならないのかって。原節子さんは器用に演技をなさる方ではなかった。けれど全身でぶつかっていく。役に入り、心から演じる方でした」

杉本の目には節子がひとつひとつの演技を吟味し、自分でこねて丁寧に積み重ね、役づくりをしているように見えた。

「ですから、ご自分が出演しないシーンもスタジオの片隅でじっと観察なさっていた。映画全体を把握して役づくりに臨んでいた。そんな主演女優は他にいませんでした。とても真摯《しんし》に取り組んでいたんです」

杉本の証言からは、生真面目《きまじめ》な若き日の節子の姿が浮かび上がってくる。その一方で「地味で女優らしくない」と言われた彼女の姿も杉本はじかに目にしていた。付き人ひとりつけず、いつもひとりで佇《たたず》む。身の回りのことはすべて自分で行い、人の手をわずらわすことがなかった。運転手つきの自動車ではなくバスや電車で通勤し、歩いて撮影所の門をくぐる。地味な服装で鞄《かばん》を抱えて、泥道をひとりで通うスター女優は彼女ぐらいのものだった。人と群れることを避け、出番待ちの間も共演者やスタッフとのおしゃべりに興じることなく、離れたところでひたすら文庫本を開いて読み耽《ふけ》る。

「原さんは本当にストイックな方だった。本番間際《まぎわ》まで出演者やスタッフと軽口を叩いていて、カチンコが鳴った途端にしんみりとした演技をしてみせるような役者もいます。けれど、原さんは決してそういうことをしない。役には力を抜かず全身全霊で打ち込み、長い待ち時間は本を開いて、その世界のなかに自分を閉じ込めているように見えました」

撮影現場に女性はほとんどいない。女学校を出たばかりの杉本はストップウォッチを持たされ、ひたすら監督の指示に従って懸命にスクリプターとしての仕事に励んでいた。

そんなある日、撮影が長引き休憩をはさんでそのまま夜間撮影に突入することになった。まだ十七歳だった杉本は休憩に入ったところで、水を飲んですきっ腹をまぎらわそうと、暗くなった中庭をとぼとぼと、水飲み場に向って歩いていった。

その時、後ろから大声で名前を呼ばれた。振り返るとスタジオの前に助監督の堀川弘通《ひろみち》と節子が立っている。節子が堀川に何かを指示して、セットの中に入って行くのが見えた。急いで引き返すと堀川から夜食の弁当を手渡された。

「今、原さんに言われたんだ。君、弁当をもらわなかったの？　気がつかなくて悪かったね。これ急いで食べて」

節子の姿は、もうそこにはなかった。暗い中庭に戻り、ベンチでひとり弁当を食べながら杉本は手の甲で何度も涙をぬぐった。

また、日比谷公園でのロケでは、こんなこともあった。

公園内のレストラン松本楼で昼食をとった際、男ばかりのスタッフに囲まれて、結髪の女性とふたり、部屋の隅で小さくなって弁当を食べようとした時のことだ。突然、節子が奥の部屋からやってきて、控え目に誘われた。

「ねえ、女性は私たち三人だけだから、あちらで一緒に食べましょう」

ついていくと、そこは節子と島津に用意された個室だった。

相手に負担をかけないような気遣い、思いやり。おかっぱ頭で女学生然とした杉本の姿に、節子は映画界入りした直後の自分を重ねていたのだろうか。撮影現場で男ばかりに囲まれて、食事も喉《のど》を通らなかった頃の自分を。

節子は演技をしている時以外は、自分の存在を周囲から、できる限り消そうとしているように杉本には見えた。演技でも普段の振る舞いでも、節子からは自己顕示欲がまったく感じられなかったという。

ある時、人気《ひとけ》のないロケバスの中で杉本が弁当を食べようとしたところ、先客がいた。後部座席で節子が、ひとり本を読んでいたのだ。

「いいのよ、気にしないで」

その眼は活字を追っている。杉本は思い切って前から聞きたいと思っていたことを口にした。

「あの、原さんはどうして、そんなに本がお好きなんですか」

すると節子は本から顔をあげて、静かにこう答えた。

「私はね、女学校をやめて十四歳からこういう仕事をしてるでしょう。だから勉強しなくてはいけないのよ」

杉本より三歳しか年上ではなかったが、そう語る節子はとても大人びて見えた。杉本はいう。

「原さんは女優さんらしくない女優だった。同時に、すばらしい女優さんだった」

その頃、欧州ではドイツが周辺諸国に次々と攻め入り、戦火が拡大していた。デンマークとノルウェーを占領し、さらにオランダ、ベルギー、ルクセンブルク、ついにはフランスまでが、ドイツ軍の手に落ちた。残るはイギリスだけだが、それも時間の問題であるように見えた。

同盟国ドイツの圧倒的な強さは、日本の指導者と国民を幻惑するに十分だった。特に東南アジアに植民地を持つオランダ、フランスの敗北は、日本軍部の「南進論」を勢いづかせた。

昭和十五年（一九四〇）九月、日本、ドイツ、イタリアは三国同盟を締結する。『新しき土』の製作された昭和十一年に結ばれた日独防共協定は翌年、日独伊防共協定となり、ついにこの三国同盟へと至ったのである。

節子は、かつて訪れたドイツやフランスが戦場となったことを、どう感じていたのだろう。ドイツで実際に会ったゲッベルスや、駐独大使となった大島浩の名を新聞で目にして、どんな感慨を抱いていたのだろうか。

昭和十六年四月号の映画雑誌に節子のエッセイが載っている。だが、こうした社会情勢には一切触れられていない。

〈私は撮影さえあれば、雨が降っても、風が吹いても、それこそ大嵐《おおあらし》の日だって撮影所へ行きますけれど、やっぱり暖い春の陽が、サンサンと降りそそぐ撮影所に通じる田舎の一本道をテクテク歩く時はなにか気持がうきうきして来ます。（中略）春になれば撮影所のみんなの顔も、明るく輝いて参ります。中でも冬の一番嫌いな島津保次郎先生のお顔のうれし相《そう》な事。今日も「節ちゃん、春だね、張り切って仕事をやろうね」と仰言《おっしゃ》って、元気よく私の肩をお叩きになっていました。島津先生程、お年に似合わず（失礼）青年らしい若々しさを失わない方は少いと、私ひそかに感服して居《お》ります。私、若い人は勿論《もちろん》、お年を召した方だって島津先生の様な若さをいつまでも持って いる方が好き〉 （『映画之友』昭和十六年四月号）

節子が書いたものか、節子が語ったことを誰かがまとめたものか、あるいはまったく節子が関知しないところで、東宝の宣伝部員が勝手に書いたものか、判断がつきかねる。春を迎えて島津とのコンビに心躍らせる様が綴られているが、実際にはどのような気持ちで毎日を過していたのだろう。

節子は洋行後、叩かれながらも必死でもがき、女優として少しずつ成長していた。また成長したいとも思っていた。

とはいえ、彼女はもともと好きで女優になったわけではなく、いつかは結婚してやめたいと思っていたとも後年、繰り返し語っている。では、十代後半からの適齢期のなかで、彼女に恋をする機会はなかったのか。

かつて洋行の直前にベルリン・オリンピックの陸上選手、矢沢正雄と初恋の噂《うわさ》を雑誌『話』にゴシップとして書かれた際には、「噂される相手の方にはお会いしたこともない」と強く抗議した節子である。

ところが平成五年（一九九三）、『週刊新潮』の取材に答えた矢沢によれば、ふたりは節子の洋行後も、銀座などで落ち合い、お茶を飲む交際を続けていたという。節子は当時、どんな気持ちで矢沢に会っていたのだろう。男性への警戒心が強かったといわれる節子だが、「大根女優」と映画界で叩かれるなかで、外の世界にいる矢沢との淡い交際に憩《いこ》いを得ていたのだろうか。矢沢は専修大学卒業後、東京の愛宕山《あたごやま》にあった日本放送協会に就職するが、節子はひと目をしのんで愛宕山にある社屋にも、よく遊びにきていたと矢沢は語っている。

だが、昭和十四年、その矢沢に召集令状が届く。

ふたりの交際は淡いものだったが、矢沢はけじめをつけるべきだと判断し、「自分は生きては帰れないと思う。お互いに自由に元気にそれぞれの道を歩もう」と節子に告げ、戦地に向かった。矢沢としては思いを断ち切ったつもりだったのだろうか。それでも月に一度、節子からは手紙や慰問袋が送られてきた。中には節子のスナップ写真などが入っており、戦友たちに知られて羨《うらや》ましがられたとも語っている。

その後、戦地で矢沢は二度負傷し病院に収容されたが、その情報は内地に正確に伝えられなかった。節子からの手紙はやがて途絶え、そればかりでなく日本国内の新聞に、矢沢は戦死したと報じられた。節子も昭和十八年、矢沢が帰国するまで長くそう信じていたと矢沢はいう。

この矢沢の件と関係があるのか、あるいは夫が戦病死した兄嫁や、夫が戦死した姉を念頭に置いてのことか、戦後になって節子は結婚しない理由を聞かれて何度か、「もし、また戦争が起こって夫が戦死するようなことがあったら、あまりにも悲しくて生きていけなくなると思うから」と答えている。

戦時下の不穏な空気は、節子をそれまでになく恋へと向かわせたのだろうか。戦後、彼女はこんな発言もしている。

〈戦争中は恋愛なぞ考えるいとまもありませんでした。だけれど唯誰《ただ》かを愛していなければあの大苦痛、狂いそうな時間の連続にはたえられないような気がしました〉

（「民報」昭和二十二年五月三十一日）

愛する人をいつ奪われるかしれない戦時下、確かに彼女は恋をしていた。相手は、この矢沢ではない。

そして、それは淡い恋などではなかった。彼女にとっては一生に一度の熱烈な恋だったと映画関係者の間で、密《ひそ》かに語り継がれてきたものである。昭和十五、六年ごろのこと、節子は二十歳前後。彼女には結婚を強く望んだ男性がいた。

　相手は東宝の同僚で、脚本を書きながら助監督をしていた青年だった。名は清島長《なが》利《とし》。戦後は椎名《しいな》利夫《としお》のペンネームも用いて著名な脚本家となるが、当時はまったく無名で、地位もなく目立たぬ存在であった。映画界にはめずらしく東大で美学を学んだという経歴の持ち主であり、地味で誠実な人柄に節子が惹《ひ》かれ、やがて相思相愛になったといわれる。

　当時、スター然としたところのない節子に憧れる青年は、撮影所内に多かったという。けれど、相手はなんといってもスター中のスターであり、会社にとっては大事な商品でもある。社内の名もない青年がうかつに近づくことなど決して許されなかった。松竹から島津を迎え、節子の再起が図られていた時期でもある。会社としても、節子に恋愛などさせるわけにはいかなかったことだろう。それでもふたりは恋仲となり、姉夫婦と暮らす清島の下宿先で、ひと目をしのび逢瀬《おうせ》を重ねた。清島の姉はふたりが真剣に思い合っていることを知り、密かに応援していた。ところが、やはり噂は広まり、会社や熊谷の知るところとなった。熊谷は「助監督風情《ふぜい》が」と激怒し、節子には諄々《じゅんじゅん》と「女優としてこれからではないか」と説いて聞かせたといわれる。

　熊谷は、節子に近づこうとする若い男たちを徹底して排除していた。

そうしたなかで発覚した恋愛事件。そして、それは若い節子が想像もしなかった結末を迎えることになる。清島が東宝から追放されてしまったのである。身のほどをわきまえずにスターと付き合ったことに対する懲罰だった。

単に仲を引き裂かれただけではない。自分が恋をしたばかりに愛する人の将来を奪ってしまったことを節子はどう受け止めたのであろうか。

撮影所を揺るがしたこの一件は、清島が節子の立場を慮《おもんぱか》って戦後も長く、「どうして、私と原節子さんの間にそんな噂が立つのかわからない」と言い張ったこともあり、これまで公《おおやけ》に語られることはあまりなかった。唯一《ゆいいつ》、当時を知る山本薩夫監督が青年の実名を伏せ、この節子の恋愛事件を自伝の中に控え目に書き残している。

〈彼女に好意以上の気持ちを抱いた人はずいぶんいた。独身でシナリオを書いていた青年が彼女に焦《こ》がれ、彼女もその気になったような時代もあった。だが、彼女の義兄が映画監督の熊谷久虎で、その熊谷久虎が彼女の周囲に寄って来る男性を頑としてしりぞけていたという〉　（『私の映画人生』昭和五十九年）

先に紹介したスクリプターの杉本セツ子も、ふたりの恋の証言者である。彼女は昭和十五、六年頃にこんな光景を目にしていた。

ある日、撮影所の中庭に人垣ができ、黒いロイド眼鏡の青年が皆に取り囲まれている。杉本は理由がわからず、傍らにいた先輩に尋ねた。

「誰ですか？」

「ああ、彼？　原節子の恋人だよ。会社に無理やり別れさせられてね、東宝から追い出されたんだ」

青年は、たまたま用事があって古巣に顔を出したらしい。先輩や同僚の様子から、皆に好かれている人物なのだと察せられた。あるいは、会社のスター女優と恋仲になり社を追われた彼に、同情が寄せられていたのかもしれない。

「森さん（東宝撮影所長）が城戸《きど》さん（松竹大船撮影所長）に相談してね。彼は今、松竹にいるんだよ」

そう先輩は杉本に説明してくれたという。

記録を見ると、清島は昭和十五年に公開された東宝作品『屋根裏の花嫁』の脚本を書いている。この後、東宝を追われたのだろう。

杉本の証言には、まだ続きがあった。思いがけないところで、このロイド眼鏡の青年と再会し、一緒に働いていたというのだ。杉本は、スクリプターとして勤めていた東宝を一年半ほどでやめていた。どうしても監督になりたかったからだ。監督になるには専門学校以上の学歴が必要だと東宝に言われ、退社して大学受験に挑もうと決意したのだった。

ところが、受験勉強を始めてしばらく経《た》った頃、内閣直属の情報局から呼び出しを受けた。週に二度、首相官邸で東条英機《とうじょうひでき》首相が映画を鑑賞することになったので、ついては専属の映写技師を務めて欲しい、と。スクリプター時代に映写技師試験にも合格していた杉本は、父親が警察大学校の前身、警察講習所の所長をしていた関係もあり、説得されて、この話をしかたなく引き受けた。昭和十六年晩秋頃のことという。以後、情報局の局員となり、週に二度は官邸に出向いた。

この情報局には映画会社や演劇団体からも人が派遣されており、日比谷の帝国劇場が接収されて局舎になっていた。

杉本は、そこで同僚となった男性職員を見て、思わず声を上げそうになった。黒いロイド眼鏡に柔和な笑顔。東宝の中庭で見かけた「原節子の恋人」清島長利だと、すぐにわかった。杉本はある日、周りに人がいないことを確かめて、恐る〳〵清島に歩み寄ると思い切ってこう尋ねた。

「あの……、清島さん、変なこと聞くけど、あの、原節子さんの恋人だったって本当？　私、前は東宝にいたんです」

清島は笑うばかりで何も答えなかった。だが、おもむろに鞄から手帳を取り出すと、そこに挟まれていた黄ばんだ新聞の切り抜きを黙って杉本に手渡した。記事には清島の顔写真が載っており、見出しには「富士山で自殺か」とあった。杉本は、「えっ、失恋して、清島さん、自殺しようと思って富士山に登ったの？」と再び問うた。

清島は静かに首を振った。彼の説明によれば、家を出る時、姉に行先を聞かれて何気なしに「富士山にでも登ってくるよ」と言い残して、しばらく放浪していたという。ところが、なかなか帰ってこない弟を心配した姉が警察に通報してしまい、こんな記事になったのだ、と。それが杉本の問いに対する清島の、遠まわしな答えだった。

清島は松竹から出向して情報局に籍を置いていた昭和十八年、思いを断ち切ろうとするかのように、周囲に勧められるまま、同郷の長崎出身の女性と結婚し、翌年には子どもも得た。

だが、清島の長男、利典の証言によれば、夫人は長く原節子の影に苦しめられ続けたという。

夫のかつての想い人が、日本で最も美しい女優であったと知るだけでも、心はかき乱される。原節子から送られたという花瓶を、いつまでも手元に置き続ける夫の真意を計りかね、思わず子どもたちの前で、こう呟《つぶや》くこともあった。

「こんなものを、いつまでもとっておいて……」

真相を確かめようとする雑誌や新聞の記者たちからも、無神経な電話がかかってくる。電話を取り次げば、清島はいつでもきっぱりと記者たちに、「事実無根」と答えていたが、それすらも節子への深い愛情の表れであるように夫人には思えたことだろう。

夫婦の仲は次第に冷えていった。戦後、清島は離婚し間もなく再婚する。若い後添いは浅草の老舗《しにせ》旅館の娘で、兄とふたりで国際劇場の道をへだてた角に「星空」という名の喫茶店を出してレジを担当していた女性だった。寡黙《かもく》で彫りの深い顔立ちをしており、彼女のことも知る杉本は、「私にはとても原節子さんに似た方に見えました」と語る。

清島との別離を節子は深く嘆き、「こんなに苦しいのなら、もう二度と恋はしない」と周囲に語ったといわれる。自分が愛したばかりに、男は会社を追われることになった。その責任を重く受け止めてもいたのだろう。節子は映画界のなかで少女から女性へと変貌を遂げていた。だが、彼女に恋は許されず男性たちは遠ざけられた。そんな成熟する節子の傍で影響力を増していたのは、義兄の熊谷だった。
そもそも映画界に入った頃から義兄夫婦の締めつけは厳しく、彼女は小さな不満を抱えながらもそれに従ってきた。

〈例えば踊りを勉強しようと思っても、家の者が、男の方のところへ習いに行っちゃいけないって云《い》うんですの。先月なんかも、遊びとか散歩とかに家を出たのは三回位です〉（『映画之友』昭和十一年初夏臨時大増刊号）

節子が十五、六歳のうちは、周囲もそれを微笑《ほほえ》ましく見ていた。しかし、義兄の干渉は次第に関係者を当惑させていく。

昭和十五年（一九四〇）に東宝に入社した堀川弘通監督は、ある時、しみじみとした口調で節子から、「堀川さんはいいな」と言われたことがあると語っている。

堀川は、大学を出てから好きでこの世界に飛び込んだ。自由に、のびのびと映画人生活を楽しんでいた。一方、節子の傍にはいつも熊谷がいて、すべてを取り仕切っている。その縛りが窮屈なのだろうと堀川には感じられたという。彼もまた山本薩夫と同じように、こう証言している。

〈撮影所の中には、節ちゃんのことを好きな男は多かったと思う。でも、怖い人がついていたので近づきにくかった〉

（『週刊新潮』平成十六年十二月三十日・平成十七年一月六日合併号）

怖い人、とは熊谷のことである。同様の証言は、ほかにも数多い。節子に近づこうとする男を熊谷は許さなかった、熊谷によって節子の恋愛の機会は、ことごとく摘み取られていた、と。そして、こうした熊谷の過保護で専横な振る舞いは、やがて、ひとつの疑惑を生んだ。

「熊谷自身が、義妹の節子に恋慕しているのではないか」

すでに洋行の頃から、ふたりの仲を怪しむ声は映画界に上がっていた。映画人は口さがない。当然、節子の耳にも、こうした噂は入ったことだろう。義兄は、いろいろな面で節子の障害となっていたようである。

だが、それでも節子は、義兄夫婦のもとから離れようとはしなかった。それほど絆《きずな》が強かったのであろう。駆け落ちをするような無責任さを節子は持ち合わせていなかった。両親や長姉といった養うべき家族もいた。節子は清島の一件から、うかつに恋をしてはならないと、どこまでも義兄ではなく自分を責めたのではないだろうか。

昭和十六年には、日本の南部仏印進駐が批判を招き、アメリカ、イギリスにオランダが加わって、さらに経済封鎖が強化された。その結果、アメリカからフィルムを買えなくなり日本映画の製作本数は、またたく間に前年の半数程度にまで落ち込んでしまう。

この年の節子の出演作は、四本である。

一月公開の『兄の花嫁』（島津保次郎監督）、五月公開の『大いなる感情』（藤田潤一監督）、そして七月公開の『結婚の生態』（今井正監督）。これらは多少、ドラマの中に出征兵士や満洲行きといった要素が取り入れられてはいるものの、いずれも恋愛をテーマにしたホームドラマだった。ところが、続いて出演した十月公開の『指導物語』は、いささか趣を異にする。監督は熊谷久虎、節子が義兄の映画に出るのは二度目のことだった。

農村出身の一兵士を老機関士が短期間のうちに立派な機関士に育て上げ前線に送る、という内容で、節子は亡母に代わって老機関士の父を支える、心優しい長女を演じている。

映画は興行的には惨敗《ざんぱい》するが、『キネマ旬報』ベストテンでは十位に入り、それなりの評価を受けた。走る機関車を映したシーンは、撮影が名キャメラマンとして知られた宮島義男《よしお》だったこともあり傑出している。

熊谷は撮影に入るにあたって、こう熱弁をふるった。

〈「指導物語」を映画化することは、国家に必要な、指導する者とされる者の協調を表現することになるので、或《あ》る意味では国策に協力する。政治の要求していることを援助することになると感じているのであります〉（『映画之友』昭和十六年六月号）

熊谷は、この頃からある思想団体に深く関わるようになり、軍部との関係も濃くなっていた。その影響を当然、節子も受けたものと考えられる。

中国大陸でも、そして欧州でも戦火は拡大の一途をたどっていた。

『指導物語』が公開された約二カ月後のこと、早朝からけたたましく臨時ニュースが繰り返しラジオから流された。

「帝国陸海軍は今八日未明、西太平洋において、アメリカ、イギリス軍と戦闘状態に入れり……」

昭和十六年十二月八日の朝であった。節子はこの時、二十一歳だった。

第六章　空白の一年

後に太平洋戦争と呼ばれることになるこの戦争を節子はどう受け止めていたのだろうか。昭和十六年（一九四一）の真珠湾攻撃から一年後、嵐《あらし》の翌日に澄み渡る空を見上げた時の感慨を、彼女は手記に発表している。

〈アアと思わず声になって出るような美事《ママ》な眺め。一夜の風がこんなに見慣れた景色を変化させるのだ。私は日本の何置《いち》を一夜で変えた去年の十二月七日から八日を思わず胸に浮べた。もう一周年だ。ますます国の礎《いしずえ》は固く日に日に健実に進んで行く日本に生れた私は、この真白な富士山を見て本当に有難く感じた。この富士山がある如《ごと》く永久に気高く雄々しく発展するであろうこの日の本。私は寒さを忘れて、只《ただ》感激して

（『映画之友』昭和十八年一月号）

いた〉

日中戦争が始まった際には、戦争の時代を生きる若い女性の戸惑いを素直に綴《つづ》った。その二年後、上海に行き廃墟《はいきょ》となった街を見た際には、「戦争には、どんなことをしても勝たなければいけない」と記した。そして、太平洋戦争開戦の翌年には、彼女は初冬の朝に富士を仰ぎ見て日本の隆盛を思い、胸を熱くしているのである。

開戦から半年間の、連勝につぐ連勝は節子だけでなく国民を熱狂させた。映画館の前には、ニュース映画を見ようという人々の長い列ができ、館内では日本軍が爆撃するシーンごとに歓声が上がった。日本軍は無敵で連戦連勝であると、人々は酔いしれたのだ。

アメリカとの戦争が始まってから世の中の空気は一変し、映画界にも変化があった。十七年一月に劇映画会社は松竹、東宝、そして、日活、新興キネマ、大都映画を合併させて新たにできた「大日本映画製作株式会社（大映）」の三社に統合される。戦時統制の結果だった。とはいえ、映画製作の内容に日米開戦が反映されるのは、もう少し先のことである。

同年四月には、島津保次郎と節子がコンビを組んだ『緑の大地』が公開される。

節子は入江たか子とともに、隙《すき》のない洋装姿を披露している。彼女自身の西洋風な容貌《ようぼう》と相まって、まるでハリウッド女優のように見える。映画法施行以降、西洋的な価値観を持つ女性を描くことは好まれず、日本古来の献身的な女性を描くように、とされていた背景を考えると、この節子の洋装姿には美的なものが排斥されていく世の中に対する、島津の反発が込められているようにも感じられる。

節子は作中で夫の過去の想《おも》い人である美しい女性教師（入江たか子）に嫉妬《しっと》する新妻の役を演じた。最後は誤解がとけて夫が中国大陸で進める運河建設に皆で協力していくというストーリーである。恋愛問題だけをテーマにしたのでは、「時局に合わない」と脚本が却下されてしまう可能性があり、中国で現地住民のために日本人が運河建設に邁進《まいしん》している、というテーマを組み合わせたのだろう。

いつも善良な女性ばかり振りあてられてきた節子は、「嫉妬をふくみながらトゲのある言葉をチラっという」この役を喜んで演じた。「こういう役をやりたくてしかたがなかった」と、戦後も語っている。節子にとっては思い出深い作品なのだろう。しかし、映画そのものの評判は芳《かんば》しくなかった。

節子を自分の手で大成させると語った島津だが、東宝に来てからというもの、なかなか結果を出せずにいた。松竹で培った作風が、東宝の社風に合わなかったこともある。また、軍国化し検閲が厳しくなるなかで、彼が得意としたホームドラマが敬遠されたせいでもあった。鬱屈《うっくつ》した思いが、島津の中に溜《た》まっていく。

そうしたなかで、島津は引き続き『母の地図』の撮影に入った。やはり、節子が主演した。この時、あるシーンで、節子の演技に島津は首を振った。

「違う」

節子は演じ直したが、島津はまた首を振った。

「違う」

そんなことが、十五、六回も繰り返されて思わず節子も言葉を返した。

「あの、いつもと同じようにやっているつもりですが」

すると島津は厳しく言い放った。

「違う、君のほうが違う」

最後は仏頂面《ぶっちょうづら》で、いかにも気に入らないといった様子でオーケーを出した。仕事場では滅多に涙を見せない節子が、この時ばかりはセットの中で泣いた。

前年にはフィルムが割当制となり、映画各社は少しでも多く配給されるようにと軍部の機嫌を取り結ぶことに必死だった。とりわけ東宝は映画づくりの歴史が浅かったこともあり、積極的に軍部に接近していった。その結果、軍の教育訓練用映画などは、東宝が一手に請け負うようになる。戦意高揚映画を積極的に作ったのも、東宝だった。しかし、ホームドラマの名匠に戦意高揚映画は作れない。島津は三顧の礼で東宝に迎えられたものの、次第に居場所を失っていた。

島津が『母の地図』を撮っていた頃、東宝は戦意高揚映画『ハワイ・マレー沖海戦』の製作に沸き立ち、撮影所中がその話でもちきりになっていた。製作費は、当時としては異例の七十七万円。半年以上かけて撮る大作だという触れ込みで、監督に指名されたのは山本嘉次郎《かじろう》であった。島津にとっては年齢も近くライバルにあたる。しかも、節子もこの大作に出演すると決った。

世の中が大きく変わり、映画界も変わってしまった。そう島津は嘆いていたのではないか。変わってしまったと思うなかには、節子も含まれていたのだろう。だから彼は、「違う、君のほうが違う」と叫ばずにはいられなかったのかもしれない。

評判にならなかった『母の地図』とは対照的に、『ハワイ・マレー沖海戦』は空前の大ヒットとなった。

日米開戦一周年記念として十二月三日に公開されると、封切からわずか八日で、百十五万円の収益を上げ、外地でも上映されて一億人が観《み》たといわれている。

内容は航空兵に志願した青年たちが厳しい訓練を経て立派な航空隊員となり、真珠湾攻撃やマレー沖海戦に出撃し、大戦果を上げるといったもの。節子は航空兵となる弟を精神的に支え続ける姉を演じている。脇役《わきやく》ではあるが、飛行機や軍隊生活ばかりが映し出されるなかで一瞬、画面を潤《うるお》す節子の姿は、かえって大きな印象を残す。

同世代で東宝の女優だった山田五十鈴は戦争が始まると仕事が減ったという。「あの頃、私のようなタイプの女優は、戦意高揚映画には全くふさわしくないものでしたから」と回想している。苦界に生きる女性などを得意とした妖艶《ようえん》な山田には、兵士の母や妻、姉といった銃後の護《まも》りを果たす軍国の女神の役どころは回ってこなかったのだ。

かわりに、「戦意高揚映画にふさわしい」と見られたのが、清く、正しく、美しい日本女性を体現し続けた節子だったのである。

戦争映画の金字塔ともいえる『ハワイ・マレー沖海戦』は映画館に長蛇の列を作らせただけでなく、海軍省が後援したこともあり、全国の学校や軍需工場で巡回上映された。映画を観た子どもたちの多くが航空兵に憧《あこが》れ、直後から予科練の志願者が急増したといわれている。

明けて昭和十八年（一九四三）になると、節子の出演作は、そのタイトルからして一挙に殺伐としたものが目立つようになる。

『阿片《あへん》戦争』（マキノ正博《まさひろ》監督）、『望楼の決死隊』（今井正監督）、『若き日の歓《よろこ》び』（佐藤武《たけし》監督）、『決戦の大空へ』（渡辺邦男監督）、『熱風』（山本薩夫監督）。『若き日の歓び』を除けば濃淡はあるが、すべて戦意高揚映画である。

この中で『決戦の大空へ』は、とりわけ人気が高かった。挿入歌「若鷲《わかわし》の歌」（作詞・西條八十《さいじょうやそ》、作曲・古関裕而《こせきゆうじ》）は、子どもたちまでが口ずさんだ。

作品は、霞ヶ浦《かすみうら》の予科練生が凛々《りり》しく成長し、立派な航空兵となる過程を描いている。節子はここでも弟を叱咤《しった》激励し、予科練に入隊するように促す姉を演じている。自分もお国のために働かなくてはと予科練生たちの面倒を見る、非のうちどころのない軍国の乙女である。

白いブラウスにスカート姿で登場する節子は、思いやりが深く挙措が美しい。まるで戦後に彼女が演じる、小津映画の中のヒロインそのものである。

続いて出演した『熱風』は、いわゆる増産映画と言われるものだ。国民は一丸となって増産に励むようにという軍部の主張が込められた映画で、山本薩夫監督によれば、「東宝は鉄、松竹は造船、大映は飛行機」と軍部から割り当てがあったという。製鉄所でいかに生産量を増やしていくか、という課題に取り組む男たちの奮闘を描いた本作で、節子は女性事務員として製鉄所で働く勝気な女性を明るく演じた。

この時代に日本で作られた戦争映画には、中国人やアメリカ人、イギリス人を侮蔑《ぶべつ》的に扱うもの、極悪人として描くものもあり、中には女優が敵国人を差別的に罵《ののし》るような作品もあった。

その点、節子はたくさんの戦争映画に出てはいるが、そういった役は一度も与えられていない。常に美しく、品位を落とすことがない女性、それが節子に与えられたイメージであり、戦争映画であっても、その〝不文律〟は守られていたことがわかる。節子はただ微笑《ほほえ》んで兵士を送り出す。兵士たちを安らかな気持ちで戦地へと赴かせる。聖なる国母《こくも》の役割を果しているのである。

昭和十九年（一九四四）に入ると、戦況はさらに厳しくなり、映画の製作本数は四十六本にまで落ち込む。さすがの節子も出演作は一作のみとなる。軍艦建造の権威で、「軍艦の父」と言われた平賀譲《ゆずる》海軍中将を描いた『怒りの海』（今井正監督）だけだ。

節子は当時を、こう振り返っている。

〈大東亜戦争がはじまると「ハワイ、マレー沖海戦」とか「望楼の決死隊」とか「決戦の大空へ」とかいったいわゆる国策ものが多くなり、また空襲がはげしくなると同時にだれもかれも生きることに精一杯で映画どころでない時代になりました。仕事の方もだんだんヒマになり、この時代はもっぱら本を読んで暮しました。トルストイ、ドストイエフスキー《ママ》、チェホフと手当り次第に読みあさり、いま考えると一見ムダに過したようなこの時期が私という人間を作ってゆくのに大変貴重なときだったように思えます。あれだけの長編を読みこなしてゆくのはやはり若いときでないとできませんからね〉

（「東京新聞」昭和三十四年三月七日夕刊）

戦争中はただ本を読んで暮したという。いかにも彼女らしい発言である。だが、どこまでこの言葉を鵜呑《うの》みにしていいのだろうか。

物資不足から映画が作られなくなり、多くの映画俳優が、舞台や移動演劇団に活路を見出《みいだ》していた。移動演劇とは、各地を回って芝居を見せる慰問目的のもので、軍部によって奨励されていた。さらに、俳優たちが請け負わされたのが軍隊慰問だった。国内ばかりでなく外地の部隊を回って、唄《うた》や踊りを披露するのである。映画女優の多くが、この軍隊慰問を経験している。山田五十鈴は若い女優たちを連れて団長となり、軍隊慰問をしたが、酔った将校から同行した女優の身を守ることがいかに大変だったか、怒りを滲ませて戦後に語っている。

ところが節子は、移動演劇団に加わらず、軍隊慰問に行った形跡も見られない。舞台挨拶《あいさつ》はしない、唄は歌わない、そうした姿勢を、この戦時下でも貫いたようである。そして、そんな我儘《わがまま》が通ったのは彼女の主張を、軍部と関係の深かった東宝が尊重し慰問から外したからだろうか。

確かに節子は昭和十九年五月に公開された『怒りの海』から一年以上、映画に出ていない。では彼女はどこで何をしていたのか。本人が言うように自宅で本を読んで暮していただけなのか。

映画界には、奇妙な噂《うわさ》が残されている。

「原節子は一時期、行方不明になっていた」

「どうも九州の耶馬溪《やばけい》に疎開《そかい》していたようだ」

こういった噂はなぜ生まれたのだろうか。そして、それは果たして真実なのだろうか。

耶馬溪とは大分県中津の奥地、熊谷の父祖の地である。空白の昭和十九年、公《おおやけ》の記録から彼女の実像は見えてこない。謎《なぞ》を解く鍵《かぎ》は、やはり義兄の熊谷が握っているのだろうか。

節子も出演した『指導物語』は開戦直前の昭和十六年十月に公開され、その際、熊谷は国策にそった作品を発表できた喜びを高らかに語った。そして、これからも、こうした映画を撮り国家に貢献できる映画人でありたいとまで宣言した。ところがである。その後、彼は戦争が終わるまで一本も映画を撮っていない。その理由を彼自身が後に明らかにしている。

〈俺は当時のヨーロッパの侵略に対して敵愾心《てきがいしん》を持っていたんだからね。それが、俺がのちに映画の仕事をやめてから、政治運動に入っていくキッカケになったんだ。とにかく、日本人を黄色人種としてバカにする。今でも、そうだと思うが〉

（『勲章のいらない巨人たち』昭和五十六年）

彼は映画を通じて自分の思想を伝えるよりも、もっと直截《ちょくせつ》的に政治に関わりたいと欲するようになり映画界から飛び出した。国策映画づくりよりも国策そのものに関わる道を選んだのである。具体的には思想団体「スメラ学塾」（スメラ塾、皇塾とも）の熱心な活動員となって政治運動に邁進していったのだった。

スメラ学塾とは、昭和十五年（一九四〇）に軍部の資金援助と後押しを受けて発足した思想教育団体である。軍内部では東南アジアへの領土拡張を求める南進論者たちと近く、その正当性を思想的に補完する役割を担《にな》っていた。

中心にいたのは東京帝国大学哲学科出身の仲小路彰《なかしょうじあきら》と、京都帝国大学哲学科出身の小島威彦《たけひこ》のふたり。さらに「陸軍の頭脳」といわれた高嶋辰彦《たかしまたつひこ》大佐が関わっている。塾頭は、小島威彦の遠縁にあたる海軍大将・末次信正《のぶまさ》が務めた。西洋、および西洋文明による支配からの脱却を訴えるこの団体に、白人嫌悪《けんお》に捉《とら》われていた熊谷の心はわしづかみにされたのだった。

スメラ学塾は公開講義を開き塾生を集めたが、知識層や学生から幅広い支持を得て、最盛期には会員が三万人にも及んだという。塾生のなかには南方に派遣され、軍の下で宣伝工作などに携わるようになった若者もいる。講義には駐独大使を務めた陸軍軍人の大島浩が立ったこともあり、大変な人気だったと記録にはある。

スメラとは言うまでもなく「皇《すめら》」のことであり、一見して右翼的な国粋主義団体を想像させる。だが、熊谷は戦後、「極右団体だというのは誤解であり、世界平和を訴える、国家主義団体であった」と語っている。

そもそも「スメラ」は、シュメールの転訛《てんか》であるという。そして、日本民族は「メソポタミアに生まれた人類最古の民族、シュメール族の末裔《まつえい》である」と命名の由来を説いていたらしい。栄《は》えあるシュメール族が大陸を追われ日本列島に流れつき、シュメールすなわち皇を頂く国を作った。ゆえに今回の戦争は、シュメール族の末裔である皇国日本が世界平和のために立ち上がった聖戦である、それがスメラ学塾の核をなす思想であったようだ。

それにしても、熊谷はなぜ、スメラ学塾と接点を持つことになったのか。

彼は昭和十四年に『上海陸戦隊』を撮り、海軍との関係を深くした。そこからスメラ学塾とも接点を持ったのだろうか。

あるいは、後藤象二郎の孫、川添紫郎に紹介されたのかもしれない。パリでジャン・ルノワールに熊谷を引き合わせてくれた、あの映画青年の川添に。彼はスメラ学塾の中心メンバーのひとり、小島威彦の従兄弟《いとこ》にあたった。その関係で戦火を逃れパリから帰国すると、川添はスメラ学塾の下部組織である「スメラクラブ」を赤坂に作り、スメラ学塾と文化人とを結ぶ役割を担っていく。余談めくが、このサロンが戦後発展して、現在も六本木に続くイタリアン・レストランの「キャンティ」となる。

熊谷はこのサロンに足しげく通った。東条内閣を倒してスメラ学塾の塾頭である末次信正を総理にするための政治工作に心血を注いでいた、と本人は戦後に語っている。

熊谷が傾倒したスメラ学塾にはまた、大きな特徴があった。ユダヤ排斥論を唱えていたのである。西洋諸国を牛耳っているのはユダヤ人であり、シュメール族の末裔である日本民族は最終的にはユダヤ民族と戦うのだと考えていたらしい。共産主義を広めたのもユダヤ民族で、皇国日本がそれを阻止する、という捉え方をしていたようだ。熊谷は戦後になっても驚くべき発言をしている。

〈本省のね、課長以上でユダヤの息がかかっていない奴《やつ》は一人もいねえんだよ。近衛文麿はじめね、尾崎秀実《ほつみ》もそうだが、「昭和研究会」をつくったりしていたんで、ユダヤの監視下にあったんだよ。（中略）だから、ユダヤの監視下に入っていない人間を皇《すめら》塾に入れたんだよ。米内光政《よないみつまさ》もそうだよ〉（同前）

では、こうした熊谷から節子がどの程度、感化されたのか、それともされなかったのか。それを示唆《しさ》する証言が残されている。

今井正監督の『望楼の決死隊』（昭和十八年）に、節子が出演した際のエピソードである。満洲と朝鮮の国境を守る警備隊員たちの奮闘を描いた作品で、節子は警備隊長の気丈な妻という役どころだった。

ロケは、実際に満洲と朝鮮の国境の寒村で行われた。平壌から汽車で二十時間かけてようやく現地にたどり着いた晩のこと。今井は、「義兄《あに》からです」と節子から一通の手紙を手渡されたという。すると、そこには「今、日本は南方に全勢力を傾け領土を拡大すべき重要な時である。貴公は、そんな時期に北方である満洲国境の警備が大事だという映画を撮ろうとしている。南方から日本の勢力を北方へ撤退させようというユダヤの謀略に乗せられているのだ。即刻、撮影を中止して日本に帰られよ」と驚くような言葉が並んでいた。しかし、さらに今井を驚かせたのは、その時の節子の態度だった。すっかり義兄に感化されているように見えた、と今井は言葉少なに語っている。

〈熊谷さんは日活で『情熱の詩人啄木《たくぼく》』を撮りました。いいシャシンでしたね。東宝へきて『阿部一族』、これもよかった。僕はほんとに感激したけどね、そのころからだんだんおかしくなって、すめら塾っていう極右団体に入って、かなりえらいところまで行ったんじゃないの。だから、その影響で、原節子まで、ユダヤ人謀略をとなえるありさまだった〉　（『戦争と日本映画　講座 日本映画４』昭和六十一年）

スメラ学塾の創始者のひとりである小島威彦の自伝には、突然、節子が小島の自宅を訪ねてきた時の興奮が書かれている。

〈原節子が薄茶の軍服姿で、ズボン履きの男装で颯爽《さっそう》と現れた。（中略）節子は何といっても恰幅《かっぷく》が違う。登り龍《りゅう》のような花形女優の頂上にいるだけでなく、その容貌《ようぼう》にも肢体にも、あらゆる階層の憧れとなっている豊満な美しさが漲《みなぎ》っている。今までの日本人に見られない発刺《ママ》とした、そのくせ、どこか内気な甘く優しい美しさが、わが家の雰囲気を一変した〉（『百年目にあけた玉手箱　第五巻』平成七年）

節子は映画の世界を離れて、この一年間、義兄のスメラ学塾での活動を補佐していたのではないだろうか。

彼女が映画界から離れた理由はいくつか想像される。

第一に、映画界そのものが、戦争映画一色となって節子の活躍できる場が狭められていったこと。映画の主役は男性あるいは飛行機や軍艦であって、女優はあくまでも添え物となり、張り合いが持てなくなったのではないか。

第二に、戦局の悪化をひしひしと感じ、軍国の優等生であった節子は、熊谷と同じように映画づくりではなく、もっと直截的に国のために役立つ仕事をしたいと思い悩んだのではないか。彼女は、戦地にいる知人やファンから手紙を受け取る機会が多かった。戦場に送られた青年たちは厳しい環境のなかで、心を占める美しい女性を思い出し、生きる力としたのだろう。節子は返事をきちんと書き、夜なべして慰問袋をひとつでも多く作ろうと努力した。俳優の北沢彪《ひょう》も、戦地から節子にブロマイドを送ってくれるよう頼んだところ、スチール写真とともに長文の手紙をもらったと明かしている。そこには節子の悩みが切々と書き綴られており、「こんな時勢に女優をしていることが忍びない。やめようと思っている」とあったという。

第三に、節子の肉親が相次いで亡《な》くなったことも挙げられよう。母親のナミは昭和十六年九月に、長姉の喜久も昭和十九年一月にこの世を去っている。ふたりを養う必要がなくなり、節子は女優として働き金銭を得ることの意味を失ったのではないか。

第四に、かつての想い人である清島の結婚を知り虚無感に捉われたのかもしれない。節子と別れた清島は昭和十八年、周囲にすすめられて結婚し、翌年には長男を得ていた。節子はこれを聞き深く嘆いていたという。

第五に、戦死したと思い込んでいた矢沢正雄が昭和十八年に突然、戦地から帰国し、節子との再会を果たしたことも関係しているのだろうか。あくまでも矢沢の証言ではあるが、彼は戦地から戻り改めて節子と交際するようになり結婚を望んだ。ところが彼の父親が「華やかな世界の女性と結婚しても、お前のためにならない」と大反対したため、節子にこの理由を告げて別の女性と結婚した。昭和十八年から十九年ごろのことという。

こうしたことが重なり、また戦況が厳しくなっていくなかで、何か打ち込めるものを求めて、義兄が信奉するスメラ学塾の活動に節子も関わっていったのか。そのため一時期、映画界と離れることになり、「行方不明」の噂が立てられたのであろうか。

では、「原節子は一時期耶馬溪にいたようだ」と噂になったのはなぜなのだろう。中津市街および耶馬溪の周辺で今回、調査をしたところ、確かに熊谷家の父祖の地、耶馬溪で節子は一時、熊谷の妻であり次姉の光代らとわずかな期間だが暮らしていたようだとわかった。昭和十九年の終わりか二十年の初めのことと思われる。

昭和十九年八月までは、それまでと変わりなく東京の幡ヶ谷《はたや》の家で節子は義兄一家と暮らしていたようである。ところが九月になって、この家が取り壊されることが決まった。建物疎開の対象となったからだ。建物疎開とは空襲の類焼に備えて建物をあらかじめ取り壊し、空き地をつくることをいった。これにより熊谷夫妻と長男の陽、次男の久昭、それに節子の五人は急遽《きゅうきょ》、家を出なくてはならなくなった。

この時、一家は二手に分かれたようである。光代と幼い久昭は九州へ。熊谷の生家である中津から、さらには耶馬溪へと疎開した。一方、熊谷と節子、陽の三人は東京に残った。節子と熊谷にはスメラ学塾の活動があったからだろう。彼らは甲州街道を挟んで、すぐ近くに暮らしていた、熊谷にとっては後輩にあたる春原政久《すのはらまさひさ》監督の家に間借りする。

昭和十九年九月の初め、熊谷、節子、十四歳の陽の三人はこうして、春原家の二階の二間で暮らし始めた。間取りは六畳と二畳のみ。荷物を入れると隙間はいくらもなかったという。

春原の妻は、二階に上がっていく熊谷と節子の姿を見て、ふたりの仲を怪しまずにはいられなかったと肉親に語り残している。陽も一緒だったのは、あるいは、そうした噂を立てられることを案じてのことだったのだろうか。なお、陽は生まれつき、発達に遅れがある子どもだったという。

三人が春原家の二階で暮らし始めて、一カ月が経《た》とうかという頃のこと、異変が起こった。熊谷の長男で節子にとっては甥《おい》にあたる陽が突然、亡くなったのだ。伝わるところによれば夕方に医者が呼ばれ夜には息を引き取ってしまったそうである。特に健康に問題があるようには見受けられなかっただけに、春原家の人々には、その死は唐突なものに感じられた。そして、間もなく熊谷と節子は陽の骨壺《こつつぼ》とともに、春原家から去っていった。

陽について、節子が語った記録は探し出せなかった。しかし、気になる発言を見つけた。

戦後になって節子は、雑誌や新聞のインタビューで「結婚したら、子どもは何人欲しいか」とよく聞かれるようになる。「四人、欲しいわ」といった調子で元気に答えているものもあれば、三十代も後半では、「子どもだけは持ちたかった」と後悔を滲《にじ》ませる発言も残している。

ところが、一方で友人や気を許した相手には子どもを持つことへの躊躇《ため》らいを彼女は口にしていたという。東宝で美術監督を務めた下河原友雄のこんな証言が残されている。

〈まだ若いころ、彼女の口からじかに聞いたんですが、ひどく子どもを生むことを恐れていましたね。なんでも親類にそういう人がいたらしく、遺伝学上、自分にもかたわの子が生まれるんじゃないかとひどく気にしていました〉

（『女性自身』昭和四十六年八月七日・十四日合併号）

当時は今と違い、こうした間違った考え方が世の大勢だったのかもしれない。節子が独身を貫いた理由には、こうした問題が含まれていたのだろうか。

昭和十九年九月二十一日に陽は春原家の二階で亡くなるのだが、熊谷の回想によれば、その直前、熊谷のもとに訪問者があった、という。春原家に熊谷を訪ねた人物とはスメラ学塾の同志で参謀本部第八課に籍を置く、町田敬二大佐だった。この時、町田は熊谷に、「もはや本土決戦は避けられないだろう」と切り出したという。

本土決戦になった場合に想定されるのは、沖縄を足がかりにした米軍の九州上陸である。そうなったならば九州では軍人だけでなく、民間人も一体となって米軍を迎撃たなくてはならない。それには民間人の精神力や戦闘意欲を高めておく必要がある。そこで戦意高揚のための文化工作を行うと参謀本部は決定した。ついては協力してほしい、というのが町田の来意であった。

町田大佐はかつてジャワ派遣軍に身を置き、やはり宣伝工作を担当していた。日本から著名な作家、映画監督、画家らを引き連れて現地に赴き、地元の住民に対して宣《せん》撫《ぶ》工作をした経験がある。

それと同じことを九州で行うよう上層部から命令され、まっさきにスメラ学塾の同志であり、九州人でもある熊谷に宣伝班のメンバーになってくれと春原家まで頼みに来たのだった。

熊谷は町田大佐の説明を黙って聞き終えると、協力してもいいがひとつだけ条件があると答えた。

「条件とは？」

町田大佐が聞くと、熊谷は突拍子もないことを言い出す。

「単に文化人を連れていって宣伝工作をしたところで、戦争には勝てない。いざ、九州決戦となった時に、東京の大本営にいちいちお伺いを立てているようではダメだ。この際、九州に軍政を敷き即断即決で米軍と戦うべきだ。九州に革命政府を置き、九州を本州から独立させ、天皇においで頂き戦うんだ。九州を独立させるんだ！」

町田大佐は驚き、呆《あき》れた。ところが、自身が薩摩藩士の血を引いていたこともあり、熊谷の話を聞くうちに、すっかり感化されていく。ふたりは密談を重ね、「九州独立革命政府」の樹立を本気で語り合った。

そんななかで唐突に熊谷の長男でありハンディを背負っていた陽が亡くなるのだ。そして残された熊谷と節子のふたりは陽の小さな骨壺を抱えて、春原家を去った。では、そこからどこへ行ったのか。

記録によれば陽が亡くなった翌十月には、政府の白金供出運動に各映画会社のスターたちが参加し、映画館で供出を呼びかける催しがあった。人前に出ることをタブーとしてきた節子も、この時ばかりは、神田や牛込の映画館で市民への呼びかけに協力している。つまり十月までは東京で活動していた。おそらくは春原家を出て保土ケ谷の生家にいたのではないか。

だが、その後は映画にも出演せず、公式の記録も見出せず足取りが摑《つか》めない。おそらくはこの時期に、九州の耶馬渓に疎開する次姉の光代のもとへ陽の骨壺とともに合流し、しばらく現地で過ごしたのであろう。節子の姿が中津や耶馬渓で目撃されていた時期は、ちょうど昭和十九年の終わりから二十年の初め頃のことで、ぴたりと合う。しかし彼女は再び東京に舞い戻っている。

次に消息がわかるのは昭和二十年五月頃のことで、節子の姿はまた映画撮影の現場にあった。『北の三人』で高峰秀子、山根寿子《ひさこ》らと共演。戦地で任務に励む女性通信士三人を描いた戦意高揚映画で、敗戦間際《まぎわ》の八月五日に公開された。続けて山本嘉次郎監督の戦意高揚映画『快男児』にも出演したが、こちらは撮影終了直後に敗戦を迎え、公開は見送られた。

東京に戻り再び敗戦の日まで映画に出演していたことがわかる。この間、熊谷と節子のふたりは、新たに東京の初台に家を借りて暮らしていたと思われる。光代と次男の久昭は安全な耶馬溪に疎開させておき、ふたりだけで東京で生活していたようだ。節子には映画の仕事があり、熊谷にはスメラ学塾の活動があり、いよいよ町田大佐とともに九州での宣伝工作を具体化する準備に入っていたからだろう。

昭和二十年五月二十五日、ふたりは初台で最後の東京大空襲に遭遇する。五百機近いB29の大編隊が雨のように焼夷弾《しょういだん》を落とすなかを節子は義兄とふたり、死を覚悟しながら逃げ回った。


〈兄（熊谷久虎監督）と二人で一生懸命火を消そうと大奮闘をしたんですが、矢張り駄目でした。始めのうちは、焼夷弾のザーッザーッと云《い》う音がとても恐ろしかったんですが消しにかかってからは、一寸《ちょっと》も恐ろしくなくなりました〉

（『新映画』昭和二十一年一月号）

節子は逃げる途中で池に飛び込み、焼夷弾が襲ってくるたびに頭まで潜った。直撃されれば意味がないと後から気づいたものの、その時は夢中だった。火の手が激しくなり熱風に直撃されて、もう駄目だと何度も思ったと戦後に語っている。

空襲で初台の家は全焼し、その後、ふたりがどこへ行ったのかは明らかではないが、おそらくは保土ケ谷の節子の生家、会田家に身を寄せたのだろう。節子は終戦の日をこの保土ケ谷の家で迎えているのだから。保土ケ谷から撮影所まで通っていたのだと考えられる。

度重なる空襲で、東京も横浜も焼野原となっていた。

五月八日にはドイツが無条件降伏するが、ヒトラーは前月の末、すでに自殺していた。かつて節子をベルリンで歓待したゲッベルス宣伝相も、妻と六人の子どもを道づれに命を絶った。

日本では三月に硫黄島、六月に沖縄が占領される。いよいよ本土決戦になると参謀本部は判断し、ついに町田大佐にかねてから準備を進めさせてきた宣伝工作を、実施するようにとの命が下った。

町田は熊谷と相談のうえ、選定した文化人たちを急遽召集し、福岡に結集させた。

昭和二十年七月七日のことである。もちろん、その場には熊谷自身の姿もあった。撮影のある節子は保土ケ谷に留まり、熊谷だけが福岡に向かったのであろう。

福岡に集められた文化人はおよそ百人。九州在住者と東京から呼ばれた者とで、半々だった。

九州組には、小説『麦と兵隊』の作者、火野葦平《あしへい》を筆頭に、同じく『無法松の一生』の作者である岩下俊作、ほかに劉寒吉《りゅうかんきち》、原田種夫《たねお》、中山省三郎、古海卓二《ふるみ》らがおり、東京組には劇作家の高田保、憲法学者の鈴木安蔵らがいた。

約百人の文化人たちは町田大佐のもと、これから上陸してくる米軍に備えて戦意高揚の宣伝工作に努めようと高らかに誓い合った。まず全員で取り組んだのが、八月一日の元寇《げんこう》祭に合わせて放送するラジオドラマ「敵国降伏」の製作だった。米軍の大艦隊に、ラジオドラマで立ち向かおうとしたのである。これも戦争の狂気といえようか。

皆がドラマづくりに励むなか、熊谷は町田大佐と練り上げた「九州独立革命政府」の閣僚名簿を手に、ひとり離れて活動していた。宣伝班と軍部の間を行き来し、また、現地の学者や識者のもとを訪れては名簿を見せ、革命政府樹立に向けて協力を仰いでいたという。

熊谷から実際にこの閣僚名簿を見せられた火野葦平は、戦後にこの時の経験を小説

『革命前後』として書き残した。そこでは仮名で書かれているが、実名を記せば以下のようになる。

総理大臣 横山勇(陸軍中将・西部軍司令官)
書記官長 熊谷久虎(映画監督)
司法担当 鈴木安蔵(憲法学者)
経済担当 西谷弥兵衛(経済評論家)
政治担当 花見達二(政治評論家)
情報担当 町田敬二(西部軍報道部長)
文化担当 高田保(劇作家)
宣伝担当 火野葦平(作家)
文部教育 志田延義《のぶよし》(国文学者)
産業一般 三輪寿壮《じゅそう》(元衆議院議員)

熊谷は書記官長として、自らが政権の要《かなめ》となる心づもりだったらしい。自分なら九州独立を果たし、理想的な国家が作れるはずだと本気で考えていたようである。

火野はある夜、熊谷から呼び出されてこの構想を聞かされ、途方もない話だと思う一方、胸が熱くなったと告白している。熊谷はいくぶん神がかった発言はするものの話は理路整然としており、何よりも熱血漢であって、心から国を思っている人物だと火野には感じられたという。少なくとも、福岡に集まり宣伝工作に従事する文化人の中で最も純粋だった、と。確かに熊谷は他の班員と違って酒や女に溺れるようなタイプではなく、どこまでも生真面目であり、真剣に国を憂えていた。

熊谷が工作に走る一方で宣伝班員たちは元寇祭に続き、十五日のお盆に向けて戦意高揚ラジオドラマの第二弾に取り組んでいた。高田保が脚本を書き上げた。題は「決戦お盆の夕べ」に決まった。閻魔《えんま》さまにルーズベルト大統領がお仕置きされるという内容だった。演出方法をめぐって侃々諤々《かんかんがくがく》とやり合っていたが、その最中に彼らはある噂を聞き驚愕《きょうがく》する。

六日、広島に新型爆弾が落とされた、しかも、それはたった一発で広島の街を壊滅させたというのだ。

この噂に彼らは激しく動揺した。こんなものが落とされたのでは戦意高揚のラジオドラマなど何の意味もないではないか。次に落とされるとしたら九州なのではないか。

皆が不安に苛《さいな》まれるなか、この時、熊谷だけが興奮して皆を説得にかかった。

「ついに九州独立を果たす決戦の時が来たのです。私は東京に行って九州革命を約束した同志たちを連れて戻ります」

だが、これを聞いた仲間たちからは、一斉に非難の声が上がった。

「そんなことを言って、体よく、九州から自分ひとりだけ東京に逃げ出す気なんだろ！」

だが、この時、火野は熊谷の言葉を信じたという。皆が逃げようとも彼だけは逃げない、彼は本気で九州に革命を起こそうとしているのだと信じられた、と。

町田大佐は皆の反対を押し切り、腹心の熊谷を東京に急ぎ向かわせた。もちろん、熊谷には逃げ出す気など毛頭ない。東京から必ず同志を連れてくる、そして、自分が中心となって本土決戦をするつもりだった。九州に連れて帰る同志のなかには、おそらく節子も含まれていたのだろう。妻の光代と次男の久昭は、すでに大分県下の耶馬溪に疎開させている。この九州で革命政府軍のリーダーとなって徹底抗戦し、いざという時は同志、家族とともに九州の地で米軍と戦い討ち果てる。それが、熊谷の描く理想図だったに違いない。

熊谷は山陰線で東京へと急いだ。だが、その途上、人々が「戦争は終わった。日本は無条件降伏した」と語るのを聞き耳を疑う。「嘘《うそ》だ！」と叫んで、熊谷は思わず相手に摑みかかった。

東京に近づくにつれ敗戦の事実を知った。だが、それでも熊谷は、まだあきらめなかった。

「たとえ本州が敗《ま》けを認めても、九州は独立し徹底抗戦すればいい。そうだ、今こそ決戦の時なのだ。同志たちもそう思っているはずだ！」

東京に着くなり熊谷は、スメラ学塾の同志のもとへ駆け込んだ。これから一緒に九州へ行こう、最後の決戦をしよう、と訴えた。ところが、これまでともに理想を熱く語り合ってきた仲間たちは、人が変わったように取り合ってくれない。なかには露骨に迷惑げな表情を見せる者もいた。

人々は、すでに戦後を生きていたのである。熊谷は現状が理解できぬまま、保土ケ谷の会田家へと向かった。

そこには敗戦を深く嘆き悲しむ、義妹の姿があった。

第七章　屈辱

敗戦を迎えた時、節子はすでに二十五歳になっていた。彼女は敗戦時の思い出をこう語っている。

〈その頃、つまり八月十五日を前後として、私は撮影の仕事もなく、前の家である東海道沿線の保土ケ谷で終戦を知りました。重大放送があるということは、その二、三日前より聞いており、うすうす負けることと感じていましたので、びっくりしたり慌《あわ》てたりすることもありませんでした〉

（『近代映画』昭和二十四年九月号）

軍部と関係が深かった東宝は数日前には敗戦の情報を摑《つか》み、各地のロケ現場にその旨《むね》を密《ひそ》かに伝えていたという。節子も東宝から知らされたか、あるいは義兄の友人であるスメラ学塾の軍人たちから聞かされていたのであろう。

米軍は海から東京を目指しており、最初の上陸地は横浜だと噂された。保土ケ谷は横浜の至近である。

男という男は殺され、女は強姦《ごうかん》される。子どもは軍用犬の餌《えさ》になるという噂《うわさ》に人々は怯《おび》えていた。横浜では山に逃げるようにと生徒に避難を呼びかける女学校もあったという。

かと思うと、厚木基地から飛び立った海軍の航空機が「ともに戦え」という檄文《げきぶん》を空から落とす。日本はどうなるのか。皆目、見当がつかなかった。

節子は敗戦の翌日、電車に乗って、横浜経由で東京の世田谷にある東宝の撮影所に赴いた。

途中、車内や駅で丸腰の兵隊を見かけ、節子は、その姿に泣いた。兵隊さんはさぞ悔しかろう、辛《つら》かろう。戦争に敗《ま》けたという実感が、身体《からだ》のうちから湧《わ》き起こり、涙が次から次へと溢《あふ》れ出た。ところが、あたりを見回してみると、泣いているのは自分だけだ。どうして皆、泣かないのだろうと節子は思った。

だいたい節子は日頃から小説を読んでも、映画を観《み》ても、よく泣いた。元来、涙もろい質《たち》である。世間の人は自分より、ずっと涙腺《るいせん》が堅くて理性も強いから、戦争に敗けて悔しくても感情を押し殺し、さりげなくしているのだろうかと、節子は思った。涙を拭《ぬぐ》いながら撮影所の門をくぐると他の従業員たちとともに、撮影所長の訓話を中庭で聞いた。それは戦争中と変わりなく非常時ではあるが皆で団結して乗り切ろうといった類《たぐい》の、ごく当たり障《さわ》りのない内容だった。

この先どうなるのだろう、映画は、また作れるのか。そもそも、日本という国は存続するのか、それすらもわからなかった。傍らにはモンペ姿の山田五十鈴がいた。訓示が終わると節子は山田に話しかけた。

「私は田舎に行って、畑仕事でもしようと思うけれど、あなたはどうなさるの」

「どこに行っても同じだろうから、私は東京に残るわ」

と山田は答えた。

この時、節子は次姉の光代が疎開《そかい》する九州の耶馬溪へ行くことを考えていたのだろうか。敗戦時に生きていくことの厳しさ、女であることの危うさを、ひしひしと感じていたはずだ。しかしながら、国内は混乱しきっており、とても九州まで女ひとりで逃げて行ける状況にはなかった。節子は結局、保土ケ谷に留まり続けた。するとそこへ福岡にいるはずの義兄が突然現れ合流した。敗戦したというのに義兄は「あきらめるのはまだ早い。九州だけでも米軍に抵抗して戦争を続行する」と息まき、さかんにスメラ学塾の仲間を訪ねて説得に奔走していた。

敗戦の日から一週間、日本全国の映画館はひとまず閉鎖された。が、世情が落ち着いているのを見て、米軍を刺激しない旧作の娯楽映画を選んで興行にかけたところ、驚くほど人々が殺到した。

食べるものもなく、明日がどうなるかもわからないというのに、人々は現実を忘れる一瞬を求めて映画館に押し寄せたのだ。戦争中の金属供出で椅子《いす》もなく空腹を抱えながら、人々は立ったままスクリーンを食い入るように見つめた。館内は笑いと涙で満たされた。

映画は戦争に加担し、ファシズムに利用された。そして、戦争が終わり、ファシズムは倒され、映画だけが残ったのだった。

八月二十八日、日本中が固唾《かたず》を呑《の》んで見守るなか、占領軍がついに日本に上陸する。八月三十日には、連合国軍最高司令官のダグラス・マッカーサー元帥《げんすい》が厚木飛行場に降り立つ。そして九月二日には、東京湾に停泊する米戦艦ミズーリ号の艦上で降伏文書が調印された。

この間、日本の各映画会社の庭では、煙が立ちのぼり続けていた。戦中に製作した戦意高揚映画のフィルムや脚本を焼く煙だった。ドイツでは大戦後ウーファ社の撮影所が連合軍に接収されていた。日本も同じようになるのか。映画人は戦争協力者として裁かれるのか。怯える会社幹部や監督も少なくなかった。

ところが、マッカーサーが率いる占領軍は、まったく日本側の予想にないプランを用意していた。軍国主義を排除し平和主義を教え込み、日本を早急に民主化しなければならない。それには映画の力を利用しようと考えていたのだ。日本には映画文化が根づいており、製作本数はアメリカをも凌《しの》いでいたということを、彼らはすでに把握していたのである。

映画界の戦争責任を追及するよりも、日本の映画人を利用して日本人の感性に合う啓蒙《けいもう》映画を作らせる。それが、ＧＨＱ（連合国軍最高司令官総司令部）の打ち出した方針であり、ＣＩＥ（民間情報教育局）課長のデビッド・コンデがその責任者に選ばれた。

早くも九月二十二日、コンデは各社の重役たちをＣＩＥ本部に呼び付けると、こう宣言したという。

「日本の民主化は今すぐ取り組むべき問題だ。エスケープは許されない」

彼は民主主義啓蒙映画を早急に作るようにと厳命し、同時に国家主義や愛国主義を助長するという理由で、時代劇の製作を事実上、禁じた。

こうした動きに対して、映画人たちの見せた変わり身は驚くほど早かった。

敗戦間際《まぎわ》、節子は『快男児』という作品に出演していた。戦意高揚映画であったため、敗戦となり当然、公開はできないだろうと節子は思った。ところがこの時、米軍を刺激する部分だけを撮り直して仕上げたいと言い出した監督に、彼女は驚く。

〈「英米をやっつけるところをあべこべに、英米を崇拝する様にそこだけ撮り直そう」というわけで、そのまま撮影を続けるというのにはびっくり。八月十五日一日を境にして、こうも器用に変えられるとするならば、そんな程度のものなら、「映画ってなんだろう」と考えました〉

（『映画ファン』昭和二十八年二月号）

戦争が終わった途端に、ころりと態度を変えてしまえる器用な映画人たちを彼女は冷ややかに見つめていた。名前は伏せられているが、節子がここで批判した監督は山本嘉次郎以外に考えられない。

戦時下、山本は戦争映画の大作を次々と手掛けて大ヒットさせ、東宝では筆頭にランクされる大監督だった。

映画界は監督を頂点としたピラミッド社会である。一女優が、たとえ名前は伏せたにせよ、有名監督をここまであからさまに批判することは通常あり得ない。ほかの女優なら、こういったことは活字にならないように注意するだろう。けれど節子には、思ったことを容赦なく口にするという烈《はげ》しい一面があった。また、山本の発言はそれだけ節子にとって許しがたいものだったのだろう。

もちろん、山本にも言い分はあるだろう。好きで撮ったわけではなく、作風がそれ向きと見られ会社から次々と戦意高揚映画を割り振られた、多くの映画人が戦地へ送られるなかで残された者の義務として撮っただけだ、と。

それにしても気になるのは戦地に送られた監督と、送られなかった監督がいることだ。戦争が長引き男たちのもとへは次々と赤紙が届けられた。しかしその一方で、特に身体に問題があるわけでもなく、また徴兵年齢に達していながら召集されない映画人もいた。

日中戦争が始まると同時に召集令状を受け取ったのは山中貞雄であり、小津安二郎だった。ふたりはともに一兵士として中国大陸で激戦地に送られ、過酷な体験をしている。

その一方で、山中と生まれが四カ月しか違わぬ黒澤明は、剣道で鍛えた偉丈夫だったにもかかわらず一度も召集されていない。また、小津と同世代である熊谷久虎、山本嘉次郎も、一度も兵士として戦場には行っていない。

戦前戦中に節子の主演映画を最も多く撮ったのは山本薩夫《さつお》監督だった。なぜ多かったのかといえば、彼は身体が弱く、徴兵検査で丙種とされ、長く赤紙が来なかったからである。だが、そんな彼のもとにも戦況が悪化すると、召集令状が届く。

戦場で山本は上官に理不尽な暴力を振るわれ続け、「おい、お前は原節子と何回やったんだっ」と殴られ前歯を二本吹き飛ばされたと戦後に語っている。

では、見るからに弱々しい山本薩夫までが戦場へ送られるなか、なぜ黒澤や山本嘉次郎には赤紙が来なかったのか。

黒澤は自伝の中で、徴兵検査の担当官が偶然にも父親の教え子だったせいであろうと書いている。その担当官は黒澤が画家志望であると知って、徴兵検査の際、兵役につかないですむような記載をしてくれたようだった、と。

一方、評論家の指田文夫《さしだふみお》は著書『黒澤明の十字架』で、その才能を惜しんだ東宝が軍部にかけ合い、兵役を免除させたのだろうと推察しており説得力がある。東宝は戦意高揚映画だけでなく、軍の教育訓練用映画の製作を一手に引き受けていたため、軍部との関係が良好だった。故《ゆえ》に、東宝にとって大事な人材を確保するため軍部にかけ合い、兵役を免除させることが可能だった、というのだ。

その対象となったのが、黒澤であり、山本嘉次郎であり、キャメラマンの宮島義男だったようである。現に宮島自身が「東宝が徴用されぬように軍部にかけ合ってくれたため自分は戦地に行かずに済んだ」と戦後に明かしている。

ともあれ戦後、それまで戦意高揚映画を作っていた映画人たちは急遽《きゅうきょ》、GHQの指導により民主主義啓蒙映画に取り組むことになったのだった。GHQは、これまでの映画法下の日本と同じように、企画あるいは脚本段階から検閲を実施した。

各社では連日のように会議が持たれ、皆、頭を抱えていた。とにかく、民主主義啓蒙映画を早急に作らなくてはならない。けれども、そもそも何が民主主義なのかが、よくわからない。そのうえ敗戦による虚脱感もあり、いくら会議を重ねても何も浮かんでこないのだった。

とりあえず軍国主義や戦争とは無関係な、明るく楽しい映画を作ればいいのだろう。そう考えた松竹は音楽映画『そよかぜ』を作り、劇中歌の「リンゴの唄《うた》」は大ヒットした。

ところが、CIE課長のコンデの機嫌は悪かった。

「これは自分たちが期待している民主主義映画ではない。あなたたちは、問題の本質から逃げている」

埒《らち》が明かないとみたコンデは、自ら撮影所にジープで乗りつけると、監督や脚本家に直接会って、CIEが期待する内容や意図を具体的に語り始めた。天皇制を批判するもの、革命的人物の生涯を追ったもの、資産家や財閥の罪を告発するもの、あるいは自由を求めて戦った女性をヒロインにしたもの。具体的な人名まで挙げたという。体制によって殺された小林多喜二や尾崎秀実、恋愛を貫いて封建社会に抵抗した松井須磨子《すまこ》や柳原白蓮《びゃくれん》をモデルにした映画を作ればよい、と。

戦争中、『望楼の決死隊』を撮った今井正監督は、こうして『民衆の敵』という作品を撮ることになる。財閥の横暴に立ち向かう主人公を演じたのは、戦争中、勇ましい軍人を演じ続けてきた藤田進だった。作品は民主主義啓蒙映画の第一号として昭和二十一年（一九四六）四月に公開されている。五月には東宝が、原節子を主演に据え、炭鉱王の夫を捨てて、労働運動に身を投じる貧しい青年との恋を成就《じょうじゅ》させた歌人、柳原白蓮をモデルにした映画『麗人』（渡辺邦男監督）を発表する。作中には柳原白蓮を演じる原節子が諄々《じゅんじゅん》と身分制度を批判し、女性の権利を述べるといったシーンが盛り込まれている。

昭和二十二年に松竹が田中絹代主演で、東宝が山田五十鈴主演で相次いで女優の松井須磨子をモデルにした映画を作ったのも、女性の地位向上を民主化政策の柱のひとつに据えた、CIEの意向を汲んだ結果だった。

敗戦を境に、こうした価値観の大転換が始まっていた。とはいえ、多くの国民にとって最大の関心事は食糧をどう確保していくかに尽きた。

家は焼かれ、食べ物はなく、売る物もない。配給だけではとても足りなかった。というよりも、配給されるもの自体が絶対的に不足していたのである。皆が闇《やみ》物資を求めてさ迷った。農村まで足を延ばし、頭を下げてイモや米を手に入れるしかなかった。

この買い出しの苦労を、節子も経験している。自らリュックを背負い、無蓋車《むがいしゃ》に揺られて農村に出向いたという。節子の買い出し姿は映画界でも評判だったようで、山田五十鈴は、「原さんがお米を二斗も担《かつ》いで帰ったと聞き驚きました」と回想している。誰もが生きることに必死で、節子もまた例外ではなかったのだ。それでも、名のある女優でここまでした人は稀《まれ》だったようである。

〈京王電車で多摩川の方へ野菜の買出しになんか行くと、帰りによく大映の女優さんと乗り合わせるんです。するとむこうの方で「気の毒に……原節子が野菜背負《しょ》ってるわ」というんでかえって気がねしちゃうんでしょうね。こっちは平気で話しかけようとするのに知らん顔をされちゃったことも何度かありました〉

（「東京新聞」昭和三十四年二月二十七日夕刊）

時には、遠く福島まで出向くこともあった。わざと髪を乱して、やつして行ったところ、女優の原節子だと気づかれてしまった。次に、普段通り身ぎれいにして行ったら、かえって誰にも気づかれなかった。そんな小さなことに喜んだ。

髪結いの中尾さかゑとの友情は変わらず続いていた。中尾も日活から東宝に移り、結髪師として働くなかで敗戦を迎えていた。米の一粒でも自分の口に入れたいと願う、そんな時期でも節子はやっとの思いで手に入れた米を中尾の下宿先まで届けている。

闇米を抱えた節子は警察の眼を盗み、胸を波打たせて中尾の下宿に飛び込むと、

「どうしよう、途中で袋の底が破れてしまったが、どうすることもできなかった」と中尾に訴えた。中を覗《のぞ》くと確かに米は半分に減ってしまっていた。あわてて箒《ほうき》と塵取《ちりと》りを持ち外に飛び出すと、二人で白い糸のようにこぼれた米を道で拾い集めたという。

誰もが食べ物を求めて必死に生きた時代だった。だが、節子クラスの女優ならば、もう少し楽な方法で食糧を手に入れることもできなくはなかった。

最も手っ取り早い方法は、占領軍と接点を持つことだった。戦時中は日本軍の慰問に行けば、眼を見張るようなご馳走《ちそう》にありつけた。それと同じように、占領軍相手に歌や踊りを披露すれば、あるいは宴席に行くだけでも食糧品や日常の生活物資、もしくは金銭が手に入った。有楽町に東宝が所有していた東京宝塚劇場は、GHQに接収されて占領軍専用の「アーニー・パイル劇場」となっていたが、そこでは慰問公演が行われ、連日、日本の歌手や女優も依頼されて舞台に立っていた。高峰秀子は、その常連だった。アメリカの流行歌を歌って米兵たちから拍手喝采《かっさい》された高峰は、山ほどの食糧や服地を手にし、GHQの車で自宅まで送り届けられていたと当時を回想している。

〈ステージから楽屋に入ると、米兵たちが「ハロウ！　ミス、タカミネ！」と言いながら、手に手に贈りものを抱えてなだれ込んで来る。キャンデー、チョコレート、チューインガム、クッキー、ピーナツ……。ステージが一回終わるごとに、私の周りには贈りものが山と積まれて身動きも出来ない。ラストショーが終わると、劇場の楽屋口には真新しいキャデラックが横づけにされていて、私は成城の家まで送り届けられた〉

（『わたしの渡世日記』昭和五十一年）

戦争中は日本軍の慰問に行き、「同期の桜」を歌って陸軍のカーキ色の布地をもらい、喜んで自分の衣装にしていたという。それなのに戦争が終わって半年も経《た》たぬうちに、今度はアメリカ軍将兵のためにポピュラーソングを歌い、プレゼントされた海兵隊の将校服地で仕立てた美しいグレーのコートに身を包んでいたと、本人は自嘲《じちょう》気味にこう語っている。

〈なんという現金さ、なんという変わり身の早さ。人気商売とはいいながら、こんなことが許されていいのだろうか〉

（同前）

〈昨日にこだわっていては生きてゆけない状況が、そこにはあったけれど、人間はどこまで慣れやすい動物なのか、われながら呆《あき》れるばかりであった〉

（同前）

撮影所にはGHQの将校たちがよく見学にやってきた。彼らの目当ては美しい女優で読めもしないサインをねだり、一緒に写真に納まっては機嫌よく帰って行く。

劇場に出演していたせいもあって、高峰秀子に会いに来る米兵は、特に多かった。高峰は楽屋に迎え入れて歓待した。彼らがお礼に置いて帰るお菓子や缶詰に高峰は食傷気味で、もらったチョコレートを無造作に簞笥《たんす》に入れたまま忘れてしまう。ある日、簞笥の引き出しを開けると、蛾《が》がいっせいに舞い上がり高峰を驚かせた。チョコレートに産みつけられた卵が孵化《ふか》して蛹《さなぎ》になり、一斉に羽化《うか》したのだ。

街には浮浪児が溢れ、パンパンと呼ばれる娼婦《しょうふ》が立ち、皆がすきっ腹を抱えていた時代の話である。高峰のような女優は他にもいたが、こうした道を選ばなかった節子は街に溢れる孤児と同様、飢えて栄養失調になりながら、それでも頑《かたく》なに占領軍を寄せつけなかったという。

GHQがすべての権力を握っていた時代である。映画会社も、撮影所にやってくる彼らを無条件に歓迎していた。フィルムの供給などで便宜を図ってくれるからである。ある日、米軍の将校たちが例によって撮影所の見学にやって来た。あいにく他に女優がいなかったのだろう。少しだけ相手をしてほしいと東宝の社員が節子に頼みにきた。ところが、節子はこう言い放った。

「私は女優です。勘違いしないでください」

東宝では、節子を批判する声も上がった。

「潔癖すぎるんじゃないか」

女優の中には唄や踊りを披露して食糧や金を得るだけでなく、米兵と親密な関係になる者もあった。たとえば、杉村春子も占領期には米兵と交際している。

「美しい女優は、皆、米軍将校と付き合い、いい思いをしているらしい」

映画界でも世間でも、そんな噂がさかんに立てられていた。それもあって節子は頑なにGHQと接点を持つまいとしたのだろう。にもかかわらず、「原節子はマッカーサーの愛人だ」という根も葉もない噂が、半ば事実であるかのように流布《るふ》されていった。

ことの発端は、たわいもないことだった。

映画好きのマッカーサーに通信社の記者が、「日本の女優では誰を知っているか」と尋ねた。するとマッカーサーは、「日本の映画には詳しくない。ただ、『侍の娘』(『新しき土』)という映画は観たことがある。セツコ・ハラという少女のような女優が出ていた」とだけ答えた。事実はここまでである。だが、それに大きな尾鰭《おひれ》がついたのだ。マッカーサーなら誰でも所望できるはずだ。きっと日本で一番美しい女を求めたことだろう。それならば原節子に違いない、といった妄想から生み出された噂でもあった。いずれにしてもGHQを遠ざけ、栄養失調にまでなっていた節子が、「マッカーサーの愛人」とされてしまうとは、なんとも皮肉な話であった。

「敗戦後からの数年が、金銭的にも、精神的にも、肉体的にも最も苦しかった」と、節子は繰り返し語っている。栄養失調でふらつきながらも、家族を支えるため買い出しに向かい、映画に出続ける日々。無理を重ねるなかで彼女がこの時期、憶《おぼ》えたことが二つある。酒と煙草《たばこ》だ。短い時間に熟睡できるようにと安酒をあおり、また電力事情があまりに悪く始終、撮影が中断されるので、時間潰《つぶ》しのために煙草を憶えたと語っている。周囲は、戦前の可憐《かれん》な姿を知っているだけに、咥《くわ》え煙草姿の節子を撮影所で見て、「戦後」を感じたのではないだろうか。こういったことからも、「戦争中に何かあったのではないか」「義兄とふたりで暮らしていたらしい」「マッカーサーの愛人になった」などと、的外れな噂を立てられることになったのだろう。

占領軍から施しは受けまいとした節子であるが、困窮のあまり、彼らの残飯を買って食べることは、たびたびあった。GHQの宿舎から出る残飯を集めて売る商売があり、それを買って食べたという。食べ物の原形が残っているものを「A残飯」、おじやのようにごった煮になっているものを「B残飯」と呼んだらしい。さすがに「B残飯」は食べる気になれなかったそうだが、「A残飯」はやむなく口にした。ある時、残飯の中からパンの耳が出てきて、節子は思わず泣いた。日本人はこんなにも飢えているのに米兵はパンの耳を捨てるのか、そう思うと悔しさと悲しみが込み上げたという。

彼女はこの屈辱を生涯忘れなかった。飢えのみじめさ、金がないことのみじめさを。

節子は割り振られる民主主義映画に次々と出演した。戦意高揚映画では女性が主役になることはほとんどなかった。だが、状況が一変したのだ。

民主主義を説く役割は、日本を戦争へと導いた男性ではなく女性にこそふさわしい。それも観客が自然と啓蒙されるような説得力を持つ、魅力に富んだ女優が適任である、と考えられた。加えて日本の封建的な社会体制を打破するには、女性の地位を早急に引きあげる必要があるともGHQは判断していた。それらの理由から、民主主義を体現するヒロインが登場する映画を製作するようにと各社に指導したのであった。

節子の戦後第一作に、昭和二十一年（一九四六）二月公開の『緑の故郷』である。

この作品は、捕虜問題をテーマにしている。兵士に向けた「生きて虜囚の辱《はずかし》めを受けず」との「戦陣訓」の教えは、当時、一般の国民にまで浸透していた。それを知るGHQは捕虜を帰還させる前に、こうした考えを改めさせなければならないと考えたのだった。捕虜になった元兵士が、故郷に戻って差別されることがないようにとの配慮から作られた映画、それが、この『緑の故郷』だったのである。

映画の中で節子は、「栗山マキ」という元女性教師を演じている。マキの兄は敗戦前に捕虜になり、村中から「恥さらし」と非難されていた。戦後になっても村の男たちの意識は変らず、マキの一家を迫害する。そんななかでマキは立ちあがり、滔々《とうとう》と反論の演説をぶち、民主主義の価値観を村民たちに教え諭すのである。

続く二作目が、先に述べた『麗人』だった。

GHQは日本の家制度が封建制、ひいては軍国主義を助長してきたと考えていた。そして日本が二度とそうした道をたどらないようにするには家制度を解体し、その象徴である見合い結婚を否定する必要があると分析したのだった。そうした理由から、恋に生きた歌人、柳原白蓮の半生を題材として『麗人』が作られたのである。この映画でもヒロインを演じた節子が、「自由」の意義を作中で力強く訴えている。ヒロインが台詞《せりふ》や行動で理念を伝える、それが、この時代の民主主義啓蒙映画の大きな特徴である。

彼女は戦前も、「清く、正しく、美しい」女性を演じる女優だった。戦前と戦後の正しさは大きく異なるが、彼女は常にその時代の正しさを演じる使命を背負わされた、女優だったのだ。

自分に新しく与えられた役割をどう思っていたのか。彼女は占領軍に迎合する世の中や人々を批判的に見ていた。だが、同時に占領軍がもたらした、女性に対する進歩的な政策には共感し、目の前が拓けていくような希望を感じてもいた。日本社会においても映画界においても、女性蔑視の風潮が改められることを彼女は前から望んでいた。だからこそ女優として役柄を通じてそうした役割を担えることには喜びを感じてもいたのではないか。女優という職業を肯定する気持ちが再び芽生え、自負と自信にもつながっていく。そのことを示す彼女自身の言葉が残されている。

〈終戦後の激しい社会情勢の変動と、女と云《い》うものの開放される世界の到来を眼前にして、目隠しされたものが取りはずされたような広々とした世界の風光を身近かに感じ、そこから女優として、従来の日本の女優の幾多の封建的な制約が取りはずされた事に、希望的な予感を感じ、私自身の前途にも、無限の希望を持つ事が赦《ゆる》されたよう

な或《あ》る喜びが、私に、私の職業への自信を持たせたのかも知れない〉

（『近代映画』昭和二十二年二月号）

ほかにもまた、民主主義を啓蒙する占領軍が、当初、盛んに奨励したものがあった。労働運動である。その結果、日本人全般に労働者の権利意識、人権意識を高めさせようとしたのである。映画界でも各社に労働組合が生まれ、個別の組合を統括する組織として、全日本映画従業員組合同盟（全映）が誕生した。

だが、それらの活動はやがて、占領軍の思惑を超えて過激化していく。

戦後の厳しい食糧事情、激しいインフレに遭遇した社員たちは、怒りを会社の幹部たちに向けた。労働運動は気がつけば共産党に主導されていた。映画会社の組合員は、この頃、競うように共産党に入党している。

とりわけ東宝では労働運動が熱を帯び、撮影所には昼となく夜となく「インターナショナル」の歌声が響くようになり、夕方には労組によって強制的に撮影が打ち切られるという事態が生じていた。連日連夜、スタジオに組合員が集まり、話し合いが行われるようにもなっていく。昭和二十年（一九四五）秋、第一回の組合大会がスタジオで開かれたが、この時、熱気あふれる会場で初代組合委員長に選ばれたのは山本嘉次郎監督だった。山本は組合員たちの盛大な拍手を受けて立ち上がると、就任の挨拶《あいさつ》をしようとした。ところが、その時、異議を唱える声が上がった。

声の主は、キャメラマンの宮島義男だった。

「山本監督自身、戦争協力者だったではないかっ」

確かに山本ほど戦意高揚映画の大作をつくり評判を取った監督はいなかった。満座の中で中傷され、大監督は顔面蒼白になった。すると、今度は、関川秀雄《せきがわひでお》監督が立ちあがり、宮島キャメラマンを批判し始めた。

「そういうことを言い出したら、ここにいるたいていの連中はなにかしら戦争に加担し、協力している。お互いに攻撃し合わないで、過去は過去として、これからの民主社会を作るために協力し合えばいいじゃないか。宮島君、君だって阿部豊監督の戦争映画でキャメラマンを務めている」

確かに関川が言うように、東宝の社員全員が脛《すね》に傷持つ身であった。戦前、東宝に身を置き戦争映画に関わらなかった者など、ひとりとしていなかったのだから。

天皇が人間宣言をした昭和二十一年一月、突如、占領軍が戦前の軍国主義者を公職から追放する、と発表した。これを受けて映画人の間には、戦争協力者として追放されるのではないか、という動揺が改めて広がった。

　すると、「過去にこだわることはやめよう」としてきた東宝の労働組合は、いきなり方針を変えた。ＧＨＱから指名される前に、自分たちで自主的に該当者をＧＨＱに申告しようという動きが生まれたのである。

　東宝の労組内では連日、誰を戦争協力者としてＧＨＱに差し出すかが話し合われるようになった。うっかりすると、話し合いの場にいる者自身が候補者になってしまう。判断基準はきわめて曖昧《あいまい》だった。

　こうした話し合いを重ねて三月、全映はＧＨＱに自ら〝粛清候補者リスト〟を提出した。Ａ級、Ｂ級、Ｃ級に分けられ、それぞれに該当する者の名が記されてあった。Ａ級は「映画界から永久に追放されるべき」とされ、各社の重役や映画行政に関わった内務省や情報局の役人の名が挙げられていた。

　Ｂ級は「一定期間の追放がふさわしい」として、各社の撮影所長の名が並べられた。ところがそこに、監督としてただひとり「熊谷久虎」の名が入っていた。

　熊谷は戦争中、戦争映画を二本しか撮っていない。しかもそれは、日米開戦の前に作られたこともあって、戦意高揚映画としては非常におとなしいものだった。しかもその後はスメラ学塾の活動に没頭したため映画界から離れてもいる。ところが、まさにそのスメラ学塾での活動を理由に、B級に該当するとされたのだった。戦意高揚映画をはるかに多く作った、山本嘉次郎らはC級で、「反省文の提出」でよいとされていた。

映画界の同僚たちから、監督としてただひとり「追放」という重い処分を受けた熊谷は怒りに震えた。仲間から売られ、生贄《いけにえ》にされたと感じたのである。

熊谷は東宝に怒鳴りこむと激しく抗議した。

「いったい、このリストは誰が作ったんだっ」

以下は、熊谷の回想である。

〈そしたら、俺を追放の方向へ追いこんだ奴《やつ》が二十六人居るというんだ。奴らは、山本嘉次郎をはじめ、自分の撮りたい映画を作っているが、俺はもう一本も映画を撮っていない、その俺を追放しようというんだから、けしからん話だ。

あとで判明したことだが、「熊谷は何をやっても食える奴だ。しかし、我々は映画の仕事でしか食えない」ということになって、追放者のリストの中に、たった一人、俺を入れたらしいんだ。

一人くらい、入れとかないと具合が悪いということらしい。（笑）それを聞いたから、ますます、俺はハラを立ててね、二十六人全部いなかったが、二十人ばかりいたので、そいつらを集めて、大演説をぶってやった。「貴様らっ！　人間のカスか」〉
（『勲章のいらない巨人たち』昭和五十六年）

監督からひとりぐらいは、候補者を挙げなくてはならない。逆にいえば、ひとりが引き受けてくれれば、あとは免れることができる。そう判断されたのだと熊谷は語っている。もちろん、本人の弁であることを割り引かなくてはならないが、これと同じようなことが画壇や文壇でも起きている。

画壇で熊谷のように仲間から売られて戦争協力者に仕立て上げられたのは、藤田嗣《つぐ》治《はる》だった。多くの画家が戦争画を描いた。だが、藤田ひとりに責めを負わせようとしたのだった。人づきあいが苦手で、フランスに長くいたこともあり、日本の画壇で藤田は浮いていた。

「あなたはフランスに戻れば、フランスで十分に活躍できるのだから、ここはひとつ日本画壇を守るために引き受けてくれ」

そう仲間に説得された、と藤田は語っている。藤田は従容《しょうよう》として受け入れ、日本を去った。そして、二度と祖国の土を踏まなかった。結局のところ映画界や画壇からの自己申告を受けて、ＧＨＱが藤田や熊谷を戦争協力者として認定し、公職追放することはなかった。

だが、だからこそ余計に、仲間への不信感と怒りは強く残った。そのうえ熊谷の場合は実質的に労働組合に支配された東宝から、締め出された。ＧＨＱから処分はされずとも、戦後、にわかに民主主義、ないしは共産主義に染まった仲間たちから粛清され、追放されたも同然の身となったのである。他に職を得ようにも、戦争協力者になりかけた危険人物と熊谷は見なされ、占領下に雇い入れてくれるところはなかった。

この状況に誰よりも怒りを覚えたのは、節子だった。

なんと映画人は器用でずるいのか。誰しも戦争映画を作ったのに、なぜ義兄にだけ責任を負わせ、皆は逃げるのか。節子は、義兄の放逐に動いた人たちを生涯、許さなかった。前述したように、山本嘉次郎を例の敗戦間際につくられた『快男児』の件で手厳しく批判したのも、義兄のこの問題が影を落としているのだろう。

映画界の戦争責任問題は、この後も燻《くすぶ》り続ける。映画人は互いに相手を批判し告発し合った。そうした状況に疑問を抱いた伊丹万作《いたみまんさく》監督が、「戦争責任者の問題」という一文を病床から発表する。節子にとっては戦前、『新しき土』や『巨人伝』で一緒に仕事をした監督である。伊丹の文章は、非常に韜晦《とうかい》に満ちたものだった。

〈さて、多くの人が、今度の戦争で騙《だま》されていたと言う。皆が皆口を揃《そろ》えて騙されていたという。私の知っている範囲では俺が騙したのだと言った人間は未《ま》だ一人も居ない。（中略）多くの人は騙した者と騙された者との区別は、はっきりして居ると思っているようであるが、それが実は錯覚らしいのである。例えば、民間の者は、軍や官に騙されたと思っているが、軍や官の中へはいれば皆上の方を指して、上から騙されたと言うだろう。上の方へ行けば、更にもっと上の方から騙されたと言うにきまっている。すると、最後にはたった一人か二人の人間が残る勘定になるが、幾ら何でも、僅《わず》か一人や二人の智慧《ちえ》で一億の人間が騙せるわけのものではない〉

（『映画春秋』昭和二十一年八月十五日発行）

戦争責任の問題は自分の内にこそ見つけるべきだと、他者批判に明け暮れる仲間たちに忠告したかったのだろう。だが、その伊丹自身は、日本の満洲侵略を肯定する『新しき土』でファンクと共同監督を務めたという過去を、病床でどう思っていたのだろうか。

この手記を遺書とするかのように、伊丹は間もなく肺病を悪化させて亡《な》くなった。

昭和二十一年九月二十一日、まだ、四十六歳だった。

義兄に仕事がなくなり、生計はそれまで以上に節子の双肩《そうけん》にかかった。それだけではなく、敗戦により満洲から弁護士をしていた長兄の武雄の一家と、銀行員の木下順と結婚して大連で暮していた三姉、喜代子の一家が、女こどもだけで引き揚げてきて、保土ケ谷の家でともに暮らすことになった。

長兄の武雄も義兄の木下順も戦地に送られ、生死すらわからなかった。つまり、節子は働き手を失った三家族を養わなくてはならなくなったのだ。さらに南方からキャメラマンの次兄・会田吉男が復員し、やはり保土ケ谷の家に同居した。実父もいる。他の親戚も身を寄せ、二十名以上の人達がいた。

節子が倒れれば皆が食べていけなくなる。生活は苦しかった。しかし、その苦しみが彼女に力を授《さず》けもした。

〈厳しい職業意識の目覚めは、終戦の頃まではありませんでした。戦争の終った年に私は二十六でしたが、戦後のあの世相で、私はそれなりに物質的にも苦労して、職業意識が他の考え方と一緒に目覚めてきました。そのときから、キャメラが廻り出し、そ

の前で芝居をしても、恥ずかしくなくなったのです〉

（『映画ファン』昭和二十八年二月号）

節子は人生の節目〳〵に、重要な監督に出会ってきた。

山中貞雄、ファンク、島津保次郎、あるいは熊谷久虎。節子の本当の才能を引き出してみせると、皆、躍起になった。ところが、山中は戦病死し、ファンクは遠くドイツにいる。熊谷は戦犯扱いとなり映画界から放逐されていた。

そして島津は、敗戦直後の昭和二十年九月十八日、四十八歳の若さで志なかばに亡くなっていた。

彼は死の床でこう叫んだという。

「畜生！　俺は日本帝国主義に殺されたっ」

戦争中は思うような映画が撮れなかった。原節子を主演に代表作を撮りたいと願いながら。戦争が終わり今度こそと、意気込んでいたであろうに命が持たなかったのだ。どれだけ無念であったことだろう。

そんな彼らに代わって、戦後、節子の眼の前に現れた監督がいた。東宝を背負って立つ逸材と早くから評されていた新進の黒澤明である。

黒澤は以前から、節子を迎えて映画を撮りたいと願っていた。長い助監督時代を経て昭和十八年（一九四三）、『姿三四郎』で華やかなデビューを果たした直後、黒澤は実際、節子をヒロインに想定した企画を会社に提出していた。それは敵兵に囲まれた姫が城に籠城《ろうじょう》し、最後まで勇猛果敢に戦うという日本版ジャンヌ・ダルクのような物語だった。

東宝も、これなら戦意高揚映画として軍部も納得させられると乗り気になった。ところが、この企画に社内で強く反対する声が上がった。声の主は島津だった。節子を溺愛《できあい》したものの『母の地図』撮影時の「違う」の一件で、節子と疎遠《そえん》になりコンビを組まなくなっていた、あるいは組めなくなっていた、あの島津である。

黒澤は、島津とはライバル関係にあった山本嘉次郎の弟子だ。その因縁からか、もしくは溢れる才能を見せつけるように台頭してきた若い後輩に、節子を奪われるように感じてのことか。島津の反対だけが理由ではないのであろうが、結局、この企画は流れてしまう。

その後も黒澤はずっと節子で映画を撮りたいと思い続けていたのだろう。昭和二十一年、満を持して節子を主演に迎えると大作に挑んだ。それが『わが青春に悔なし』である。

黒澤が引き出したかった節子の魅力は、島津が打ち立てた「ホームドラマの中の令嬢」という路線とはまったく違うものだった。どちらかといえば、熊谷が『上海陸戦隊』で節子に演じさせた、泥に汚れた顔で日本兵を罵《ののし》る中国人少女の役どころに近い。揺るがぬ反骨精神を持って雄々しく運命に立ち向かうヒロイン。それが、黒澤が節子に用意した役柄だった。

作品は、戦前に実際に起きた二つの事件に着想を得ていた。

一つは昭和八年（一九三三）、京都帝国大学の滝川幸辰《たきがわゆきとき》教授が、政府から思想が赤化していると批判されて免職に追い込まれた「滝川事件」である。もう一つが、ドイツの新聞記者でソ連のスパイであったリヒャルト・ゾルゲとその協力者だったジャーナリストの尾崎秀実《ほつみ》が、昭和十六年（一九四一）に逮捕された「ゾルゲ事件」である。

節子が演じたのは京都帝国大学教授の令嬢「幸枝」。裕福で知的な家庭に生まれ育ち、聡明《そうめい》で勝気で美しい幸枝は、父の教え子たちにとっては憧《あこが》れのマドンナだった。ところが、父が理不尽に大学を追われて幸枝の人生も一変する。自立を目指すなか、父の教え子で中国問題の権威となっていた野毛と再会し、愛し合う。しかし野毛は、戦争の遂行を妨害したという理由で逮捕され獄死する。残された幸枝は、野毛の両親が暮らす農村へおもむき、「スパイの家」と迫害されつつも、両親とともに泥だらけになって畑を耕す。やがて敗戦を迎えると実父は大学に返り咲き、亡くなった野毛の名誉も回復される。一度は実家に戻った幸枝だが、再び野毛の両親のもとへ戻ると、農村の婦人たちを教育するリーダーとして力強く生きていく決意を固める。

これが作品のあらましである。

作中、農村で泥まみれになって働く幸枝のもとへ、父親のかつての教え子で、一時は幸枝を慕っていた野毛の友人が訪ねてくるシーンがある。彼は、学生時代の考えを捨てて戦時中は体制に迎合した検事として、社会的な成功を収めていた。紳士然と背広に身を包んだ彼と、泥だらけの幸枝が、降りしきる雨の中で対峙《たいじ》する場面があるが、節子が演じる幸枝は、物も言わずに大きな眼でじっと男を黙って見据える。その軽蔑《けいべつ》しきった憎悪《ぞうお》の眼差《まなざ》し。本作品中の白眉《はくび》といえるシーンであるが、ここに黒澤の求めた新しい原節子が如実に現れている。

映画が公開された昭和二十一年十月、このシーンになると薄暗い館内の至るところで、元学徒兵たちが嗚咽《おえつ》したといわれる。

黒澤は、もちろん師匠である山本嘉次郎から強く影響を受けていた。ダイナミックで骨太な作風、画面には躍動感があり、物語は大きく動いていく。そして、それは熊谷の作風にも近かった。

熊谷自身の証言であるが、黒澤は節子に「自分は監督として熊谷さんを尊敬している」とよく話していたという。また、「黒澤は追い払ってもセットに忍び込み、いつも俺の撮影を盗み見していた。俺のことを尊敬しており、俺の作風を真似《まね》して成功したのだ」とも熊谷は語っている。

その真偽はともかく熊谷と黒澤には、確かに作品に一脈通じるものがあった。山中、島津、そして小津と連なる系譜に対峙して、熊谷と黒澤がいる。

だからなのか、節子は黒澤に惹《ひ》かれ、黒澤作品に出られたことを喜んでいた。そして黒澤も節子にのめり込む。

奥ゆかしさと烈しさ。節子には相反する二つの要素があり、まったく作風の異なる監督たちをそれぞれに強く惹きつけたのだろう。

黒澤はこの作品に、渾身《こんしん》の力を注いだ。納得のゆくまで何度もテストを繰り返した。労働争議の影響もあって度々、中断されたため撮影は五カ月にも及んだ。ヒロインを演じる節子に対しても黒澤は一切妥協せず、細かく注文をつけては何度となく撮り直した。時には罵声《ばせい》を浴びせもした。

作品のなかで、ヒロインはピアノを弾く。節子はピアノを弾けないがピアノに向かって、いかにも激しく弾いているように上半身を大きく動かす演技を求められた。それが気恥ずかしくてならず、なかなかうまく演じられなかった。

すると黒澤は、大勢のスタッフの前で節子を罵倒した。

「女優のくせに、こんな芝居も出来ないのかっ」

節子の眼から思わず涙がこぼれた。しかし、この厳しさも含めて、節子は若く知的な黒澤に次第に引き寄せられていく。

〈度々のテストで私の演技の限度が判《わか》ると大抵はそこらでがまんして下さるのですが、黒澤さんは許してくれません。「少しでもいいものにしよう」と考えて、監督も死物狂いでねばってくださるのです。それまではそんなにまで叩《たた》かれたことがなかっただけに、びっくりもしましたが、本当に嬉《うれ》しく思いました〉

（『映画ファン』昭和二十八年二月号）

黒澤もまた、こう語っている。

〈僕は今、幸枝と云う女に夢中になっている。勿論《もちろん》、この女は作品中の人物であるが、今の僕の頭の中では現実よりもっと生々しい存在である。この女は、一口に云うと、生意気ないやな奴である。日本の女には珍らしく自我が強い。（中略）そして、そう云う女を、最も日本人が自分と云うものを喪失した満洲事変の始まった昭和八《ママ》年頃から敗戦直後までの期間に投げ込んで見て、一体どう云う生き方をするか見きわめて見たいと思ったのである〉

（『大系 黒澤明 第1巻』平成二十一年）

ここで黒澤は「幸枝と云う女」と語っているが、幸枝は「原節子」と置き換えていいのではないか。節子と黒澤の間には、この時期、特別な熱情があったように思える。

作品は昭和二十一年十月二十九日に公開されると大きな反響を呼んだ。女優・原節子の存在に改めて強い光があたり、主に洋画を好むインテリ青年層を中心に支持を得た。また、この作品は、はじめてＣＩＥのコンデ課長を満足させる。試写を観たコンデは、これこそが自分が日本映画界に求めてきた民主主義啓蒙映画であると語り、高価な洋酒で黒澤をもてなし、ねぎらったという。

『わが青春に悔なし』が公開された直後の昭和二十一年十一月三日には、日本国憲法が公布される。それもあってか、新憲法の精神を体現した作品であるかのような印象を本作は観客に与えた。節子はこの作品によって、より鮮明に戦後の民主主義を体現する象徴的存在と見なされるようになる。

時は占領下であり、アメリカの文化や価値観が一斉に流れ込んできた時代である。戦時中は上映が禁止されていたハリウッド映画に人々は群がり圧倒された。『カサブランカ』のイングリッド・バーグマンをはじめ、西洋人女優の美しさに皆、息を呑んだ。大きな眼、高く通った鼻筋、彫りの深い立体的な顔立ち、洋装の似合う背丈、すらりと伸びた手足、あるいは知性と教養と自我を感じさせる強い眼の輝きに。

それと同質のものを持つ女優は、日本では節子ただひとりだった。

敗戦によって打ちひしがれ、人種的な劣等感に苛《さいな》まれていた日本人にとって、節子の存在は〝民族の誇り〟といっても大げさではないものだった。敗戦で傷ついた人々は節子の美しさに励まされ、癒《いや》され、勇気づけられたのである。当時の映画雑誌には、こう書かれている。

〈原節子の美しさは、幾ら讃《ほ》めすぎても讃めたりない。こういう女が吾々《われわれ》の種族のあいだから生れて来たことが、すでに吾々にとって不思議である。奇跡の感を与える〉

（『近代映画』昭和二十一年十二月号）

節子はこの頃から、「永遠の処女」と呼ばれるようになる。処女とは乙女、聖女の意である。圧倒的に美しく、なおかつ独身でスキャンダルもなかったために、聖なる存在として崇《あが》められたのだった。だが、美しさを褒めそやされる分、その演技力は低く見られがちで、大根との陰口は変らず止《や》まなかった。

黒澤は節子を、「女優として、一層、精進し、若さや美貌《びぼう》だけに寄りかからない本物の演技者に成長して欲しい」と映画雑誌で評している。節子もまた、黒澤との出会いを喜び演技者として鍛えられることを望み、黒澤の発言に応えるように「うんと苦しみ、そして、うんといい演技を」していくと精進を誓っている。

戦前に比べて、節子は女優という仕事にずっと希望を見出していた。黒澤と組んでいけたらと思っていたようである。

ところが、ふたりが所属する東宝では労働争議がいっそう深刻化していた。『わが青春に悔なし』が公開され評判を取るなかで、東宝の砧《きぬた》撮影所ではストライキが起こり、映画製作そのものができなくなっていた。会社の幹部は度重なる賃上げ要求に応じざるを得ず、「これでは自分たちより門衛の給料が高くなってしまう」と、ため息をついていたという。

賃上げや労働条件の改善だけなら、まだましだった。労組の要求はエスカレートし、企画会議や入社試験にも組合員を参加させるように要求した。その結果、入社二年目のスクリプターが企画会議の場でベテラン脚本家に向かって「内容がブルジョワ的だっ」と批判し、脚本を書き直させるといった事態が巻き起こっていた。『わが青春に悔なし』でも、組合からの要求で黒澤は後半の脚本を書き直したという。

東宝はいったい、どうなってしまうのか。先がまったく見えなくなった。

ストライキが長引き、このまま映画づくりができなくなるのではないか。

危機感は、とりわけ東宝のスターたちの間で強まった。どんなスター俳優でも映画に出なくては収入が一切ないからだ。ついには東宝を代表する大スター、大河内《おおこうち》伝次郎が「政治思想によるストには反対だ。ストがこれ以上長引いては自分も生活がしていけない、一刻も早くストを解いて働かせて欲しい」と組合のストライキに反対する声明を「私個人のお願い」として発表した。

この大河内伝次郎の訴えに、ほかのスターたちも同調する。長谷川一夫、藤田進、黒川弥太郎《やたろう》、山田五十鈴、高峰秀子、花井蘭子《らんこ》、山根寿子、入江たか子、そして原節子である。彼らは「十人の旗の会」を名乗り、ついに組合からの脱退を表明。また、この十人は同時期に脱退した多数の東宝社員とともに、第二撮影所を拠点に映画製作をはじめ、それが翌二十二年の「新東宝」の創業につながるのである。

『わが青春に悔なし』が公開されてから、何も仕事がなく無収入の状態で十カ月を過ごした節子は、ようやく新東宝で『かけ出し時代』という作品に出演し、久しぶりに出演料を手にして安堵《あんど》する。

組合からは「スターは皆、ブルジョワだ！」と批判されていた。自分がなぜ「ブルジョワ」と指弾されるのか、節子は納得がいかなかった。むしろ、労働争議に明け暮れていられる組合員のほうが、よほど恵まれているのではないかと思うことさえあった。

仕事が終わって撮影所の門を出ると、たいていは夜の十時を回っている。節子は近くの農家で家族のために大根やキャベツを買い、鞄《かばん》につめて電車に揺られながら帰宅した。世田谷の撮影所から保土ケ谷までの道のりは長い。電車は満員で、節子は吊革《つりかわ》につかまりながら文庫本を読み、眠った。ようやく自宅に戻って玄関を開ければ、あがり口に座り込んで三姉の喜代子の息子、節子にとっては甥《おい》にあたる木下亮《りょう》が教科書を広げて勉強していた。大勢の身内がひしめき合い、亮には勉強する場所もなかったからだ。節子はそんな亮に夜食のおじやを作ってやり、先に寝ている姉や姪たちを起こさないように布団《ふとん》に入ると泥のように眠った。明くる日はまた、早朝に家を出る。撮影がなければ買い出しに行く。

女優だからといって、こんな自分の一体どこが「ブルジョワ」なのだろう。

新東宝を経て節子がフリーになる道を選んだのも、すべては経済上の理由からだった。

争議で落ち着かない東宝に未練はなく、かといって船出したばかりの新東宝では心もとない。とにかく映画に出て、家族を養わなくてはならなかった。加えて、女優という仕事に目覚めてもいた。

フリーになれば仕事ができる。もちろん、どの会社からも声がかからなければ、それまでのことではあるが。生来、堅実な生き方を好む節子は、追い詰められなければ、こうした選択をすることはなかったであろう。節子は会社から離れてフリーとなった。

ここから、原節子の季節が始まる。

第八章　孤独なライオン

　節子は松竹の大船撮影所に初めて足を踏みいれた。昭和二十二年（一九四七）のことだ。戦前から女優王国といわれて、田中絹代主演の『愛染《あいぜん》かつら』や高峰三枝子主演の『暖流』といった女性映画を数多くヒットさせてきた。節子が身を置いてきた日活や東宝にとっては、常に強力なライバル社であった。

　可憐《かれん》な美人女優を見馴《みな》れた松竹の監督やスタッフたちも、はじめて目にする「原節子」には、たじろいだ。

　松竹の吉村公三郎《よしむらこうざぶろう》監督はこの時、節子を間近にして思わず目を見張り、こう思ったという。

「こんなに立派な顔をした女優が日本にもいたものか」

圧倒的な美しさ、というだけではない。内面から滲《にじ》み出る知性、人を寄せつけない風格と威厳。フリーとなった節子の気の張りようが、そう思わせた部分もあったのだろう。松竹の第一線にいた田中絹代、水戸《みと》光子《みつこ》、高峰三枝子らとは、まったく異なる空気を節子はまとっていた。

傍らにいた助監督の新藤兼人《しんどうかねと》も同じ感想をもらしている。

「原さんはまるでライオンのように見えた。素晴らしい美貌《びぼう》で、王者の風格があった。セットで椅子《いす》にひとり腰かけていると誰も近づけなかった」

節子がフリーになって最初に挑んだ作品が、松竹に所属する吉村監督の『安城家の舞踏会』だった。

戦前までの節子は、どこか少女のようなはかなさや弱々しさを引きずっていた。女優を長く続ける気持ちはなく、それが滲み出て性根が据わっていないようにも見えた。しかし、一家の生活を背負いフリーになった頃から、その顔つきまで変わっていた。確かに「百獣の王」のようであったかもしれない。

大きな眼はあまりにも力強く、見ようによっては、きつく見えた。キャメラが回っていなければ努めて打ち解けようとするものの、他者との間に線を引き、決して心を許していないことが伝わってくる。

会社の庇護《ひご》は受けられず、これまで盾となってきた義兄も映画監督の座を追われている。ここで足元を見られてはならないという、緊張感も彼女にはあったであろう。

戦後まもなく、秋山庄太郎は銀座の街を悄然《しょうぜん》と歩いていた。銀座に写真スタジオを開いたものの、世の中は食べていくのが精いっぱいで写真を撮りに来る人などいない。写真の道は諦《あきら》めて、就職しようかと悩んでいた。

すると道の向こうから光り輝くような女性がやってきた。女優の原節子だと気づいた。秋山は、その姿に胸を打たれた。写真をやっていれば、いつか彼女を撮ることができるかもしれないのだ。やはり写真を続けよう、そう決意したという。

チャンスは思いのほか早くにやってきた。映画雑誌社で仕事をしていたところ、原節子の撮影現場に送られたのだ。

だが、現場では映画会社の社員たちが周囲を取り巻き、細かく注文をつけてくる。愉快な仕事ではなかった。

帰り路で電車に乗ると、思いがけず文庫本を手にする原節子の姿があった。

「先ほどは」

挨拶《あいさつ》すると、唐突に節子にこう聞かれた。

「あなた映画界、お好き？」

「嫌いですね。なんだか作為的で」

節子はそれを聞いて満足げに答えた。

「私たち気が合いそうね」

秋山は節子の自宅での撮影を許され、長く交友を続けることになる。


戦後の混乱と東宝争議の影響から、この時期、多くのスターがフリーになっているが、それに呼応して芸能マネージメントに乗り出し、評判を取った男がいる。もとは白木屋（今の東急百貨店）の呉服部員で、名は星野和平《かずひら》。フリーになったスターの多くが、この星野にマネージメントを依頼した。高峰三枝子、水戸光子、飯田蝶子《いいだちょうこ》、藤田進、佐分利信《しん》、そして原節子。映画会社に所属し会社の言い値で仕事をしてきたスターたちは、星野を通じて一本ごとに出演料の交渉をするようになる。星野は少しでも条件がよくなるよう、各社とわたり合い仲介料を取った。その結果、スターの出演料は高騰《こうとう》した。

節子が『安城家の舞踏会』で得た出演料は、推定で三十五万円から四十万円。女優としては田中絹代や高峰三枝子と並んで、「最高額になった」と報じられている。『安城家の舞踏会』は吉村監督の演出の冴《さ》えもあって評判になった。節子は没落する華族令嬢を演じて高く評価される。

その後、同じ年に倉田文人《ふみんど》監督の『女だけの夜』、松田定次《さだつぐ》監督の『三本指の男』と出演しているが、これらは、いずれも東横映画の作品だ。

東横映画は実業家の五島慶太が東京横浜電鉄（今の東急電鉄）の子会社として作った興行会社を前身としており、この後「東映」となっていくが、この頃は映画に参入したばかりで会社としての歴史は浅かった。「（東横映画には）生活のために出演した」と節子自身が後に語っている。お金を得るためと割り切っての出演であろう。

節子は休む間もなく、また松竹に呼ばれた。再び吉村公三郎監督と組んで、『誘惑』を撮ることになったのだ。これは大学教授の令嬢が亡父の教え子である妻帯者の中年男性（佐分利信）に惹かれていく、という内容の作品だった。前作『安城家の舞踏会』の好評を受けての企画である。ところが、この撮影は、すんなりとは進まなかった。

相手役の佐分利信から「いくつだったかな」と尋ねられ、「十九です」と答えるシーンがあった。だが、節子は当時、二十七歳。気恥ずかしくて「十九」とは言えないと主張し、「二十一です」に脚本は書き換えられた。さらには、入浴シーンが問題になる。ヒロインが風呂《ふろ》に浸《つ》かるシーンを、節子は拒絶した。監督の、「別人に演じてもらうから」との提案にも、節子は「わたしだと思われると困る」と言い張り、それさえ許さなかった。入浴シーンは脚本から削除された。

この話が映画界に広がりマスコミに報じられると、「大人げない」「女優なら引き受けるべきだ」「プロ意識が足りない」と節子は一斉に叩《たた》かれた。戦前の、水着撮影の一件と同じことだった。

ただ服を脱げば「さすが女優」「プロ意識がある」と褒められるのか。いったい、女優という職業を何だと思っているのか、と節子は腹が立ったようである。こう反論している。

〈裸になったり、風呂に入ったりすることが、演技として私に何かプラスするところがあれば問題は別ですが、そういう場面は、先《ま》ず観客をひくための一つの方法だとしか思われません。女優だから、裸にもならなければいけない、風呂の場面もとられなければいけないということはないと思います〉（『映画読物』昭和二十三年三月号）

映画会社は明らかに節子の入浴シーンを利用して、集客に結びつけようとしていた。節子はこうした映画づくりの姿勢を嫌悪し、そこに自分が利用されることを拒んだのだった。これは女優という職業を尊重しての行動でもあった。だが映画界の男たちは迎合せず肉体を晒《さら》さない節子を責めるのである。そうしたことから、義兄の熊谷が現場に怒鳴り込むという一幕もあった。脚本を書いた新藤兼人を捕まえ、「いったい、この話はなんなんだ。こんな不道徳な内容なら、二度と節子はお前たちの映画には出させないぞ」と大変な剣幕だったという。

『誘惑』は昭和二十三年（一九四八）二月に公開されたが、あまり評判にはならなかった。

さらに節子は、大映で吉村廉《よしむられん》監督による『時の貞操』に出演する。

この時、話題を集めたのは節子の出演料だった。「史上最高額、百万円」と映画の宣伝にも利用されている。タイトルもまた、刺激的である。映画の舞台は戦前の製糸工場で、節子は工場長らに貞操を蹂躙《じゅうりん》される哀れな女工を演じている。〝永遠の処女〟といわれる聖性を帯びた女優を作中で汚《けが》そうとする、そういった傾向が見られるように思う。

次いで、この年三本目となる、松竹・大庭《おおば》秀雄《ひでお》監督の『颱風圏《たいふうけん》の女』に出演。ここではギャングの情婦役である。

生活のため出演料の高い作品を選んだ結果なのか、あるいは、これまでの清純で優等生的な役柄からの脱皮を試みてのことなのか、よくわからない。

この頃の節子からは、いくぶん荒《すさ》んだ印象を受ける。一日四十本の煙草《たばこ》を吸い、酒を飲んで無理やり短い睡眠を取って乗り切っていた、と自ら語っている。

また、真偽は措《お》くとして、男性との噂《うわさ》が立ったのもこの時期のことだ。妻のある黒澤明とつき合っていた、東宝プロデューサーの藤本真澄《さねずみ》と密会していた、等。恋というより、それらはすべて情事の噂である。この時期だけに集中しているのは彼女にそういった雰囲気が見られた、ということなのか。

節子はそれまで、義兄の熊谷に守られていた。監督の義妹であれば遊び好きの映画人も自重する。ところがその熊谷が映画界から追放されてしまっていた。彼女はフリーになって、様々な会社を渡り歩かねばならなかった。生活のため、女優をやめることはできない。そうした重圧のなかで、彼女自身、刹那《せつな》的になることもあったのだろうか。それとも根も葉もない噂なのか。

作中だけでなく彼女の弱味につけ込む魔の手もあったろう。そうしたものと彼女は戦い続けていたように思う。

がむしゃらに働いた代償として、彼女は昭和二十二年秋に東京郊外の狛江《こまえ》に家を得ている。敗戦後、節子は生まれ育った保土ケ谷の会田家に身を寄せていた。そこには義兄の熊谷一家のほか、満洲から引き揚げてきた長兄の一家、三姉の一家、南方から復員した次兄も合流し、そう広くない家で二十数名がひしめき合って暮らしてきた。だが、それも限界だったのだろう。フリーになり出演料も順調に増えた節子はまず家を買ったのだった。広い庭のある中古の平屋で、敷地は六百坪。四十三万円だったという。

あたりは一面の麦畑で、「田舎」だと節子は繰り返し語っている。保土ケ谷の借家を引き払い、実父、熊谷一家、四姉の律子とともに翌二十三年には移り住み六人で暮らしたようである。この時、長兄の一家、三姉の木下家、また次兄の吉男は狛江の家には入らず、それぞれに家を持ったが、そこにも節子の援助があった。彼女はどこまでも親想いであり、また、兄姉想いであった。なお、〝原節子より美しい原節子の姉〟といわれた律子は間もなく松竹の番匠義彰《ばんしょうよしあき》監督と結婚し、この狛江の家を出ている。

狛江では広い庭に菜園を作り、自ら耕した。

よほど嬉《うれ》しかったのだろう。最寄りの小田急電鉄・喜多見駅から歩いて帰る際には、風呂敷包みを振り上げてスキップする姿を近所の人に見られ、よく笑われたという。

この自宅を得てから節子はますます出不精になった。取材も多くはこの自宅で受けた。家で本を読み、家事をし、畑仕事をして、家族と一緒にいられれば、それでよかった。キャメラマンたちは節子の手が節くれだち、針仕事で人指し指が赤く傷《いた》むのを嘆いたが、節子は意に介さなかった。

敗戦からの痛手がいやされつつあった。だが、この頃、同時に節子は悲しい知らせも受け取っている。長兄の武雄が、敗戦後の昭和二十年十月、抑留されていたシベリアで病死していたのだ。幼い節子を「いつか兄さんがお前を外国に連れていってやる」と、なぐさめてくれた、心優しい兄。フランス語を学び弁護士になって満洲に渡り、節子がベルリンに向う途中、満洲の奉天駅で見送ってくれた、あの長兄である。また、三姉・喜代子の夫で銀行員だった木下順も南方に出征したまま戻らず、昭和二十三年頃、戦死と認定された。残された喜代子は節子の援助を受けながら食堂を経営し、自活を果たしていく。

節子が仕事に専心する傍らで、映画界を追われた義兄の熊谷は怪しげな商売をしていた。本名の熊谷久虎をもじり「タイガーズ・ベアヴァレー」と名乗って、尾張徳川家の当主、徳川義親《よしちか》と組みアメリカ人に日本の美術品を売りつける商売を始めたのだ。それにしても、あれだけ白人を毛嫌いしていたのに、「タイガーズ・ベアヴァレー」

とは。スメラ学塾の精神も、一見、過去のものとなったかと思われた。

ところが、彼の心のうちには、まだ九州独立の夢が燻《くすぶ》り続けていたらしい。昭和二十二年頃の思い出として、俳優、池部良の証言が残されている。

ある日のこと、池部は熊谷に「話がある」と呼び出された。会ってみると、熊谷はこんこんと自説の政治情勢を語り、こう迫られた。

「このままでは日本は赤化する。俺は九州を独立させて、そこに理想的な『新生日本』を作る。俺も閣僚になる予定だが、お前は官房長官をしないか」

熊谷は真剣そのもので、池部は必死に断り帰ってきたという。

戦後になっても、彼はまだ九州独立にこだわり革命政府を樹立し、自分が閣僚になることを夢見ていたのだった。ただし、敵愾心《てきがいしん》を向ける相手は、「白人」から「共産主義」へと変わっていた、ということなのだろう。

義兄が不本意な日々を送っていることを、誰よりも節子が理解していたことだろう。戦前は、気鋭、鬼才と言われた義兄を節子は映画監督として尊敬していた。映画界に返り咲いてもらいたい、という思いがあったに違いない。

ちょうど、俳優に続いて監督たちも映画会社を次々と退社し、独立プロダクションを設立して、所属会社に縛られずに映画づくりをする流れが映画界に生じていた。熊谷は昭和二十四年（一九四九）に親しかった映画監督の倉田文人、節子のマネージメントを請け負っていた芸能ブローカーの星野和平とともに「芸研プロ」を興《おこ》して自ら社長に納まり、この流れに乗ろうとした。節子が後押しをし、援助もしたのだろう。節子の二番目の兄、会田吉男キャメラマンもここに加わった。

第一回作品は、倉田文人監督の『殿様ホテル』で同年三月に公開された。もちろん節子も出演し、キャメラマンは会田吉男、いわば原節子ファミリー総出で挑んでいる。作品はあまり評判にならなかったが、節子はこの後も芸研プロと関わり続ける。

フリーとなって生活が上向き自宅も得た節子は、余裕ができるにつれて出演作を吟味するようになっていった。この頃、重鎮の溝口健二から『美貌と白痴』への出演を依頼されるが、「堕落の果てに真実があるという考えには共感できない」と断っている。溝口の女性観に違和感があったようだ。

節子は名のある監督とほぼ一度は組んでいるが、溝口だけは例外で彼の作品には一本も出演していない。熊谷が映画界に入った時、最初に仕えた相手が溝口であり、こき使われて快い感情は持っていなかった。加えて熊谷の妻となった光代も、元々は溝口監督の下で筆耕として働いていたことがある。こうした過去のいきさつからも溝口を敬遠する向きがあったのかもしれない。

溝口作品への出演を見送った代わりに別の作品で、この年、節子は次々と評判を取ることになる。その皮切りとなった作品が、松竹の『お嬢さん乾杯！』（三月公開）だった。監督は島津保次郎の弟子にあたる新進気鋭の木下惠介。「東宝の黒澤、松竹の木下」と言われて、松竹を背負って立つ逸材と目されていた。節子を育てようとした、あの島津の直系の弟子でもある。

節子が演じたのは、没落した元華族の令嬢。自動車修理工場を経営する、成り上がりの武骨で気のいい青年がこの令嬢と見合いをし、互いに惹かれていくという、恋愛コメディだった。

木下はセットで原節子を目《ま》の当たりにして、その日本人離れした容貌と存在感に目を見張った。撮影が始まってからは朗らかな笑顔とは対照的な、いくぶん神経質とも取れる生真面目《きまじめ》さにも驚かされる。

「大根女優」という陰口や、「女優らしくない」「取っつきにくい」との評判も木下は耳にしていた。だが、こうして向き合ってみると、彼女の演技に対する態度は真剣そのもので、演技者としてのプライドも、きわめて高いと木下には感じられた。演技のあいだに少しでもセットの中で撮影とは無関係な笑い声などが起こると、節子は演じるのを中断するほど真摯《しんし》であった。

そんな節子の様子を見て、「惚《ほ》れております」と令嬢がいう台詞《せりふ》を木下は急遽《きゅうきょ》、ラストシーンに入れた。すると、節子は「この台詞は恥ずかしくて言えない」と木下に真顔で訴え、キャメラを回すと実際、彼女は真っ赤になって何度もしくじった。まさに令嬢が恥ずかしがっている姿そのもので、監督にとっては満足のいく出来栄えとなった。

節子は圧倒的な存在感を示して作品は興行的にもヒットする。評論家の評価も高く、現在でも代表作のひとつとされている。

節子の快進撃が始まった。

次に主演したのが、『青い山脈』（七月公開）である。監督は今井正だが、実際は東宝のプロデューサー藤本真澄が執念で製作した作品だった。

藤本は戦前、東宝に入社。その時、すでに原節子は東宝を代表するスター女優であり、彼にとって節子は長く手の届かぬところにいる憧れの女性であった。時には冗談めかして「俺は原節子に惚れているんだよ。だから独身なんだ」と口にすることもあった。だからこそ、彼もまた、他の監督と同じように、節子の代表作を自分の手で生み出したいと願っていた。そんな折の昭和二十二年六月、朝日新聞で石坂洋次郎の小説「青い山脈」の連載が始まる。田舎に赴任した進歩的な若い女性教師の奮闘を描いた作品だ。藤本はすぐに映画化権を取るために動いた。そのころの東宝は、労働争議が激化して映画製作が危ぶまれており、圧倒的に不利な状況だったが、藤本の熱意が通じ松竹との争いを制して権利を手にする。

原作者の石坂は映画化を認める際、藤本に「ヒロインには原節子を起用してほしい。この小説は、そもそも彼女をイメージして書いたものだから」と告げた。もとより、藤本もそのつもりだった。ところが、映画化権は取ったものの、労働争議の影響で撮影に入れない。原節子自身もそんな東宝に見切りをつけてフリーになってしまった。そうこうするうち、ついに昭和二十三年四月から、解雇問題を巡って労使が激しく対立し、八月には東宝の砧撮影所に二千五百人の社員が立てこもる空前絶後の争議に発展。完全に東宝は撮影が出来なくなった。最後は米軍の戦車まで出動して撮影所を取り囲み、ようやく沈静化に至る。〝戦車までがやってきた〟といわれる苛烈な東宝大争議はこれをもって幕引きされたが、その後、争議を主導した山本薩夫や亀井《かめい》文夫《ふみお》ら組合幹部は東宝を去り、藤本もまた会社側の代表者として責任を取って退社した。そして翌年、藤本は、個人プロダクションを設立。『青い山脈』の製作をリスクとともに引き受けたのだった。東宝と「藤本プロダクション」の共同製作により公開に漕《こ》ぎつけた『青い山脈』は、空前の大ヒット作となる。

節子が演じたのは、聡明《そうめい》な英語教師「島崎雪子」。髪型といい、立ち居振る舞いといい、まるでハリウッド女優のような堂々とした貫禄《かんろく》で、これまでの日本映画にはない女性像を潑剌《はつらつ》と演じた。島崎先生は教壇から、生徒たちを教え諭す。現代的な考えを自分の言葉で語って聞かせる。そんな女性教師の出現に田舎町の人々は動揺しつつも、やがては感化され、自分たちの旧弊な考えを改めていく。

映画のなかで最も印象深いのは、島崎先生を演じる節子が美しい声を張り上げて、「民主的な考え」を長回しの台詞で述べるシーンだ。

「野田さんも松山さんも（著者注・劇中の女生徒の名）学校の名誉のためとか母校を愛する情熱とかいいましたが、そういう立派な名目で下級生や同級生を圧迫する、家のため、国家のためということで、個々の人格を束縛してむりやりに一つの型にはめこもうとする――日本人の今までの暮らし方のなかで一番間違っていたことなんです」

台詞に託し、まるで節子が自らの思いを語っているかのように感じられる場面だ。

原作者の石坂洋次郎は、節子を絶賛した。節子が出なければこの映画の成功はなかった、と誰よりも原作者が気づいていたのだろう。

〈原さんの風格のある美しさは日本映画の貴重な財産だと思う。（中略）大ていのスタアと云《い》われる女優さんの美しさの中には、何処《どこ》かミーチャンハーチャンが好む卑俗さが秘《ひそ》んでいるものだが、原さんにはその卑俗さが全然感じられない。だからこの美しさは映画の内容によってはむしろ邪魔になる美しさなのかも分らない。だが、これからの日本映画は、この原さんのもっている美しさが邪魔にならず、むしろ生かして使うような方向へ進んで行くべきではないだろうか〉（『近代映画』昭和二十四年八月号）

『青い山脈』によって、原節子は戦後、ふたたび国民的女優となったのだった。二週間に五百万人が映画館に詰めかけたと記録にはある。民主主義啓蒙映画のひとつの到達点であった。

節子は、もはや押しも押されもせぬ大女優だった。人気投票でも一位になった。それでも、彼女は相変わらず宝石も毛皮も身につけることなく、質素な恰好《かっこう》で鞄《かばん》を提げて撮影所に通った。付き人もおらず、電車やバスを使い、徒歩で撮影所の門をくぐる。贅沢《ぜいたく》を嫌い、有名人との交際を避け、映画雑誌と映画の宣伝以外では取材も写真撮影も固く断り続けた。

節子は、『青い山脈』で後輩女優たちと共演した。女学生役を演じた杉葉子や若山セツ子は、かつて節子が入江たか子を仰ぎ見たと同じように節子に憧れた。節子は極めて優しく、明るく接した。後輩女優の多くが自然と節子を慕うようになった。後輩の彼女たちはまた、演技にかける節子の真摯さ、厳しさも目撃している。

『青い山脈』の撮影中、節子は体調を崩し高熱を出した。共演した杉葉子は、それでも腰かけようとせず、立ったまま出番を待つ節子を見て、思わずわけを尋ねた。節子の答えはこうだった。

「スカートに皺《しわ》がついてしまうから」

衣裳担当者への気遣いというのは理由のひとつで、彼女はスタッフが立ち働くセットでスターだけが腰かけるという習慣を好かなかった。

それなのに、この『青い山脈』でも節子は的外れな批判をされている。ある日、熱のせいで節子の顔が腫《は》れ上がり、ついに監督からもキャメラマンからも「その顔ではアップは撮れない」と撮影を断られてしまう。ところが後日、それを伝え聞いた映画監督の亀井文夫が、「原節子が『今日は顔が荒れていて美しくないのでアップは撮られたくない』といって現場を混乱させたらしい」と批判する記事を雑誌に書いた。それに対して節子は、「どうしてそんな事実無根のことを書くのか」と、猛然と抗議したのである。なお、戦後、共産党員となった亀井は東宝で労組のトップにおり、熊谷の追放を煽動《せんどう》したひとりでもあった。両者のやりとりには、その遺恨も関係していたのだろうか。

昭和二十四年はまだ終わらない。『青い山脈』に続いて、節子は休む間もなく松竹の大船撮影所に赴き、小津安二郎監督の『晩春』に出演する。

今日、「小津安二郎」の名は世界的に知られ、特別な地位を得ているが、『晩春』当時の小津は、まだ今ほどの名声は確立していない。節子も、「そんなに有名な監督さんだとは思っていなかった」と語っている。

小津は戦前から松竹で活躍し名匠の誉れ高く、批評家からは大いに評価されていたが、いわゆるヒットメーカーではなかった。しかも、戦争から戻ってきて発表した二作、『長屋紳士録』と『風の中の牝雞《めんどり》』は「時代遅れだ」「小津は戦後がわかっていない」と酷評されてもいた。そうしたなかで、脚本家を野田高梧《こうご》に代えて挑んだのが、九月公開の『晩春』だったのである。

小津は、熊谷と同学年で明治三十六年(一九〇三)十二月生まれ。熊谷と同時期に監督としてデビューした。大正九年生まれの節子とは十七歳違いである。

小津は旧制中学を卒業後、代用教員をしていたが、もともとの映画好きが高じてこの世界に入った。大正十二年(一九二三)、松竹に入社。市井《しせい》の人々を淡々と描くホームドラマの名手として頭角を現す。ところが、昭和十二年(一九三七)に日中戦争が勃発《ぼっぱつ》すると山中貞雄に続いて小津も召集され、最前線へと送られてしまう。働き盛りの三十三歳の時であった。

小津は、映画人の中でも最も過酷な戦争体験をした、ひとりである。中国大陸の奥地を転戦するなかで、小津のいた部隊は国際条約で禁じられた毒ガスさえ使用している。

小津研究の第一人者・田中眞澄の研究によれば、小津は上海派遣軍直属の野戦瓦斯《ガス》部隊に所属した。元兵士の証言では、中国人の集落に毒ガス弾を撃ち込み、住民がもだえ苦しむ様子を風上から観察し、ガスにしびれて逃げ遅れた住民を刺して歩いたという。小津自身も手帳に、娘が日本兵に強姦《ごうかん》されたと訴えに来た中国人の老婆《ろうば》を上官が後ろから袈裟懸《けさが》けに切り殺した話や、あるいは前線まで送られてきた朝鮮人慰安婦の姿を細かく書き綴《つづ》っている。小津は戦場であまりにも多くの現実を見たのだろう。こんな言葉を新聞に寄せている。

〈敵の弾を初めて経験したのは滁県《じょ》、情けないがビクリと来ました、が段々なれて来ました、全く最初は何となく酒ばかりやりましたが、考えてみると幾分その辺り精神の働きでしょう、しまいには平気です、人を斬《き》るのも時代劇そっくり、斬ると、しばらくじっとしている、やアと倒れる、芝居は巧《うま》く考えてありますネ、そんな事に気がつく程余裕が出来ました〉（「都新聞」昭和十四年七月十六日）

昭和十四年（一九三九）七月、戦地から戻った小津は自負を持って、「立派な戦争映画を撮るつもりだ」とマスコミに語っている。自分は戦場を見た、だから、本物の戦争映画が撮れるはずだ、と。実際、敵軍に囲まれ逃げ場を失った部隊の物語を構想して、脚本づくりにも入った。ところが、どうしても完成させることができなかった。仕方なく以前のように小市民映画と言われるジャンルに戻り、昭和十六年に『戸田家の兄妹《きょうだい》』を撮ったところ、彼にとっては初めてのヒット作となる。

その後、小津は昭和十八年六月、再び徴用され軍の報道班員としてシンガポールへ赴いている。現地では反英独立運動の闘士、インドのチャンドラ・ボースの伝記映画を作る予定だった。しかし、南方の戦局はすでに厳しく、映画を製作できるような環境にはなかった。そのまま現地で終戦を迎える。

敗戦の翌年に南方から復員すると、小津は母とともに疎開先《そかいさき》の千葉県野田で約一年休養。戦後第一作として昭和二十二年（一九四七）五月に『長屋紳士録』、翌年九月に『風の中の牝雞』を発表したが、二作とも不評だったことは先に述べたとおりである。

働き盛りを兵役などで中断され、しかも、戦場ではあまりにも過酷な体験をした。戦争にも行かず戦争映画を作って評判を取る監督たちに、彼は複雑な思いを抱いた。あるいは中国戦線に小津と同じように身を置き、それを『麦と兵隊』ほかとして発表し大ベストセラーとなった小説家の火野葦平に対しては激しく嫉妬した。戦争はこんなものではない、自分こそが戦争を描いてみせると息込みながら、小津は戦争をテーマにした作品を一本も戦時下に作れなかった。戦争の実態をつぶさに見すぎたために、戦争にまつわる映画がかえって作れなくなったのだろう。その上、復員してみれば、世の中も映画界も一八〇度かわっていて、戸惑うばかりだったのではないか。

映画界では、すでに次世代の黒澤明、木下惠介、吉村公三郎、今井正や山本薩夫ら小津よりも年少の監督たちが台頭し、つぎつぎと民主主義的な映画を発表して評判を取っていた。

「小津は古い」「終わった」と言われるなかで、あえて広津和郎《かずお》の小説『父と娘』を原作に選び、娘の結婚をめぐる父娘の心の動きという古風なテーマに再起をかけて挑んだ、それが『晩春』である。

野田高梧と茅ヶ崎海岸近くの旅館に籠《こも》って脚本づくりに取り組んだ時、すでに主演は原節子と決めていた。彼自身の好みに合っていたのはもちろんのこと、そこには、もうひとつの理由があったのではないか。それは山中貞雄への供養《くよう》である。山中が発見し、最も愛した女優、それが原節子であった。

デビューしたばかりでまったく無名だった原節子を、山中は会社側を必死に説得して自作『河内山宗俊』のヒロインに抜擢した。その『河内山宗俊』のセットを見学に来たドイツ人のファンク監督の目に止まり、日独合作映画『新しき土』に抜擢され一躍、国民的女優となった。一方、山中は『河内山宗俊』が公開された翌年の昭和十二年に召集令状を受け取り大陸に渡った。

中国大陸の戦場で小津は山中と出会い、短い立ち話をして別れたという。そして、その八カ月後、山中は戦病死する。小津はこの後輩を人間としても一監督としても、深く弟のように愛していた。「悔やんでも悔やみきれない」、「あまりにも惜しい」と日記に綴っている。復員後はまっさきに山中の墓参をしているほどだ。その山中が生きていたら最もやりたかったこと。それは原節子を使って映画を撮ることだったろう。山中への鎮魂の気持ちからも、節子を使いたかったのではないだろうか。

小津と野田は酒を飲みながら役者の性格や雰囲気を考え、登場人物を創造した。節子に対しても想像をめぐらし、それをヒロインの「紀子」へと反映させた。紀子像は節子が演じることを前提に創造されたキャラクターなのである。

紀子は鎌倉に暮らす、妻を早くに亡《な》くした大学教授の娘。戦中、軍需工場で働いて身体《からだ》を壊したが、最近ようやく健康を取り戻した。それもあって、婚期を逃しつつある。だが、本人は、亡き母に代わって父の世話を焼く今の生活に満足している。自分の結婚には消極的で、一生、父とふたりで過ごせればいいと考えている。そんな紀子の未来を思って、父は、「自分も再婚するつもりだから」と嘘《うそ》をつき、娘を見合い結婚させる。これが『晩春』のストーリーである。

紀子には明らかに戦争の影があり、戦前戦中を引きずっている。

結婚の対象となる同世代の男たちを日の丸を振って見送り、残された女たちの戦後。それが紀子なのだ。そして、そこには現実の原節子、また会田昌江の姿が重なる。

紀子はたいてい、白いブラウスにひざ下丈のスカートという地味な服装で登場する。

その姿はまるで、節子が戦争中に出演した『ハワイ・マレー沖海戦』『決戦の大空へ』のヒロインそのままだ。気弱な弟が予科練に入るよう叱咤《しった》激励し、自身もお国のためにと勤労奉仕に明け暮れ、身体を壊すまで働いた。清く、正しく、美しい、日本の乙女。紀子に原節子が重なり、さらに戦中に彼女が演じたヒロインたちが重なってくる。節子はこの時、二十九歳だった。

小津と初めて顔を合わせた時、節子は明るい声で、「先生がテストを三十回も四十回もするというのは本当ですか」と尋ねた。すると小津は、「あなたが、ビールを二十本も三十本も飲むと言われているのと同じことですよ」と切り返した。

小津は演技者に細かい注文を出し、役柄にはめ込む演出で知られていたが、この時、節子には比較的、自由に演じさせた。それは節子が小津の意図を、的確に汲《く》み取ったからでもあった。

節子が演じる「紀子」は、控え目で恥じらいを持ち、礼儀正しい伝統的な日本女性の美徳を備えたヒロインだが、同時に理知的で臆せずハキハキと自分の意見をいう、現代的な女性でもある。

なお、ＧＨＱは紀子が最後に見合い結婚するという設定に難色を示しつつ、製作を許可した。ＧＨＱは戦前の家父長制度のもと家の存続のために進められる見合い制度の廃止を訴え、自由恋愛による結婚の奨励を民主主義政策のひとつとしていたからである。ＧＨＱの占領政策も五年目を迎えて、民主主義政策の推進が赤化につながることを懸念するようになり、軌道修正されつつあった。

小津は、節子への賛辞を撮影中から惜しまなかった。

〈原君を一言にして批評してみると、第一に素晴らしく〝感《ママ》〟のいい人だということであり、〝素直〟であることだ。このことはお世辞でなく僕ははっきり言い切れる。〝晩春〟のシナリオも勿論《もちろん》紀子の役は、最初から原君を予定して書いた。原君自身は余り乗っていない様だが、僕は彼女を立派に生かして見せる自信のもとに仕事を続けている〉（『映画読物』昭和二十四年九月号）

小津が、ここまで手放しで出演者を褒めることはめずらしいことだった。節子に満足していたことは確かであろうが、また、そこには小津のもう一つのメッセージが込められていたようにも思う。節子を讃《たた》えるその言葉の裏には、後輩監督たちへの批判と対抗心があったのではないか。

黒澤明は『わが青春に悔なし』で、吉村公三郎は『安城家の舞踏会』で、今井正は『青い山脈』で、それぞれ原節子をヒロインに得て評判を取っていた。けれど、この三人の監督は、節子に主演してもらい成功を収めながらも、彼女を褒めるのではなく、期待や不満を公《おおやけ》に語っていた。

〈正直に云って、まだ原君の演技力は持《も》て囃《はや》す程立派なものではないし、第一原君には、まだ俳優の性根みたいなものが出来て居ない。（中略）この人が適当なトレイニングに堪えるならば今の美しさの三倍位の美しさで輝くのは訳のない事だと〉（『映画ファン』昭和二十一年十二月号／黒澤）

〈出来上った原さんの演技はわり合いに評判もよく、無難であったと思いますが、真実のところ私には、まだまだ愛せない〉（『映画ファン』昭和二十三年二月号／吉村）

〈与えられた役の人物に完全になりきって演技しているのでなく、その役の人物として生きているのではなく、スクリーンに現れて来るものはやはり原節子が役の人物らしく振舞っているに過ぎない――という感じを受けるのです〉（『近代映画』昭和二十三年八月号／今井）

この三人の中で特に小津が意識していたのは、黒澤明だった。後年、小津は黒澤を高く評価するが、自分がスランプにあった当時はことあるごとにこき下ろしていた。新東宝でフリーの美術助手をしていた永井健児の著作には、うっかり「黒澤のファンだ」と小津の前で洩《も》らして執拗《しつよう》に絡《から》まれる様子が詳しく書かれている。なぜ、それほど黒澤を意識したのか。自分がスランプに陥るなかで、一作ごとに評価を上げる若い才能に嫉妬《しっと》と怖《おそ》れを抱いたからか。あるいは作風に共感できず、それでいて世評が高いことに、いらだちを覚えたからなのか。

理由は諸々《もろもろ》考えられるが、やはりここにも亡くなった山中貞雄が影を落としているように思われる。黒澤と山中は、ほぼ同年齢であった。山中は戦場に駆り出されて命を落としたが、なぜか黒澤は一度も戦地へ送られなかった。戦場で地獄を味わった小津は、兵役につかなかった人間を冷ややかに見下すところがあった。山中が生きていれば、間違いなく黒澤のライバルになっていたはずだ、という声が映画界のなかにはあった。

小津は後に、はっきりと黒澤の名前を出して公にも批判するようになる。

『晩春』は公開されると、批評家から絶讃《ぜっさん》される。小津は前二作の不評を『晩春』で一挙に覆《くつがえ》した。現在へと続く小津の名声は、この作品から始まっている。『お嬢さん乾杯！』『青い山脈』で沸騰《ふっとう》した節子の人気と評価もまた、この『晩春』で決定的なものとなった。「ついに小津によって大根の原節子も女優として開眼した」といった言葉の数々が見られたが、節子自身はこういった評価のされ方には内心、強く不満を抱いた。黒澤明からは現場で激しく演技指導を受け、時には涙を流したほどだった。だが、小津から演技指導を受けてはいない。自分は自分の半生を通して身につけた演技で小津に応《こた》え、それが評価されたまでのことと本人は思っていたようである。

加えて、節子は自分が演じた紀子という人物像にも好感を持ってはいなかった。親の言うことを聞いて見合い結婚を選んで生きていく。節子には自我の足りない女と映ったからだろう。節子は、『わが青春に悔なし』『安城家の舞踏会』『お嬢さん乾杯！』は好きな作品だったとしたうえで、『晩春』については公開前も公開後も、こう語っている。

〈そういう意味で今度の『晩春』の役も私には一寸《ちょっと》割り切れないものがあって演《や》り難《にく》い役です〉（『キネマ旬報』昭和二十四年七月一日上旬号）

〈この映画の娘の性格は私としては決して好きではありません〉
（『平凡』昭和二十五年十二月号）

黒澤の『わが青春に悔なし』に出演し、社会に立ち向かい自立を貫くヒロインを演じた直後のような、晴れやかさや高揚感はなかった。それなのに作品に対する評価は高い。

昭和二十四年（一九四九）、『キネマ旬報』ベストテンでは一位が『晩春』、二位が『青い山脈』、六位が『お嬢さん乾杯！』だった。節子はこれらの作品での演技が認められ、はじめて毎日映画コンクールで女優演技賞を受賞する。

この結果から誰もが、節子は小津に感謝しているものと思い込んでいた。ところが、彼女はどこまでも小津映画に対して、小津映画における自分の評価に対して冷やかだった。一番信頼しているのは家族の批評だとして、こう語っている。

〈姉が昔脚本書いておりました。それから熊谷という義兄が監督ですし、私の実兄がキャメラマンをしております。そういう三人にきき、三人の意見が一番一致したのが「お嬢さん乾杯！」でしたけれどもね。（中略）私の仕事の中ではまあマシな方でしょ

ンです〉

うといわれたのです。（中略　家族の批評で）「晩春」はクソミソです。ケチョンケチョ
（『日本評論』昭和二十五年十月号）

照れ隠しで述べたとは思えない。これが彼女の本心なのだろう。『お嬢さん乾杯！』が一番気に入っていると、ことあるごとに語っている。

女優たちは一般に、有名監督に起用されようとしてあらゆる努力をする。気を遣い、時に媚《こ》びる。それが名匠であればなおさらのこと。だが、節子にはそれがない。彼女のこうした発言は、女優として極めて異例である。思ったことをそのまま口にする、相手が誰であろうと変わらない、彼女のプライドの高さと自負が感じられる。

日本社会全体を見渡せば、前年の昭和二十三年（一九四八）からGHQの対日占領政策が明らかに変化していた。二十四年の夏には下山、三鷹、松川事件が相次いで起こり、日本共産党や労働組合に対する締めつけがいっそう強まっていった。

そんな不穏な年にスクリーンのなかで、節子はまばゆい輝きを放ったのである。だが、この頃すでに彼女の健康は蝕《むしば》まれていた。

第九章　求めるもの、求められるもの

　本来なら『お嬢さん乾杯！』『青い山脈』『晩春』の成功から、さらに節子の躍進は続くはずだった。最も充実していた時期である。しかし、身体に異変が生じた。『晩春』公開の前から体調不良に悩まされていたことが記録からわかる。

〈最近私は原因不明の病気にとりつかれ、いろいろお医者様にもかかっているのですけれど、いまだに病名がハッキリしません。別に寝込むほどのことはないのですけれど、なんとなく気が重く、口臭があって、可成り苦しんでおります。それもお仕事をしている時はなにかと気が紛れて病気のことなど忘れているのですけれど、いったんお仕事が終るとまたいけなくなるのです〉

（『映画読物』昭和二十四年九月号）

身体《からだ》がだるい、気持ちが沈む、口臭がするように思える……。節子は元来、胃腸が弱かった。原因は腸の病であったようであるが、一時は「ノイローゼ」との噂《うわさ》も立った。『晩春』出演後、節子は長期の休養を取った。

だが、ちょうどそこへ、願ってもない大作の出演が打診される。黒澤明の『羅生門』である。

節子は四年前に東宝の『わが青春に悔なし』で黒澤と組み、彼に演出されたことをたいそう喜んだ。厳しくしごかれたが、それに感謝し、「今後も黒澤さんにしごかれて精進したい」と語っている。黒澤作品を好いてもいた。しかしながら、その後、東宝争議のさなかに節子は東宝を離れることになり、黒澤は東宝に残ったため、縁が途絶えてしまっていたのだ。だが、節子に遅れることおよそ一年、その黒澤もフリーとなり、大映で『羅生門』の企画を進めるにあたって節子に出演を依頼してきたのである。黒澤は男性を主人公にした『酔いどれ天使』『醜聞』を撮っていたが、ふたたび節子を迎えて女性を主人公にした作品に挑みたいと考えたのだった。

『羅生門』は芥川龍之介《あくたがわりゅうのすけ》の小説『籔《やぶ》の中』と『羅生門』を下敷きにしている。平安時代、とある侍夫婦が旅の途上で盗賊に襲われ、夫は殺され妻は強姦《ごうかん》される。やがて、役人に捕えられた盗賊、連れてこられた妻、そして巫女《みこ》に呼び出された夫の霊が証言するが、三者の言い分はまったく異なっている、というストーリーである。

黒澤は、なんとしても節子を使いたかった。底の知れない姿を現していく魔性の女。それは節子のような聖性をもつ女優が演じてこそ、はじめて人間の二面性や深淵を表現できると考えたからだった。

節子もまた、脚本を読んで出演を強く望んだ。体調不良を押してもと考えたようである。もともとダイナミックなストーリー性のある作品を好んだ節子は、我の強い、気性の激しい女を力いっぱい演じてみたいと切望していた。まさに、節子の希望にかなったヒロインだった。

ところが、美術監督・下河原友雄の回想によれば、義兄の熊谷が「原節子のイメージが壊れる」と強硬に反対して実現しなかったという。それだけが理由ではないようだが、主演は大映所属の京マチ子に決まった。

『羅生門』への出演を見送り、休養を挟みながら、昭和二十五年（一九五〇）に節子が出演した作品は、『白雪先生と子供たち』（吉村廉監督）、『女医の診察室』（同）、『アルプス物語　野性』（沢村勉監督）、『七色の花』（春原政久《すのはらまさひさ》監督）の四作である。『七色の花』を除く三作は節子が出演を望んだ作品だった。いずれの監督も熊谷と親しい関係にあった。

義兄の言うままに出演作を決めていたと見る人もいるようだが、逆に自分の望む作品を義兄に訴え、企画化を頼んで出演していた、と見ることもできよう。

現に『女医の診察室』は、原作を読んで感動した節子が映画化を希望して自ら企画に動いたという。仕事に殉じた女医がヒロインで、かつて心を寄せた男性医師と再会する。しかし、彼にはすでに妻子があり、想いを封じて女医は研究と臨床に没頭するが、持病で儚《はかな》く命を終える。これが彼女が演じたいと切望した役であった。節子がどのような女性像に共鳴していたかを知るうえで興味深い。

続く『アルプス物語　野性』も同様である。義兄の熊谷、実兄の会田吉男キャメラマンが所属する「芸研プロ」の製作で、撮影は、会田吉男が担当した。節子が演じたのは、日本アルプスの山中で野性児そのままに育った少女の「ユキ」。山にやってきた宇宙線観測所研究員の「吉崎」に見出《みいだ》されて都会に行くが馴染《なじ》めず、大自然に舞い戻る。これも、やはり節子が主演を切望した作品だった。そのためマスコミ取材も積極的に受けている。監督を務めたのは沢村勉である。沢村はもともと批評家であり、熊谷の才能を高く評価したひとりであった。その後、熊谷の後押しを受けて脚本家となるが、監督を務めたのは本作のみである。実質的には熊谷がサポートしたのであろう。また沢村は、一時期、節子と恋の噂が立っていた。東大出身で理知的、かつて節子が思いを寄せた清島長利に風貌が似ており、義兄をつうじて親しかったため、そんな噂が立ったようである。だが、原節子ファミリーで取り組んだ本作の評価は高くはなかった。

この年、最後に出演したのが十月十四日に公開された『七色の花』である。昭和十九年（一九四四）、節子と熊谷、それに陽は春原監督宅の二階に間借りしていた。その恩義を忘れず、他社の仕事を断ってまで本作に出たと語っている。だが、本作もまったく評価はされなかった。前年の節子は請《こ》われて次々と有名監督の作品に出演し名声を確固たるものとした。ところが三十歳になったこの昭和二十五年は、一転して後世に残るような作品には出ていない。節子自身が企画を望み、義兄や実兄、また懇意にする人々と組んで挑んだ作品は、すべて失敗に終わっている。本来は自ら企画し、身内や知人と取り組んだ、これらの作品でこそ成功したかったであろうに。

不作だった昭和二十五年から一転して、翌年、節子はまた巨匠たちからのオファーを次々と受け入れた。体調も全快したのだろうか。

幕開けは、黒澤明が松竹で撮る『白痴』だった。ドストエフスキーの原作を日本に舞台を置き換え、雪の降り積もる北海道でロケを敢行した。原節子の相手役は『安城家の舞踏会』で共演した森雅之《まさゆき》と、新人で東宝ニューフェイスとして戦後に映画界入りし、黒澤映画の常連となっていた三船敏郎《としろう》だった。

三船と節子は同じ大正九年（一九二〇）の生まれだが、映画界でのキャリアは節子のほうがはるかに長い。三船は敗戦により六年間の軍隊生活を日本で終えた。東宝で撮影技師になることを望んだものの、勧められてオーディションを受けて合格し、二十七歳で俳優として映画界入りしたという変わり種だった。『白痴』には三船敏郎と同じく、第一期東宝ニューフェイスに応募して女優になった元侯爵《こうしゃく》令嬢の久我《くが》美子《よしこ》も出演している。

節子が演じたのは原作のナスターシャに相当する役で、本作では「那須妙子」。政治家の囲われ者ではあるが、没落した良家の娘で気位が高い。常に男たちを見下し、謎《なぞ》めいた雰囲気で翻弄《ほんろう》する。愛人のもとを離れた「妙子」は、彼女に思いを寄せる成金の息子「赤間」（三船）と、戦犯として処刑されそうになったショックで頭に障害を負い、それゆえに清らかな魂を持つ「亀田」（森）を惑わし、自身も堕《お》ちていく。

節子が演じた「妙子」は、小津映画の「紀子」とは対極にある、男たちを破滅に導くファム・ファタール（運命の女）だった。ドストエフスキーの愛読者でもあった節子は、この妙子役にやりがいを感じたはずである。

黒澤明は『羅生門』で組めなかった節子を得て、意気込んで製作に臨んだ。その結果、作品は四時間半という大長編となる。すると松竹は、前後編で公開するという約束を反故《ほご》にしフィルムを短くするよう、黒澤に迫った。黒澤は激怒したものの、結局、作品はほぼ半分の長さにまで編集されてしまった。公開されると案の定、「意味がわからない」と批評家から酷評され、大衆にはそっぽを向かれて興行的にも惨敗《ざんぱい》する。

小津安二郎は『白痴』の脚本を読み、こんな言葉を日記に書き残している。

「訳わからず。登場人物の白痴なるは可なるも、脚色監督の白痴なるは不可なり」

監督が白痴ではいかん、と辛辣《しんらつ》だ。映画そのものではなく脚本を読んでそう思った、としているところに小津の黒澤への変わらぬ対抗心がうかがえる。

黒澤は、この結果に打ちのめされた。ところが、惨敗した『白痴』の公開から四カ月後の昭和二十六年九月、思いがけないニュースが海の向こうから飛び込んでくる。イタリアのヴェネツィア国際映画祭で、前年に公開された黒澤の『羅生門』がグランプリ（金獅子賞《きんじしし》）に輝いたというのである。日本映画が、世界で初めて大きな栄誉を手にした瞬間だった。このニュースは黒澤を、大映を、日本映画界を沸き立たせた。

それだけでなく、湯川秀樹《ひでき》のノーベル賞受賞同様、敗戦からこのかた自信を失っていた日本人を感激させるに十分だった。黒澤明はこれ以降、「世界のクロサワ」と称されるようになっていく。

『白痴』の後、節子は小津の『麦秋』に続けて出演した。演じるヒロインの名は、『晩春』の時と同じく「紀子」で、やはり婚期を逸した娘紀子が嫁いでいくまでの物語だった。

松竹はこの時、「自社の女優を使ってほしい」と小津に強く頼んだという。だが、「それならば撮らない」と小津に突っぱねられ、やむなく節子の起用を認めたといわれる。

出演交渉は、鎌倉に住む沢村勉を介して行われた。節子の義兄の熊谷一家はその頃、狛江の原節子邸を出て、昭和二十五年あたりから鎌倉の古刹《こさつ》の一角に家を借りて暮しており、節子も『白痴』の撮影の際には、この鎌倉の熊谷邸から撮影所に通っていた。熊谷邸は沢村の家から歩いて五分もかからなかった。

沢村によれば、節子はその場で出演を快諾したという。『晩春』の紀子は気に入らなかったはずなのに、なぜ快諾したのか。沢村から、「原節子は出演料が高いので自社の女優を使うようにと会社に言われたが小津がそれをつっぱねた」と説明を受けたことも節子の判断に影響したのだろうか。了承を得てから小津は、例によって脚本家の野田高梧と旅館に籠《こも》り、節子を念頭にヒロインの人物像を形づくっていった。

紀子はどうしてまだ結婚していないのか、果たして結婚したいと思っているのか、結婚するならどんな相手を選ぶのか。そのヒントを小津は、生身の節子に求めようとした。

節子が「もし、わたしと結婚してくれる人がいるとしたら、子どもがいて奥さんに死なれた人ぐらいいね」と周囲に語っているとのエピソードを沢村から聞いた小津は、「ああ、それを使わせてもらおう」と呟《つぶや》いたという。『麦秋』の紀子はまさにそういう相手を選ぶことになる。

『晩春』で描かれたのは、父ひとり娘ひとりという孤独な家庭だったが、『麦秋』では三世代が同居する大家族を描いている。老いた父母と長男夫婦にその息子、それに、ひとり身の長女、紀子がひとつ屋根の下に暮らしている。一見、穏やかな幸福に包まれた一家である。けれど、次男（紀子にとっては次兄）が戦死している。

紀子は丸の内のオフィスで働く近代的な女性で、周囲からは盛んに見合いを勧められている。ゆっくりとした日常生活が展開し、家族や職場、友人たちとの日々が細やかに描かれていく。亡《な》くなった次兄を、妹である紀子は決して忘れていない。しかし、次兄のいない生活のなかで彼女は歳《とし》を重ね、自然と過去は遠のいていく。やがて紀子は、次兄の友人で妻に先立たれ幼い子どもを育てる男性との結婚を決意する。

ラストシーンでは一面の麦畑が映し出される。それは父母の故郷、奈良の地の麦畑である。だが同時に麦畑はまた、次兄の記憶にも繋《つな》がっている。次兄は麦畑の広がる中国の徐州での戦闘で亡くなったとされているからだ。火野葦平《あしへい》のベストセラー小説『麦と兵隊』で描かれたのも徐州会戦。そして、小津にとってかけがえのない存在であった山中貞雄もこの作戦に参加してのち、命を落とした。小津自身も中国戦線では麦畑の中を行軍している。

『麦秋』の隠されたイメージは、徐州会戦であり、つまりは先の戦争なのだった。映画では兄が戦地から送ったという麦の穂の話も出てくる。戦死した『麦秋』の次兄に、山中が重なる。だから、この映画の紀子はやはり、どうしても節子でなければならなかったのであろう。

小津は『麦秋』のテーマを聞かれて、「輪廻《りんね》や無常を描きたいと思った」と語っているが、これは、小津がようやく描くことのできた「戦争映画」だったのではないか。

『麦秋』とは、小津にとっての『麦と兵隊』なのだろうと思う。

敗戦から六年。戦争の記憶は日々、薄れていくとはいえ映画館に集まる観客は、まだ全員が戦争体験者であったはずだ。銀幕に映るスターも、監督や脚本家や製作関連の技術者も皆、戦争体験者であり、戦中は戦意高揚映画に関わった人たちだった。

戦時下、松竹で最も評判を取った戦意高揚映画は『西住戦車長伝』（吉村公三郎監督）である。その脚本を書いたのは、誰あろう、小津と組んで戦後の「小津調」を確立した野田高梧だった。『西住戦車長伝』のなかで野田は、こんなセリフを書いている。


〈機関銃の掃射を喰らわせたら、見る見るうちにコロッコロッと、二三十人タバになって転がりよるのよ！　ふだんの演習より何ぼか面白かったぞ！〉

（『日本映画』昭和十五年一月号）


小津映画で慈父を演じる笠智衆《りゅうちしゅう》は戦中、軍人や兵隊の父を演じ、やはり小津映画では常におっとりとした善良な母を演じる東山千栄子《ちえこ》も山本嘉次郎《かじろう》監督の『雷撃隊出動』では、こんな台詞を語っている。

「米国をピシャリとやっつけてお呉《く》れませ。ほんに。あの畜生どもを、こん世界から追い払わにゃ、どうもなりませんだ。ただじゃ、おら死にやしませんと。アメリカの畜生どもを、二人でも三人でも、叩《たた》ッ斬《き》ってから死にますと」

かつて戦争映画を書き、撮り、演じていた人々が小津のもとに集められ、その中心に紀子を演じる原節子がいる。

『ハワイ・マレー沖海戦』の「喜久子」、『決戦の大空へ』の「杉枝」、かつて節子が演じた女性たちの戦後の姿が「紀子」に重なる。『麦秋』は、戦争に散った若き人々への鎮魂の作品ではなかったろうか。

『麦秋』製作中の小津は、原節子を前回以上に賛美した。

〈原節子のよさは内面的な深さのある演技で脚本に提示された役柄の理解力と勘は驚くほど鋭敏です、演技指導の場あいも、こっちの気持ちをすぐ受けとってくれ、すばらしい演技で解答を与えてくれます、（中略）演出家の中には彼女の個性をつかみそこね大根だの、何んだのと言う人もいますが、その人にないものを求めること自体間違っているのです〉（「時事新報」昭和二十六年九月十四日）

ここでも小津は、「彼女の個性をつかみそこね大根だのと言う」と語って暗に黒澤をはじめとする若手監督たちのことを非難している。黒澤の『羅生門』がイタリアでグランプリを受賞したというニュースが飛び込んで来たのは、この『麦秋』公開のちょうど一カ月前のことであった。

『麦秋』は批評家から高く評価された。だが、節子は休む間もなくさらに東宝で成瀬巳喜男《みきお》監督の『めし』に主演する。

原作は林芙美子《ふみこ》の未完の同名小説で、製作は『青い山脈』を手がけた藤本真澄プロデューサーである。この年、古巣の東宝に復帰した藤本が、主演女優を節子に決め、成瀬を監督に指名して、陣頭指揮を執ったのだ。黒澤と小津が争うように節子を使うなかに、藤本もまた刺激され、負けじと参入していった感がある。

藤本は、黒澤とも小津とも違う役柄を節子に振り当てた。それは、「生活にやつれ、くたびれきった主婦」というものだった。

原作者の林芙美子は節子の起用を「美しすぎる。まったく原作のイメージと異なる」と言って反対したが、藤本は「綺麗《きれい》な人がわびしい生活を送っているからこそ、わびしさが出るのです」と必死に説得したという。公開前から「ミスキャスト」の声があがっていたが、藤本は意に介さなかった。節子の新境地を開いてあててみせる自信があったのだ。そして、藤本のこの読みは正しかった。

節子は、音を立ててお茶漬けを啜《すす》る色気のない人妻を見事に演じた。美しい原節子を期待する熱烈なファンからは苦情も出たものの、かえって節子の演技力は高く評価され、興行的にも成功を収めた。小津が『晩春』で節子を得てスランプから脱したように、戦後、低迷していた成瀬もまた、本作で復調を遂げ、この後、名作を数々、発表することになる。

この年の『キネマ旬報』ベストテンで第一位は『麦秋』、第二位が『めし』、『白痴』は圏外の十八位だった。黒澤、小津、藤本＋成瀬がそれぞれに節子をヒロインに迎えて三者三様に戦った。その結果は黒澤のひとり負けである。

節子は、『麦秋』『めし』の演技により、一昨年の昭和二十四年（一九四九）に続いて二度目の毎日映画コンクール女優演技賞を受賞した。すると、小津は、黒澤への高らかな勝利宣言のように節子をこう褒め称《たた》えた。

〈原節子には得手不得手がはっきりしている。黒沢君のように使われると彼女はいいところが出せないのじゃないか〉

（「毎日新聞」昭和二十七年一月二十二日夕刊）

黒澤が『白痴』を限りに、節子を使わなくなったのは、こうした批判と無関係ではなかったろう。

多くの監督が彼女そのものを欲した。彼女の存在を映画の中心に据えたいと願った。彼女を念頭に小津たちは脚本を書いた。自分こそが節子を生かせる、と競い合った。誰かが節子を使って成功すれば、対抗して違う切り口で使おうとした。

節子を使って見事な成果をあげた小津を見たからか、黒澤は節子から去っていく。黒澤、小津、藤本が三《み》つ巴《どもえ》となった争いから黒澤がまず撤退したのだった。

こうした流れと連動するように『麦秋』が評判を取り、『めし』が公開される直前、「原節子と小津安二郎が結婚する」という噂が流れ、一般紙までが追うという出来事が起った。

これは、東宝が『めし』の話題づくりのために故意に流したデマであった。仕掛け人は藤本真澄で、なんとしても『めし』を興行的に成功させたいという一念で宣伝のために流したらしい。

とはいえ、この噂は非常に罪作りなものであった。

確かに小津は節子を手放しで褒め、節子が隣に座ると顔を赤らめるなどと、からかわれていた。節子も結婚相手は「尊敬できる年上の人」が理想と語っていたため、小津がそれに当てはまるのではないかと噂されることがあった。なによりも独身の大監督と大女優である。そのうえコンビを組み、名作を発表しているという事実が、噂に真実味を持たせる部分があった。

節子は記者たちに何度となく取材をされることになり、「先生に申し訳ない。事実無根です」と、その度に答えた。昭和二十六年（一九五一）十一月十二日の「朝日新聞」の「うわさを洗う」という欄でも、この「原節子結婚説」が取り上げられている。節子は記者にきっぱりと、「そのお話でしたら、あたくし大変迷惑していますの。現在は、どなたとも結婚話は決っておりません」と応じている。また、この記事には小津の母、あさゑの、「セガレは女優さんとは結婚したくないというのが持論ですよ」という発言も載った。

この時に限らず、節子は、インタビューのたびに、結婚について執拗に聞かれている。「なぜ結婚しないのか」「結婚をどう思っているのか」と。

〈私ネ、昔は結婚したら女優生活をすっぱりと精算《ママ》して家庭の人となるのでなければ……そういうことの出来る相手でなければ結婚しない気だったの、だけどだんだん考えが変わって来たの、今はね、結婚しても今の仕事を止《や》めなければならない程はっきりした理由が考えられないし、止めなくてもやって行けるのではないかと思っているの。だけどこれは今の私の考えなんですから……〉（『近代映画』昭和二十二年十月号）
〈たとえ、それが失敗しても、女の幸福は結婚にあるということは、私も十分考えていますのよ。私も、二十五、六の頃は、結婚問題を真剣に考えていました。この頃、やっとお仕事が面白くなって……。でもね、男とちがって、女の場合は恋の犠牲が大きいでしょう。だからね……〉（『映画ファン　増刊 秋のよみもの号』昭和二十三年十月号）

一方で、もっと恋愛をすれば芸に幅が出るはずだ、結婚すればもっと演技力がつくはずだ、という批判もずいぶんされていた。節子は、そういった意見には決して与《くみ》しなかった。

〈私の演技の中にある、或《あ》る欠点が唯《ただ》結婚によってのみ救われるのだとは思いたくないのです。私はそこまで行く前にまだまだ私の演技を鍛える余地があり、むしろそうした修養に依《よ》る演技力の発展向上を計る方にこそ希望を感ずるのです〉

（『近代映画』昭和二十二年二月号）

〈私ね、よく恋愛をしないから芸がかたい、っていわれますのよ。でもね、じゃあ、人殺しの役をするのには本当に人殺しをしなければならないの？〉

（『映画ファン』昭和二十四年十月号）

彼女の揺れる思いが伝わってくる。もっとも、男性に対する不信の念も強かったようで、お酒が入ったロケ先のインタビューでは、こんな発言もしている。

〈大体ね、男なんてけだものだわ（中略）ええ、そう、けだものよ、不潔だわ。どんなにいい奥様をもったひとでもみんな浮気するんですもの。ほんとに浮気しなくても、よ。その美人を見れば内心食指を動かすんだから、結局同じことだわ（中略）男のひとは馬ね。丁度、昼間私がおけいこしている馬みたいなものよ（著者注・撮影のため乗馬を練習していた）。利口な女は一生馬のお相手して上手に操つるだけ〉

（『平凡』昭和二十五年九月号）

節子は戦後、結婚より女優である道を選んだのだ、とも語った。日本社会では、女性が結婚と仕事を両立させることは難しい。女優であればなおさらのこと、結婚した先輩女優は皆不幸だ、とも。次に紹介するのは脚本家・田中澄江との対談での発言である。

〈ですからどっちを主にするか――人間というものは神さまじゃないから限られていると思います。ですから女優としての道をまっとうするには女としての道を犠牲にする、どっちかだと思います。両方うまくゆくなんてそんな虫のいい話はないと思います〉

（『婦人公論』昭和二十七年十一月号）

「結婚には興味がない」「独身だとなぜ気の毒だと言われるのか」などと本心を吐露することもあった。とはいえ大概は「結婚したいけれどご縁がなくて」と、やり過ごした。また、後年になってからは、こんな告白もしている。彼女のもとには降るほど縁談があったが、それをニベもなく断っていた、というのだ。

〈そりゃあいろいろなかたが、貰《もら》いにきてくださったんですよ。政治家もいたし、大学の先生もいたし……おかえりになっていくのをそーおっと、あたくし、カーテンの陰から見てるんです。フ、フ……〉

（『週刊朝日　別冊』昭和三十五年五月一日号）

矛盾した発言や行動は、心の揺れか。だが、ひとつだけはっきりとしていたことがある。聡明な彼女は、日本社会において女優を続ける以上は独身であるほうがいい、結婚するのなら女優をやめたほうがいい、と考えていた。彼女は女優ならば水着になれ、裸になれと迫る社会の歪《ゆが》んだ価値観に迎合することなく対峙《たいじ》した。それと同じように、女であれば結婚するべきだと迫ってくる世間の圧力を柔らかくかわして、同調することなく自己を貫いた。彼女は、人が思うよりもずっと女優という職業を大切に思っていたのではないだろうか。

噂を立てられた一方の主である小津の結婚観もここで語っておきたい。小津はなぜ独身だったのか。ひとつには、同居する母あさゑの存在が挙げられる。節子にとって義兄が恋を遠ざける要因となったように、息子を溺愛《できあい》する母との密接な関係が、小津から結婚の機会を奪っていた面は否《いな》めない。

加えてこの時期、小津には、付き合いの長い元芸者の存在があった。諸説あるが、彼女との結婚に小津家の家柄を誇る母は、よい顔をしなかったといわれる。

ふたりが出会ったのは、小田原の花街。芸者時代の源氏名を「君代」、本名を森栄という。客と芸者として知り合ったが、その関係は戦争を挟んで長く続く。栄は小津の出征中、無事を祈ってお百度を踏み、慰問袋を送り続けた。小津もまた、喜んでこれを受け取ったが、戦地でつけていた日記には「戦争と貧困と恋愛を経験しなければ人生を味わったとはいえないというが、自分はまだ恋愛らしい恋愛を味わっていない」といった言葉を書き残している。

小津の栄に対する態度は、戦争から帰ってきても変わらず、芸者と情夫《イロ》の関係を出なかった。栄は戦後、別の男性の援助を受け、築地に旅館「森」を開くが小津はそんな栄と割り切った関係を続けた。結婚を自分から切り出せぬような立場の女性を選んでいたように見受けられる。日記に「一番大事なことは仕事だ」と書き残し、「俺は素人の女とはつき合わない」と公言してもいた小津。結婚して家庭を守り、子孫を残していく。そういう生き方は望めない、望まない監督と女優が、家族を映画のなかで描き出し続けたのだった。

節子も小津も重き荷を背負い、見るべきものを見すぎていたのかもしれない。

第十章「もっといやな運命よ、きなさい」

節子はたびたび友人たちに、「私には不幸が向こうからやってくる」と話したという。経済学者の向坂逸郎《さきさかいつろう》との対談でも、こんな言葉を残している。

〈どんな運命がきてもまだくじけない。もっといやな運命よ、きなさいっていう変な自信があるんですよ〉（『中央公論』昭和三十二年十一月号）

これほどまでにいう言葉の裏には何があったのだろうか。昭和二十六年（一九五一）、節子は『白痴』『麦秋』に出演、『めし』でも、くたびれた人妻を熱演して評判を取るが、この撮影中に、大きな決断をしている。九月一日付で四年ぶりに古巣の東宝と専属契約を結んだのだ。

フリーになって人気は絶頂、各社の監督が彼女を使いたがっていた。それなのになぜ、フリーの立場を捨てるのか。年三本の契約で、それを満たせば他社作品にも出られるという条件とはいえ、首をひねる人は多かった。

この東宝入りには、いくつかの事情があったと考えられる。ひとつには義兄の熊谷が社長をし、実兄の会田吉男キャメラマンも社員だった「芸研プロ」の経営が振るわず、思うような作品づくりも出来なかったことである。そのため節子は東宝に義兄、実兄も合わせて、つまりは三人一緒に雇い入れてくれるなら、という条件をつけて契約したようである。加えて東宝では、横光利一《りいち》の小説『旅愁』を映画化する話が進んでおり、節子はこの映画に主演したいと望んでいた。

『旅愁』の舞台は戦前のパリで、ヒロインが個性の異なる日本人男性二人の間で自我に目覚めていくという物語である。横光は節子が愛読した小説家のひとりであり、彼女はこの企画に乗り気だった。監督には吉村公三郎、脚本には新藤兼人が昭和二十六年十二月の時点では予定されていた。

ところが、翌年三月二日の「時事新報」には、「監督は熊谷久虎で調整中」とある。節子が「監督は義兄で」と東宝に推したのではないだろうか。

熊谷は東宝から戦争協力者として追放され、監督業から離れていた。その義兄を東宝の監督に戻し、自分が主演する大作で復帰させるのが、節子の悲願だったのではないだろうか。節子は、この『旅愁』の映画出演と引き換えに東宝との契約に応じた可能性が高い。

ところが、パリでの撮影が予定されていたにもかかわらず、この話は流れてしまう。ロケ費用がどうしても捻出《ねんしゅつ》できないというのが東宝側の言い分だったが、海外ロケもある大作にいきなり熊谷を起用することに東宝が躊躇したのではないだろうか。節子は『旅愁』が頓挫《とんざ》すると体調不良を理由に休養に入ってしまう。一部では、彼女の東宝に対するボイコットだと噂《うわさ》された。節子自身はこの噂を否定し、あくまで体調悪化が理由だと弁明している。

〈たしかに『旅愁』がおあずけになったのには少しがっかりした。本もとびとびだが読みなおしたくらい気に入っている。でも四ヵ月も仕事をしなかったのはそのためじゃない。（中略）大体このごろ疲れやすい。『胸のところがモヤモヤして背中が痛むようで……トシのせいかしら？』戦争中ヤミのルートを知らないで粗食をした影響が今でて来たのかもしれない。もっとも知っていたところでお金がなかったけれど……〉

（「毎日新聞」昭和二十七年六月十五日）

昭和二十七年（一九五二）、節子は三十二歳になる。映画女優になって十七年。「大根女優」と叩《たた》かれ続けたが、最近ではようやく評価され、『わが青春に悔なし』『安城家の舞踏会』『お嬢さん乾杯！』『青い山脈』『晩春』『麦秋』『めし』など代表作と見なされる作品にもめぐり遭っていた。

だが、節子自身は、これまでの出演作に決して満足はしていなかった。

「あなたの代表作は？」と聞かれると、「まだありません」と答えた。

また、「好きな作品は？」と聞かれると、「自分が本当に出たいと思って出たのは『女医の診察室』ぐらい」と答えている。もしくは、『わが青春に悔なし』『安城家の舞踏会』『お嬢さん乾杯！』のうちの、どれかを挙げてお茶を濁すのが常だった。

ただ、ひとつだけはっきりしていることがある。彼女はなぜか小津作品だけは、かたくなに挙げなかった。『晩春』と同様に評価された『麦秋』に対しても、節子は肯定的ではない。小津映画で与えられた紀子のような役は、もうやりたくないといった発言さえしている。

〈婚期に遅れたオールドミスをやるのも、余り好きではないわ。私は人妻の役がやって見たいの。子供だってあったっていいじゃないの。妻としての喜びや悲しみをやりたいの〉（『新映画』昭和二十七年一月号）

これは『麦秋』公開後の発言である。

戦後になって女優という職業に目覚めていった、と彼女は繰り返し語っている。経済的に追い詰められ、いやおうなく仕事に向き合ったということのほかに、彼女の意識を変えた大きな出来事があったからだ。

それは洋画との出会いである。戦争中は長く上映が禁止されてきたアメリカ映画を観《み》て、節子は目を見張り心から感動した。作品としての完成度がそれぞれに高く、しっかりとしたテーマが伝わってくる。洋画が観られるようになったことは、戦後の「大きなよろこびであり、また刺戟《しげき》」と節子は『映画グラフ』の昭和二十三年八月号で語っている。

中でもとりわけ節子を夢中にさせたのが、イングリッド・バーグマンの存在だった。節子はバーグマンに憧《あこが》れ、バーグマンのような演技者になり、バーグマンのような役どころを演じたいと切望するようになった。また、彼女が結婚して子どもも得たうえで女優を続けられるのは、アメリカ社会が成熟しているからで日本では望めないことだとも語っている。

戦後間もなく観て感動したのは『カサブランカ』だった。ふたりの男性に愛される魅力的なヒロインをバーグマンが演じている。複雑な政治状況下で展開する三角関係の恋愛ドラマに、節子の心は鷲《わし》づかみにされた。戦争中、恋愛映画は時局にあわないとされてきたが、これからはこんな映画に自分も出てみたいと思った。

バーグマンは決して人形のように美しいだけではない。陰影のある豊かな表情は、内面からにじみ出るものだと節子は思った。節子はバーグマンの主演映画を観て、演技を盗み学ぼうとした。はじめて演技者の手本を得たのだ。こんなエッセイを書き残している。

〈バーグマンさま。

あなたの演技の持つ幅の広さ、その深さは、同じおしごとにたずさわるほどの者なら、誰しも深く羨望《せんぼう》するものであると存じますけれど、わたくしの最もうたれます点は、あなたの表現なさる人間性のなまなましさ、強烈さなのでございます。わたくしは最近に出演いたしました数本のわたくしの映画で、どうにかしてその女主人公の持っている女らしさ、人間らしさを、生のままで、そして強く、またあなたのそれのように洗練されたかたちで表現したいと努力いたしております。そして、いつもあなたの身のまわりにただよっている一種の温い雰囲気とかぐわしい匂《にお》いのようなもの、そんなものをも、わたくしは身につけたいと、欲深く願っているのでございます〉

（『映画グラフ』昭和二十三年八月号）

三十二歳の節子は、自分が納得する役を演じて代表作にしたいという気持ちに駆られていたのだろう。バーグマンの映画でも『カサブランカ』が好きだったという。美しいだけでなく、自我があり、自分で人生を切り拓《ひら》いていくヒロインを演じたいという節子の志向に、まさに『旅愁』は合致していた。ところが、その話が頓挫してしまったのだ。落ち込むのも当然であろう。

この頃節子には、『旅愁』のほかにも映画化を切望する企画があった。

昭和二十七年一月の時点で、はっきりと彼女はこう語っている。

〈今やってみたいと思っている役に細川ガラシャ夫人があります。実現出来れば義兄の熊谷（久虎氏のこと）に演出してもらいたいんです。私の見た日本映画でほんとに心に迫るものを感じたのは義兄の監督した「阿部一族」でした。義兄のことを褒めて気がひけるんですが、私は熊谷の演出を高く買っています〉

（『近代映画』昭和二十七年一月号）

節子は戦前から、ことあるごとに「意志の強い女性を演じたい」と語ってきた。けれど、そういった役はなかなか巡ってこなかった。という以前に女の「自我」が日本映画に描かれるということ自体が稀《まれ》だったのだ。それはまた、日本社会のなかでそのような女性が好ましく思われていない、現実として存在していない、ということでもあった。節子は日本史のなかにそうした人物を探して細川ガラシャならばと考えたのだろう。この後、彼女は引退の間際《まぎわ》まで、「明智光秀《あけちみつひで》の娘で、気性の強い勝ち気な夫人、細川ガラシャを演じたい」と言い続けることになる。

昭和二十七年の節子は、東宝で『風ふたたび』（豊田四郎監督）、『東京の恋人』（千葉泰樹《やすき》監督）を撮ったあと、『旅愁』の企画が流れたこともあり体調不良を理由に一年近く映画に出演せず、自宅で静養している。

長年、徹夜の多い不規則な映画界で働いてきた。その上、戦中戦後の食糧難を経験し、栄養失調になった時期もある。一家を養うために無理も重ねた。節子はこの時期、腸を切除する手術を受け療養していたようである。

活躍した年の翌年は体調不良で休養を取る。それがこの後も、ひとつのパターンとなっていく。

節子が休養していたこの間に、日本社会には大きな変化があった。

昭和二十五年六月、朝鮮戦争が勃発《ぼっぱつ》して占領軍は改めて日本を「極東における反共の防波堤」と位置づけたのだ。その結果、GHQの指令により共産党員と同調者の公職追放が始まった。いわゆる「レッド・パージ」である。新聞社、放送局を皮切りに、官公庁はもとより全産業に及んだ。

一方で、すでに始まっていた戦争協力者の追放解除は、ますます加速していった。熊谷の東宝復帰も、こうした世間の流れと無関係ではなかったろう。

そして昭和二十七年四月、サンフランシスコ講和条約が発効し、ついに占領は終了する。映画界は検閲から解放され、これまで触れることをGHQに禁じられてきた、沖縄戦や原爆も描けるようになった。

今井正監督は、すぐさま沖縄の地上戦を題材に『ひめゆりの塔』の製作に取り組み、翌二十八年に発表。映画は大ヒットした。また、占領期に追放映画に指定され、上映を禁止されてきた映画も次々と公開される。敗戦の直前に節子が主演した、山本嘉次郎監督の『快男児』も二十八年四月になって『恋の風雲児』と改題のうえ上映された。

こうしたなかで昭和二十八年、節子も一年ぶりに映画に出ることになった。

復帰作は『白魚』と決まった。しかも、監督は義兄の熊谷久虎。

『旅愁』や『細川ガラシャ』は実現せずに流れ、この真船豊の同名小説の映画化に落ち着いたようである。熊谷にとっては昭和十六年（一九四一）に『指導物語』を発表して以来、実に十二年ぶりの監督復帰作であった。撮影は節子の実兄である会田吉男キャメラマン。原節子ファミリーが結集して臨む格好だった。

『白魚』の撮影に入る前、節子は「東京新聞」の取材に応じ、「脚本を読んでこれなら出演したいと思った」と、『白魚』にかける意気込みを熱く語っている。ところが記者が質問を変え、小津の新作『東京物語』にも出演するのかと聞かれると、彼女の口ぶりは一変する。

「まだ本を見ていないので、出るつもりですが……私は本を見ないときめないんです」と、打って変わって素っ気ない。別のインタビューでも『東京物語』について聞かれると、「私の出番はそう多くありませんから」と答え、脇役《わきやく》として出演するだけだとも述べている。『白魚』を語る口調とはあまりにも落差がある。

こうした硬い口ぶりは、結婚の噂を流されて気まずい思いをしたからだろうか。節子だけではなく、小津の側にも変化は見られる。だが、一番の理由は彼女が目指す代表作は小津作品にはなく、自分の理想とする作品を義兄や実兄とともに作り上げたいという一念を抱いていたからであろう。

『白魚』は撮影中から「原節子、待望の復帰作」と宣伝された。熊谷にも、節子にも、大きなプレッシャーがかかっていたはずだ。特に戦争を挟み、長期にわたって監督を務める機会のなかった熊谷は、かなりの緊張を強いられたに違いない。それが、すべてをおかしくさせたのだろう。

撮影が始まると、現場のスタッフは、かつては『キネマ旬報』ベストテンの常連で奇才といわれた熊谷の個性に戸惑うことになる。意味のわからない注文やこだわりが、あまりにも多かったからだ。東宝社員で『白魚』の美術助手を務めた鈴木一八は、当時の状況をこう書き残している。

〈それにしても、この『白魚』というのは、その内容からいってもまったく奇妙な映画であった。（中略）撮影現場も、私にははじめから何か異常に思えた。一口にいって、熊谷久虎という人は神がかっている人のように映ったのである〉

（『映画裏方ばなし』昭和五十五年）

例えば熊谷は蓮《はす》の花を飾り、その蕾《つぼみ》が開花する瞬間を撮るのだと言い出す。あくまで生の花にこだわった。そのため、セットには蓮の花が何十本も持ち込まれた。が、ライティングをしていると照明の熱でふいに開花してしまう。あるいは一向に咲かず、何百フィートもフィルムをロスした。そもそも蓮の花に、どうしてそれほどこだわるのか。重要な場面の重要なモチーフとも思えずスタッフは当惑した。

そうかと思えば熊谷は節子に向かって細かく演技指導し、時には大声で怒鳴り上げる。

「そうじゃない！　何をガタガタしてるんだっ」

スタッフは思わず静まりかえる。現在の「原節子」に、こんな態度を取れる監督は、他にいなかったからだ。取材に来た記者たちも、一様に驚いた。取材者に自分の指導ぶりを誇示したかったのか。あるいは東宝のスタッフに「原節子の義兄」ではなく、あくまでも一監督として見られたいという思いの裏返しか。節子はと言えば、そんな熊谷に応《こた》えようとして真剣そのものだった。現場にいる者たちには、彼女の熊谷に対する絶対的な信頼と敬意が奇異にさえ映った。

そうしたなかで、その悲劇は起こってしまう。

撮影も半ばを過ぎた七月十日の出来事だった。

夜の七時過ぎ、静岡県の御殿場駅で撮影が行われた。煙を吐きながら駅に滑り込んで来る列車から、主演の上原謙とともに節子が降り立つというシーンだった。この時、熊谷は「汽車がホームに入ってくるカットを、線路のまん中にキャメラを据えて正面から撮る」と言い出した。戦時中、『指導物語』を撮り、走る機関車の迫力あるシーンを称賛された。その経験から汽車の映像にはこだわりと自負があるようだった。

監督の説明を現場で聞き、スタッフの中には不安を覚える者もあった。しかも、撮影のために組まれたものではなく通常運行の汽車を捉《とら》えるため、テストはなしだという。だが、現場では監督は絶対的な存在だ。誰も反対意見を言えなかった。

熊谷の指示どおり線路の真ん中にキャメラが据えられた。汽車はあらかじめ決めておいた停止線で止まる、だから臆《おく》せず正面から撮れという義兄の言葉に会田キャメラマンは従った。

やがて、汽車が汽笛を鳴らし、ホームに入ってきた。会田はそれを正面から捉えた。だが、誤算が生じた。撮影用のライトがあまりにも強烈だったのだ。機関士は眼が眩《くら》み、止まるべき停止線を見失い、線路の中央にキャメラを構えて撮影していた会田と助手を弾き飛ばして停車した。

現場は悲鳴に包まれた。

節子は汽車から飛び降りると騒ぎのする方に駆け寄ろうとした。それを周囲が必死に止めた。会田と助手は轢死《れきし》こそ免れたものの、瀕死《ひんし》の状態で車両の下から救い出され、スタッフの手で近くの病院へ運ばれた。

会田にはまだ意識があり、「キャメラは大丈夫だったか。助手は無事か」としきりに気にし、医者には「僕はいいので、助手さんを助けてください」と懇願したという。

病院に医者はひとり、けが人はふたり。しかも、ともに重傷だった。医者はどちらを先に手術するべきか迷った。その時、節子が叫ぶように言った。

「兄は後でかまいません。助手さんを先に」

皆、何も言えず、俯《うつむ》いた。医者は節子の指示に従った。節子はその後も、実兄ではなく撮影助手の青年に付き添い続けた。

病院に会田の妻が駆けつけた。結婚したばかりで、子どももまだ小さかった。節子にとっては幼い頃ともに遊んだ年の近い兄である。ふたりとも本好きで性格も似ていた。長兄に倣って弁護士の道に進もうと考えて明治大学に進学したが、家運が傾き義兄の言に従って、節子とともに映画界入りしてキャメラマンになった。けれど、妹と同じように、映画界にはどうしても馴染《なじ》むことができなかった。彼はこんな言葉を残している。

〈映画界へ入った自分と云《い》うものに、どうも納得がいかなかった。(中略) 私も妹も、義兄のすすめに従ったまでであるが、自分の意志とは、あまりに無関係に人生の持ち札を摑《つか》んでしまった〉(『映画ファン』昭和二十七年五月号)

そう雑誌に書いたのは、この事故の前年のことである。

手当ても虚《むな》しく節子の二番目の実兄、会田キャメラマンは夜明けとともに静かに逝《い》った。

節子は病室で悄然《しょうぜん》とする熊谷をいたわり、夫人を慰め、必死に涙をこらえていた、と美術助手の鈴木は回想している。だが、一方には、「原節子の嘆きようは大変なもので、痛々しくて、とても見ていられなかった」という証言も残されている。

あまりにも悲惨な事故だった。スタッフの中には、「これは人災だ」と感じた者も多くいた。だとするならば加害者は節子の義兄であり被害者は節子の実兄ということになる。非難の声が大きくなることはなかった。

撮影はその後も続けられた。節子の意志であったという。節子は義兄を責めず、実兄の死を乗り越えて職業人としての義務を全うしようとしたのだろう。ところが、その結果、「実兄よりも義兄のほうが大事なのか」「やっぱり義兄と怪しいんじゃないか」「そんなに義兄を映画界に復帰させたいのか」といった心ない陰口を叩かれることになった。

節子はなぜ義兄を責めなかったのか。それは、この一件は事故だと思ったからだ。それに義兄と実兄の東宝復帰を後押ししたのは他でもない自分だという思いもあったからであろう。『白魚』の映画化にも積極的に関わった。行き遅れた娘役はもうこりごり、人妻役に挑戦したいと訴えたのは節子だった。節子の希望を実現させる形で『白魚』は製作されたのだろう。悲惨な事故のおおもとを辿《たど》っていけば、すべては自分に行き着くと感じていたのではないだろうか。

『白魚』は、事故からひと月後の八月五日に公開された。

真船豊の同名小説が原作ではあるが、内容は大きく脚色されている。原作は、老いた小説家が若い娘の訪問をきっかけに、故人である、その娘の母との淡い恋を回想しつつ自分の老残を嘆く物語である。

一方、映画は、戦後、民主化された世の中で「右翼」と批判されスランプに陥った小説家の「香山」（上原謙）と、戦争に行ったまま生死不明の夫を待ち続ける「幸子」（原節子）の恋情を描いている。戦後、右翼作家といわれて苦しむ香山が原節子演じる幸子によって救われ、才気を取り戻していくというストーリーである。香山には明らかに熊谷自身が投影されている。

ある日、香山は酔いつぶれ、狂ったように富士山に登ると言い出す。そして嵐《あらし》の中、香山は富士山に向かい、幸子は彼の後を追いかける。嵐が過ぎ去り山中で、ふたりはご来光をともに拝み、感激した香山が幸子に、「僕はこれを書く」と力強く誓うところで映画は終わる。ラストでは富士山が大写しされ、その稜線《りょうせん》に節子の顔がオーバーラップで重なっていく。富士山と原節子が融合し一体化するのだ。

国粋主義につながるとして、GHQは富士山を映像化することを長く禁じていた。したがって、このラストシーンには占領期が終わって日本は夜明けを迎え、再生していく、という熊谷なりの意味が込められていたのだろう。だが、ラストが唐突すぎるせいか、作品としてはこれだけの犠牲を払いながら不出来とされ話題にもされなかった。撮影に入った当初はこの作品でこそ、映画界の栄誉を手にしたいと節子も熊谷も会田吉男も他の会田家の人々も願っていただろうに、あまりにも悲惨な結末であった。

撮影が終わってから、節子と熊谷は多摩川に浮かべた船にスタッフを招待し、慰労した。一緒にビールを飲み、いつもと変わらぬ態度で接する節子を目にした美術助手の鈴木は、胸が痛んでならなかったという。またこの一件が、後の原節子引退の一因になったのではないかとも記している。

『白魚』の撮影が終わると、節子は十日後には次の作品のロケに入った。それが『東京物語』である。節子にとっては、二年ぶりの小津作品だった。今回も役の名は「紀子」。いわゆる「紀子三部作」の最後を飾る一作である。小津安二郎の代表作として現在、世界的に高く評価されている作品だ。節子は三十三歳になっていた。実兄をロケ撮影中に亡くしたという話は当然、小津の耳にも入っていたはずである。

物語の舞台は東京。広島県の尾道から老夫婦が長男長女に会うため東京に出てくる。ところが、子どもたちは仕事に追われて忙しく、父母をないがしろにする。そんななかで、ただひとり心から歓待したのは戦死した次男の嫁、血の繋《つな》がらぬ紀子だった。舅《しゅうと》は紀子に「いい人がいたら再婚したほうがいい」と勧め、紀子はそれを聞いて泣き崩れる。

前二作と同様に、小津は節子が演じることを念頭に、この脚本を野田高梧と練り上げた。

しかし『晩春』『麦秋』と異なり、今回の「紀子」は未婚の女性ではなく、戦争未亡人という設定になっていた。節子の実年齢を意識してのことであろうが、もうひとり、この紀子を考える上で重要な人物がいたと考えられる。

この時期、小津は実際に、戦争未亡人の女性とつき合っていたのだ。名を村上茂子という。元芸者の森栄から、この村上へと小津の関心が移ったのは、『麦秋』を撮影した後のこと。村上は松竹大船撮影所の専属楽団員で、アコーディオンを担当していた。

『東京物語』の紀子には、村上の存在が投影されていたのではないか。

『東京物語』で紀子が、「私、ずるいんです」と舅に告白するのは、作中の白眉《はくび》である。亡き夫のことを、しばしば忘れている。自分に何かが起こらないかと期待している、そんな紀子の思いが凝縮された台詞《せりふ》である。この言葉は、村上から小津が引き出した、あるいは感じ取ったものではなかったろうか。

彼女の生涯はこれまであまり知られていなかったが、近年、東京国立近代美術館フィルムセンターの図書室に勤務する笹沼真理子の調査で、その生い立ちが明らかになった。

村上は浅草に古くから続く裕福な歯科医院に生まれ、相思相愛の恋愛結婚をしたが夫が戦死し生活が一変。音楽で身を立てようと、松竹大船の音楽部に入った女性であった。「亡くなった夫のことが戦後もずっと忘れられず再婚しなかったように思う」と彼女の最期《さいご》を看取《みと》った遠縁の女性は語っていたという。小津は一瞬だが、この村上を『東京物語』に出演させている。老夫婦が熱海の温泉宿に行くシーンで、アコーディオンを弾く女性、それが村上である。

撮影現場でも微妙な変化があった。小津は、『東京物語』では、これまでになく細かく節子の演技に注文をつけた。節子はこう語っている。

〈今度が一番厳しくやられてますのよ。なにしろ、一言「すみません」というだけの短いカットなのに、本番になってからも十回、撮り直しされて、今度の最高記録保持者になっているんですもの〉（『丸』昭和二十九年一月号）

〈小津先生は微妙なところまで細かく気がおつきになるから、油断が出来ません。今度の私は未亡人役でしたから、今までと違った何かニュアンスを出さなければならないんで、小津先生も今までより厳しく指導なさったんでしょうけど、未亡人なんて、よくわからないんで、むずかしかったんです〉（同前）

実際には、現場でのふたりは一歩も引かずプライドをかけて向き合っていた。小津が何十回も短いセリフを言わせて、ようやくオーケーを出す。すると、今度は楽屋に戻った節子が「先程のシーンは自分で納得がいかないのでもう一度撮り直して頂きたい」と小津に使いを出す。それを聞いた小津は冷たく言い放つ。「撮り直す必要はないと原さんにお伝え下さい」。小津と節子の間にあったのは、甘いロマンスなどではなく表現者同士の対峙から来る緊迫感であった。

作品は昭和二十八年（一九五三）十一月に公開されると高く評価され興行的にも成功した。『キネマ旬報』ベストテンでは今井正の『にごりえ』に続き、二位になった。同時期に発表された節子の前作『白魚』と、『東京物語』との差は、あまりにも大きかった。

熊谷と小津は、日活と松竹でほぼ同じ頃に監督となった。昭和十年代前半までは、むしろ熊谷のほうが前衛的であり世評が高かったようにも見受けられる。ところが、戦争を挟んで歳月は流れ、ひとりは映画界から放逐され、ひとりは節子をヒロインに得て復活を果たした。

小津の評価を押し上げたのは、皮肉にも熊谷の義妹の節子だった。節子は、複雑な気持ちだったのではないだろうか。彼女は熊谷を監督として誰よりも尊敬していると、一貫して言い続けている。そして、小津映画を「好きな作品」として挙げることは一度もなかった。節子が代表作としたかったのは、熊谷の手になる作品だった。だが、『白魚』の出来栄えはあまりにも無残だった。

『東京物語』に続き、節子は成瀬巳喜男監督の『山の音』に主演する。プロデューサーは東宝の藤本真澄で、これも良作として評価された。

かつては黒澤、小津、藤本&成瀬の三つ巴で節子主演映画を競うようにして発表した。そのなかから黒澤が『白痴』を最後に脱落したが、代って今度は義兄の熊谷がその枠に入り、新しい三者の戦いが繰り広げられた。黒澤と違って小津、藤本&成瀬に水をあけられても熊谷は諦《あきら》めなかった。いや、むしろ節子が諦められなかったのかもしれない。『白魚』で惨敗した熊谷だったが、すぐに節子を主演に次作に着手した。

作品は彼の故郷、中津の英雄である福澤《ふくざわ》諭吉の伝記映画で節子も撮影の準備に入った。ところがここで、異変が起こる。節子の左眼の視力が急に衰え、ものが見えなくなったのだ。『山の音』が封切られた直後の昭和二十九年（一九五四）一月のことだった。

「報知新聞」は節子の病状を、「そこひ」と伝えている。白内障である。節子はまだ三十三歳。本来なら白内障を患《わずら》うような年齢ではない。

これも、戦後、食糧事情が悪いなかで無理を重ねたせいなのか。それともアップを望まれた美貌《びぼう》の女優の宿命として、至近からライトを浴び続けた結果なのか。アップを撮られる時、どんなに眼が乾いて辛《つら》くとも、まばたきをしない訓練を節子は秘かに積んでいた。というのも自分の顔立ちの特長を的確に把握していたからだった。自分は他の女優に比べて眼が大きい。だから、まばたきをすると目立ち過ぎてしまう。

節子は、このまま放置すれば失明すると医者に言われた。とはいえ、外科手術もためらわれた。最大の魅力といわれた大きな眼に、メスを入れるのだ。とり返しのつかないことにならないか、懸念《けねん》するのは当然だろう。

節子の頭にこの時、引退の文字がよぎった、という。

狛江の自宅から鎌倉の熊谷宅に身を移し、義兄夫婦のもとで身体《からだ》を休めながら医者に通った。

見た目に大きな変化があれば、女優はやめなくてはならないだろう。だが、今はまだやめられない。やめて暮らしていけるだけの蓄えがなかった。

戦争で銀行員の夫を失った三姉の家族は食堂を経営して自活を果たしつつあったが、まだ節子の助けが必要だった。『白魚』の撮影中に事故死した次兄の会田キャメラマンには遺された妻と子どもがいた。シベリア抑留中に亡くなった長兄の家族の生活も節子の肩にかかっていた。

義兄も監督に復帰したばかりで仕事が軌道に乗っているとは言いがたい。自分という存在がなければ義兄と東宝の関係も危うくなると節子にはわかっていただろう。そして何よりも、節子には代表作への未練があった。仕事にやりがいを感じるようになったのは、戦後のことである。自分なりに邁進《まいしん》してきた。

それなのに、これだけ長い間、映画界に身を投じ犠牲を払いながらも、自分にはまだ納得できる代表作がないのだ。せめて、自分の演じたい役を思い切り演じ、これが自分だというものを残して去りたい。自分の好みをわかってくれる、力量のある監督の手で。節子にとってそれは、熊谷だったのだろう。

結局、節子は様子を見続けて十一月に手術を受けた。

手術は無事成功した。まばたきを一度でもすれば失敗してしまうという危険な大手術だったのだと節子は術後、周囲に語っている。女優としてまばたきをしない訓練をしてきた、だからこそ手術は成功したのだ、と。撮影所で節子に再会した際の印象を俳優の池部良はこう回想している。

〈「一度もまばたきしなかったのよ。我慢したワ、俳優だったからできたのかもしれないワネ。でも意志よ」

ふだんはこんな話をしてくれたことのない原さんが、ぼくの肩を押え、揺さぶるようにして話された。その興奮ぶりに、ぼくはあっけにとられたけれども、原さんにとっては、よほどなんていう生やさしい表現以上に、うれしかったに違いない〉

（『週刊読売』昭和五十年七月十九日号）

マスコミは、手術を受けた節子の容姿に衰えはないのか、眼の輝きは保たれているのかと騒ぎ立てていた。サングラスをかけて病院に通う姿に容赦なくカメラを向け、節子は「嫌よ、こんなおばあさんみたいな姿、撮らないで」と抗議している。

弱っている自分を追いかけ回し、見せたくない姿を好んで撮ろうとする。世間の残酷さを節子はこの時、悟ったことだろう。

退院後もしばらく、節子は鎌倉の熊谷宅で療養したが、容体が安定すると狛江の自宅に戻った。月に二度、東宝の森岩雄製作本部長の訪問を受ける以外、人との接触を避け、週に一度は病院に通った。節子は病院に通うために、はじめて自家用車を購入する。

福澤諭吉の伝記映画『かくて自由の鐘は鳴る』はやむなく降板。キャストを替えて別の女優が出演し、節子が療養中の昭和二十九年六月に公開されたが、まったく話題にならなかった。熊谷の評価はさらに下がった。

そんななかで節子の復帰第一作は『細川ガラシャ伝』に決まった、という噂が手術前から映画界に広まっていた。だが、節子自身は「まだ何も決まっていない」と、この噂を打ち消している。

失明の危機にさらされ引退も意識した節子が、かねてから映画化を強く希望していた細川ガラシャの企画を東宝に強く訴え、それが噂となったのだろう。

節子が白内障で一年間休養した昭和二十九年、日本映画の国内製作本数は四百本を超え、年間入場者は八億人を突破した。名作も数多く発表された。黒澤明の『七人の侍』、木下恵介の『二十四の瞳《ひとみ》』、溝口健二の『近松物語』は、すべてこの年の作品だ。

占領が終わって二年。GHQによる検閲がなくなり、監督たちの創作意欲が最大限に発揮され、また、それを支えるだけの映画ファンが育ってもいた。日本映画の全盛期と言っていい、そしてそれは、燃え尽きる前の輝きでもあったろうか。

この年に最も活躍した女優は、木下恵介の『二十四の瞳』で主演した高峰秀子だった。節子は高峰の演技を「すばらしかった」と手放しで褒め、「同じアバン派（戦前派）の一人としてあの成功は自分のことのように嬉《うれ》しい」と語っている。出演作に恵まれたうえ、高峰秀子はこの年、木下のもとで助監督をしていた松山善三《ぜんぞう》と巡り合い、翌三十年に結婚する。

眼を病んで女優生命も危ぶまれていた節子とは、あまりにも対照的だった。

第十一章 生きた証《あかし》を

白内障の手術から四カ月後の昭和三十年（一九五五）三月、ようやく節子の復帰第一作が正式に発表された。それは噂《うわさ》された「細川ガラシャ」の伝記映画ではなく、児童文学者の石井桃子作品を映画化した『ノンちゃん雲に乗る』だった。

製作は「芸研プロ」である。熊谷は、一時期解散していた芸研プロを前年に再興して、この製作にあたったのだった。『白魚』もそうだったが、節子の長期休養明けの作品には、いつも熊谷が関与する。

原作は昭和二十二年に刊行され、四年前に芸術選奨を受けてベストセラーになっていた。監督は熊谷と極めて親しく、節子も気心の知れた芸研プロ所属の倉田文人《ふみんど》だった。主役の「ノンちゃん」はバイオリンの天才少女として知られた鰐淵《わにぶち》晴子で、節子は彼女の母親役だった。多くの出演依頼から本作を選んだ理由を、節子自身はこう語っている。

〈この作品はとっても気持のいい児童映画だし、それにノンちゃんのお母さんというわき役で、出るシーンが少ないのでだんだんにキャメラなれする意味からいってもちょうど良い作品だと思ったからです〉（「東京新聞」昭和三十年四月十八日）

節子は、この作品ではじめて、小学生の子どもを持つ母親役を演じた。節子にとっては大きな決断だった。通常、会社側は人気女優、美人女優には母親役をやらせたがらぬものである。また、女優自身も母親役を敬遠する。人気が落ちてしまうからだ。だが、節子は母親役に、自ら望んで転じていったのである。

〈女優は自分の力を過信したら駄目です。私だって十五年以上もスクリーンに出ているんだから、ファンだって、きっと私の顔や演技にあきていますよ。もう娘の役は若いひとにやって貰《もら》って……。私はもうそろそろ母親の役もやってみたいと思いますね。いつまでも若い娘の役ばかりやるということでは、私の年齢との間にギャップがある、

この頃しみじみと感じさせられてなりません〉（『丸』昭和二十九年一月号）

これまでは会社が、あるいは世の中が、節子の母親役など望まなかった。しかし、病を得て一年余も映画界から離れたのを機に、節子はあえて自分から踏み切ることにしたのだった。

「永遠の処女」として映画に登場し続けることに、節子自身が限界を感じ、役柄を広げて〝居場所〟を求めようとしていたのだろう。女優は誰しも美しくあることを期待される。とりわけ節子はそうだった。それでも年を重ねることによる衰えは容赦《ようしゃ》なく訪れる。むしろ、戦中戦後に無理をした分だけ、節子には早く訪れた。彫りの深い容《よう》貌《ぼう》が、かえってそれを目立たせることも節子はよく自覚していたのだろう。

節子の撮影シーンは五日ほどで終わった。映画が公開されると、人々は久しぶりに見る節子の顔、とりわけ眼に注目した。マスコミは、「以前と変わらない輝き」と書いた。

だが、関係者の間では真正面から見ると、わずかに焦点が合っていないように感じられる、目つきが険しくなった、との声もささやかれた。一年ぶりにスクリーンに登場した節子を見て「娘役はもう無理」と感じた映画人もまた多かったという。

『ノンちゃん雲に乗る』は、足慣らしだった。節子は、次作で主演として本格復帰したいと考えた。

東宝に、「細川ガラシャを演じたい」と節子は再度、訴えた。早くしなければ自分はますます衰えてしまい、年齢上、演じられなくなる。傷んだ身体はいつまた体調不良に見舞われるかもしれないと思ったのだろう。だが、費用がかかるという理由でやはり却下された。結局、次作は『美《うるわ》しき母』に決まった。監督は熊谷だった。

林房雄の原作は没落した士族家庭の話であるが、映画では設定が廻船問屋を営んでいた父が鉱山事業に手を染めて失敗し、その妻「光代」が女工になって残された息子を育てていく、という設定に変えられている。

ここには熊谷の実父母が投影されている。また光代とは節子の次姉であり、熊谷の妻の名でもある。原作者の林房雄は熊谷と同郷で思想的にも共鳴し合い、戦後も親しくしていた。熊谷同様、林もまた戦後、戦争協力者として長く文壇から追放され、文壇では、やはり九州の出身で戦争末期に宣伝工作や九州独立運動で熊谷と関係を深く結んだ『麦と兵隊』の作者、火野葦平とともに最も重い責任を負わされたひとりであった。占領期を経て文壇に戻った林は、昭和三十九年には『大東亜戦争肯定論』を執筆する。熊谷宅とは自宅が近く節子とも親しかった。「おじさん」「節子」と呼び合っていたという。『美しき母』はこのように『白魚』に続きファミリーの力を結集して臨んだ作品であり、昭和三十年十二月に公開されたが、『白魚』と同様、評価は低かった。

明けて昭和三十一年（一九五六）、この頃、節子は周囲にこんな話をしている。

「病気で思いのほかお金がかかってしまって。だから、まだ働かなくてはならないわ」

節子は将来を考え、この頃から少しずつ土地を買うようになる。同時に納得のいく代表作を得て映画界に生きた証を残そうともしていた。

映画界の隆盛は数のうえでは、まだ続いていた。年間製作本数はついに五百本の大台に乗り、日中戦争勃発《ぼっぱつ》直後の本数に迫った。三年前にテレビ放送も始まっていたが、普及率は低く、映画をおびやかす存在では、まだなかった。

映画界は松竹、東宝、大映、東映、新東宝の五社に加え、戦前の企業統制で大映に吸収されて興行会社（映画館を直営する会社）になっていた日活が、昭和二十九年に製作を再開して大手六社となっていた。

こうした状況下、東宝はこの年の正月映画に、太宰治《だざいおさむ》の『斜陽』を映画化しようとする。監督は成瀬巳喜男。没落華族の母子の物語であり、節子には打ってつけの企画だった。企画したのは節子の信奉者、藤本真澄プロデューサーである。藤本は白内障を患《わずら》い中年期に入ろうかという節子に、なんとか時分の花を咲かせてやりたいと考えたのだろう。

節子も大変に乗り気だった。ところが、脚本を担当した水木洋子が「原作の旧華族の会話は、華族のものではない」と言い出し執筆を断念、企画は流れてしまう。急遽《きゅうきょ》、それに代わるものとして岸田國士《くにお》の戯曲を水木が脚色した『驟雨《しゅうう》』という作品に切り替えられた。これは『めし』と同じような、貧しい、倦怠期《けんたいき》の夫婦を描いた作品だった。『斜陽』の物語世界から比べると、成瀬の丁寧な仕事ぶりが光る佳品ではあるものの、小品の感は否《いな》めなかった。成瀬が前年に高峰秀子主演で傑作『浮雲』を発表し監督として脂《あぶら》が乗り切っていたことを考えても、つくづく惜しまれる出来事だった。

続いて出演したのは、やはり東宝で藤本がプロデュースした佐分利信《しん》の主演、監督作品『愛情の決算』。節子は亡《な》き夫の戦友と再婚するものの、結婚生活に満足できず、別の男性を愛し、最後は子どもを置いて出奔してしまう女性を演じた。今までにない役柄だったが、これも評価を得るには至らなかった。

次の出演作は、やはり東宝だがまったくの端役だ。昭和十二年（一九三七）に島津保次郎監督が撮った作品を杉江《すぎえ》敏男《としお》監督がリメイクした、『婚約三羽烏《さんばがらす》』。主演は司《つかさ》葉子である。織物会社の入社試験で、試験官を務めるデザイナーとして、ワンシーンだけの特別出演。節子にとっては初のカラー作品となる。時代はカラーへと移りつつあった。

この頃から節子の出演作には、明らかな変化が現れる。二十代の女優とのダブルヒロイン、あるいは共演となるのだ。

美しく、品のいい〝ポスト原節子〟が育っていた。香川京子、司葉子、久我美子らが、若さを画面の中で横溢《おういつ》させている。

この年の出演作五本の中で、節子が比較的気に入って撮影に臨んだのは、女子刑務所の保安課長を演じた『女囚と共に』（久松静児監督）だった。仕事に生きる女性という役どころを気に入ったのだろう。罪を犯して服役する女囚たちを教え導き、時には取っ組み合いの乱闘にもなる。意志の強い女を演じたいと願った節子の好みに合っていたのだと思われる。だが、この映画でもラストでヒロインは結婚もしなければいけないと諄々と上司に説かれて、はにかみを見せて終わる。

「永遠の処女」の称号を冠された節子が三十代も半ばを過ぎた時、日本の映画界も観客も彼女の期待には応えられなかった。

節子は自分の目標を、日本映画の中には求めず、「イングリッド・バーグマンやデボラ・カーの役どころをやりたい」と何度も繰り返している。大人の恋愛劇を演じたかったのだろう。しかし現実には、良妻賢母の枠の中に押し込められていった。すでに昭和十三年の時点で、「精神の強い人間を演じたい」と述べていたが、それは戦後になっても一貫して変わらず、「うじうじした役ばかりで嫌になる」と、記者たちを前に、うっかり本音を漏らすことがあった。女学生、良家の子女、学校の先生などをさんざんやったあとは、夫との不仲に悩むだけの人妻を何度となく演じさせられ、節子は不満を募らせている。

「劇中の人妻の心情が理解できない」と口にし、「自分が結婚したことがないからだろうか」と節子は語るが、脚本の甘さや、女性の描かれ方そのものへの不満を、そんな形で皮肉っているように聞こえる。また、眼病を克服してカムバックしてのちも、マスコミは相変わらず「結婚する気はないのか」と繰り返し彼女に質《ただ》し、こうした社会そのものに失望しきっていたようだ。

〈記者「あなたは、あくまで独身主義を通すつもりか」
節子「いいえ、いいえ、とんでもない。決してそんな大それたことを考えてはいませんわ。でもね、この年になると、なかなか、なかなか（と繰返し）うっとおしくて……重たァいんですよ」
記者「重たい――というと」
節子「一人で長い生活をしてますでしょ。そういう生活にすっかりなじんじゃったから、新しい生活に入るには勇気がいりますわ。いや勇気以上の何かが」〉
（『週刊東京』昭和三十二年二月二十三日号）

節子は、「思いがけずいきそびれてしまって、焦《あせ》っています。今までご縁がなくて」と繰り返した。それが一番、無難な答えであることを知っていたからだった。
役柄のなかでも一女優としても、常に結婚を説かれ続ける。女にとって大事なことは結婚だけなのか。映画界に身を置いて男たちが女性たちをどのように扱うかを見てきた。既婚者でも平気で女優に手を出そうとする、品のない猥談《わいだん》などに興じる映画界の男たちを節子は好かなかった。

この年の三月、同居してきた父親の藤之助が亡くなった。八十四歳での大往生とはいえ親思いの節子は深く悲しんだ。両親のもと七人きょうだいの末子として生まれた節子だが、すでに母、一番上の姉、長兄、二番目の兄はなく、そして父も亡くなった。残された三人の姉とその家族とともに節子は、この後を生きていくことになる。

昭和三十二年（一九五七）、前年より一本多く六本の映画に節子は出演した。この年は、再び小津、藤本、熊谷の三人が、節子をめぐって三つ巴《どもえ》の戦いを演じた年であった。

まずは藤本プロデューサーの製作、千葉泰樹監督の『大番』（東宝）に臨んだ。貧しさのなかから這《は》い上がった加東大介《だいすけ》演じる株屋の「ギューちゃん」、彼にとっての永遠のマドンナである大地主のお嬢様を節子は演じた。この映画は大当たりし、続編が立て続けに三本も撮られることになる。いずれも、節子の登場場面はほんの一瞬だが、彼女でなければ醸《かも》し出せない気品で画面を引き締めている。男がかしずきたくなる聖女の役割を若くはない節子に振り当てたのは、やはり藤本の深い愛情によるのだろう。

次は、小津の『東京暮色』（松竹）である。

節子にとっては『東京物語』以来、およそ三年半ぶりの小津作品で脇役《わきやく》だった。節子に代わって娘役を演じたのは二十代の有馬《ありま》稲子で、節子はその姉として登場する。結婚してはいるが、夫との関係は冷えきった人妻役で、自分と妹を捨てて男と駆け落ちした母親を激しくなじる。小津の作品の中では暗い色調を帯び、評価が分かれる作品だ。

節子は、久々に小津作品に出る理由を聞かれて、「五年も前に二本契約して一本残っていた」「特に小津作品を選んでいるわけではない」「小津作品の場合、準備期間が長いから話があってからスケジュールのやりくりがつけられる」と「スポーツニッポン」（昭和三十二年二月十日）の取材に答えている。小津作品をとり立てて重視しているわけではないとでも言いたげな口調である。実際、本作では登場するシーンは少なく端役であった。

節子は、『東京暮色』の途中から、次作品の撮影も始まり二つの撮影現場を行き来していた。そして彼女自身の気持ちは、この次作品に大きく傾いていた。それが、熊谷の『智恵子抄《ちえこしょう》』（東宝）である。節子は撮影前から積極的にマスコミの取材に応じ、この作品にかける意気込みを義兄とともに熱く語っている。

出演を引き受けた理由を、「精神面の強いハリのある役が演《や》りたかったから」と述べ、さらには、「絶対に失敗したくない」「恥はかきたくない」「シナリオを読んでもう泣いている始末です」とまで語っている。傍らには熊谷も控え、「何といっても智恵子をやる節子が実在したヒロインと同様、一途《いちず》にものを思いつめる性格で、ふたつとないはまり役」と、歩調を合わせている。

相変わらず東宝で「細川ガラシャ」の企画は通らず、この『智恵子抄』に節子は懸けていたのだろう。世に知られた、このロングセラー詩集の映画化で成功すれば、「細川ガラシャ」への道も開けるかもしれない。そう期待した部分もあったのではないか。

映画は、彫刻家で画家、詩人でもあった高村光太郎が亡き妻を讃《たた》えた同名詩集を原作としている。次第に正気を失っていく「智恵子」を節子は渾身《こんしん》の力で演じた。

作品は同年六月二十九日に公開された。節子が出演し熊谷が戦後発表した三作品の中では比較的評価されたものの、やはりそれほど話題にはならなかった。節子の落胆は大きかった。

〈最近の仕事で好きなのは「智恵子抄」くらいのものであまりめぐまれているとはいえません。「智恵子抄」はすごく乗っていた作品だし、自分なりに一生懸命やったつもりなんですけど、あまり一般受けもしなかったし、演技も一生懸命やってあの程度ということで、つくづく演技のむずかしさを痛感しました〉（「東京新聞」昭和三十四年三月二十七日夕刊）

小津の『東京暮色』は、節子の眼中になかったということのようである。自分が評価されたいと願って出演した義兄の映画はことごとく失敗してしまう。そのやり場のないむなしさから、小津作品に対して彼女は素っ気ない態度や発言を取りがちであったのか。一見、彼女は義兄に利用されているように見える。だが、逆に彼女が義兄を利用していたとも考えられる。彼女自身が企画を考え、それを義兄に撮らせて何とか代表作を作り上げようとしていたのではないか。だが、それらはすべて失敗に終った。

三年前に受けた白内障の手術は、マスコミ向けに成功と発表されたものの、実際のところ、左眼の視力は次第に落ちてほとんど失われかけていたという。節子は、術後の経過を問われて「前の健康な目ではございません。でも片方ですみましたからね。活字は眼鏡をかけないと見えません、漠とは見えますけども」（『中央公論』昭和三十二年十一月号）と語っている。この頃から彼女は再度、引退を強く意識したのかもしれない。

東宝の森岩雄の証言がある。

〈(眼の手術は)大手術ではあったが結果は良好であったが、彼女はその時を機会にすっぱりと映画界から引退することを心にきめたようだ〉(『私の芸界遍歴』昭和五十年)

節子は、先輩女優たちの老いのあとさきを映画界に入ってからというもの目《ま》の当たりにしてきた。外国では年を重ねた女優たちでも体面を保ち活躍しているが、日本でそのような例はほとんど見受けられなかった。脇役、老《ふ》け役を引き受けるといっても、長年、主役として観客に美貌を印象づけてきたタイプの女優にそれは難しいことだ、と節子は考えていた。女の老いに日本社会は残酷な仕打ちをする。

田中絹代は、戦後、四十歳の年に日米親善使節として渡米したが、帰国後の、若々しい服装、振る舞いをすさまじく批判された。「老醜」とののしられ、一時は自殺を考えるまでに追い詰められた。そこから彼女は開き直り覚悟を決めて老け役に転じていったが、そのようなことが、果たして自分にできるのか、あるいは、世間はそれを望むのか。答えは自《おの》ずと出ているように節子には思えた。

三歳年長の山田五十鈴は、滑稽《こっけい》な役、落ちぶれた役、悪女などあらゆる役を引き受け、その演技を評価されていった。また年老いてからは映画ではなく舞台へ、さらにはテレビへと活動の場を移していった。田中と山田に共通していたのは、どんな形であれ一生、役者で終わりたいという強烈な意志だった。

最も節子に生い立ちや気質、イメージが近かったのは、気品と美貌で知られた入江たか子である。だが、その入江の中年となってから後の人生は無残なものだった。三人の兄の相次ぐ死、結婚生活の破綻《はたん》、自身の病気もあって経済的に行き詰まり、入江は苦渋の末、低俗な「化け猫映画」に化け猫役で出演した。かつての美貌は見る影もなく、気味の悪い化け猫役を演じる入江を見て、世間は嗤《わら》った。

美貌を謳《うた》われた女優ほど、手ひどいしっぺ返しを食う。誇り高い節子は幼い日に憧《あこが》れた先輩女優のそんな姿を見て、「原節子」にこうした最後を与えるようなことは決してするまいと思ったのではないだろうか。老いて居場所を失う前に去りたい、老いを嘲笑される前に消えたい、虚栄心から贅沢をして経済的に行き詰まり老いてから足元を見られたくない、と。

それにしても、映画女優の本質とは何なのであろう。結局、求められているのは物体としての肉体、若さの煌《きら》めきだけなのか。

この頃、対談で彼女はこう語っている。

〈映画って不思議なんでございます。舞台と違いまして、俳優が重要な地位を占める作品もございますが、素人《しろうと》でも一応うまく使えば間に合う。そういう安直さがある。それが今まで社会的に認められなかった理由でもあると思うんですが、昔は私のような何も知らない素人娘がすぐ入ってしまう。それだけにやっぱりはかないもんでございます〉（『中央公論』昭和三十二年十一月号）

映画俳優は舞台俳優とは違う。舞台俳優には修練が必要だが、映画の場合はその辺の素人を持ってきても、なんとかなってしまう。現に自分自身がそうだった。だからこそ、次の美しい花にとって代わられるのも当然のこと、節子はそう思っていたのではないだろうか。

舞台俳優のことは高く評価していた。だが、一方で、「新劇を見ても勉強にならない」とも語っている。「ああいう演技は、映画向きのものではない」と。新劇出身の杉村春子の演技を讃えつつもそう語っているのは、映画における演技は、舞台俳優の演技とは異なるものだと思っていたからである。新劇と映画は根本から異なっている。

そして彼女は新劇が映画に勝るとは考えていなかった。キャメラはなんでも写し取る。内面から自ずと滲《にじ》み出るもの、それが映画における至上の演技と考えていたようである。だから全身で役柄に入った。小手先の技術、演技力というものに頼らない。全身全霊でぶつかり、心を演じる。しかし、そうしたやり方は本人の心身を著しく消耗させたことだろう。

彼女は一貫して、「自分は女優向きではない」「好きで女優になったわけではない」と繰り返したが、一方で、映画女優として映画における理想の演技を自問自答し続け、映画女優とは何かを真剣に考え、その誇りを守ろうと生真面目《きまじめ》に生きてきた。彼女は人が思うよりもずっと映画を愛していた。ことあるごとに語った「私は演技力があるほうじゃない」「大根だから」との言葉は、どこまでが本心であったろう。

結婚についても、映画への思いにしても、彼女の発言は振れ幅が非常に大きく、矛盾している。それは、本音と建て前というよりも、節子という人間の複雑さと悩みの深さからくるものと思う。

もはや戦後ではない、とは昭和三十一年（一九五六）の経済白書に記された言葉である。娯楽の需要は増し、映画界はますます巨大産業となっていた。

戦前はあれほど蔑視されていたのに今では誰もが憧れる業界となった。大学卒が監督を志望し、貧困家庭に育ったわけではない女性たちが、自分の意志で女優になりたいと願って入ってくる。

昭和三十一年には製作本数が戦後最多を記録し、節子が『智恵子抄』に出演した翌年の同三十二年には映画館の入場者数が一年間で十億人を突破する。数字だけを見れば映画界は隆盛を極めているように見えた。しかし、この記録は決して手放しで喜べるものではなかった。

東映が昭和二十九年から二本立て上映を始めて人気を博し、一本の値段で二本観《み》られるこの方式に、他社も追随した結果としての数字だったからだ。

この時期に話題をさらったのは、石原慎太郎、裕次郎兄弟の映画界入りだった。昭和三十一年に現役大学生の石原慎太郎が『太陽の季節』で芥川《あくたがわ》賞を取り、作家業のかたわら東宝で俳優、監督業に乗り出した。そして、同年、弟の石原裕次郎が日活で映画俳優になる。

この頃から、日活を中心に石原裕次郎らを主役にした「青春もの」と言われる若者向け映画が大量に作られるようになり、唄《うた》やアクションが映画の売り物になっていく。それに合わせて映画スターの条件も変わっていった。各社、女優や俳優を求めてオーディションを行い、志願者を募るようになる。スターの大衆化、タレント化が進んだ。もはや戦後ではないといわれるなか、変質する映画界で節子は次第に居場所を失いつつあった。

第十二章　それぞれの終焉《しゅうえん》

節子は時代の移ろいのなかにいた。復興を果たし、貧しさから脱却した日本は、高度経済成長の波を迎えようとしていた。

雑誌のロケ撮影で若い女優たちと一緒になると三十代も後半になった節子は、自分に与えられた広い部屋を後輩たちに譲った。恐縮する久我美子《よしこ》たちに節子は言った。

「これからは、あなたたちのほうが会社にとって大事な存在なのだから」

ロケ先での節子は、ひとりで過ごすことが多かったが、誘われれば麻雀《マージャン》やトランプに興じるようになった。男たちが品のない話を披露しても、「いやあね」と苦笑しながら受け流した。

何事にも自分から打ち解けるように努め、やり過ごすようになった。かつて、「ひとづきあいが悪い」「愛想がない」「高慢だ」と叩《たた》かれた少女は、いつの間にか二十年以上の歳月を映画界で過ごしていた。

節子に憧《あこが》れ、また、節子のような女優がいることに安心して、この世界に入ってきたという後輩女優たちも多かった。香川京子は、原節子ファンの母親に、「あんなに上品な方がいらっしゃるのだから、映画界も安全なんじゃないかしら」と映画界入りを後押ししてもらえたという。節子はこう語っている。

〈あたくしのなかには先輩として、なにか後からくる後輩女優たちのために役に立ちたい、という気持ちがあるんですよ〉　（『週刊朝日』昭和三十五年五月一日号）

それまで映画女優というと色眼鏡で見られがちだった。節子はそうした風潮に叩かれながらも反発し続けた。その結果、原節子の存在が、原節子のイメージが、女優観を大きく変えることになり、一般家庭に育った若い女性たちを映画女優の道へと導いた。家庭の経済事情とは関係なく、純粋に「女優」という職業に憧れてこの世界に入ってくる、明るく、聡明《そうめい》で、品があり、美しい後輩たち。

〝ポスト原節子〟として注目を集めたのが、香川京子、久我美子、司葉子、岸恵子たちだった。皆、品がよく、近代的な知性を感じさせた。節子は機会があれば彼女たちに極めて優しく姉のように接した。

戦前は先輩女優が新人をいびり、嫉妬《しっと》して苛《いじ》めぬくことが、なかば撮影所の習わしとなっていた。挨拶《あいさつ》が悪い、先輩への礼儀を知らないと絡《から》まれ、序列をやかましく言われた。若さの盛りを過ぎた女優は、自分のプライドをそうやって保とうとしていたのかもしれない。それを節子は決して繰り返さなかった。

むしろ後輩が会社側から無理難題を押し付けられて困っているのを見ると、節子は「私が引き受けるから、そんなことを綺麗《きれい》な女優さんに頼まないで」と言って、盾になった。若い彼女たちに対抗しようなどという考えは、節子にはなかった。自分の行く末をすでに見定めていたのだろう。

だからこそ、多くの後輩女優が節子を尊敬し慕った。映画雑誌が新人女優に、「憧れの先輩」を尋ねるアンケートを取ったところ、全員が節子の名前を書き企画そのものが成り立たなくなったという逸話が残されている。

こうしたなかで、東宝は昭和二十九年（一九五四）にデビューした司葉子を〝ポスト原節子〟としてひそかに位置づけ、強く売り出すようになった。節子もそれを察知した。その司は節子の大ファンで、後輩女優たちの中でもとりわけ節子を慕っていた。

昭和三十三年（一九五八）、川島雄三監督の『女であること』に節子は出演した。川端康成《やすなり》の原作で、久我美子、香川京子との共演だった。この年、主演作と言えるのは本作のみである。ここでも節子の役は、結婚生活を十年ともにした夫の浮気を疑い、些細《ささい》なことで同居する若い女性に嫉妬する人妻、というものだった。最後は、自分の妊娠を知って悩みが一挙に解消され大団円に収まるというラストに節子は何を思ったことだろう。

この年十一月、日本中を沸かせたのは、皇太子婚約のニュースだった。

多くの人がテレビに映し出された未来の皇太子妃の姿を見て、その美しさと気品、聡明さに心打たれた。かつて敗戦の直後、節子の姿に感嘆したように。時は、映画からテレビの時代へと移り変わろうとしていた。

昭和三十四年（一九五九）二月、『女ごころ』（丸山誠治監督）が公開される。三十八歳の節子が演じたのは、夫の浮気に悩んで家を出て行ったものの、気を取り直して夫婦生活をやり直す妻という役だった。夫の浮気相手を二十三歳の団令子が演じ、潑剌《はつらつ》とした色気を振りまいている。

前作といい今回といい、自分の役柄に節子は満足できなかった。ヒロインの心の動きが摑《つか》めない。なぜ妻の悩みは簡単に解消されてしまうのか、なぜ妻は夫のところへ戻るのか。あまりにも陳腐である。女の考えや悩みなど、所詮この程度と映画の作り手である男性たちは思っているのか。節子は十一月三日付の「東京新聞」で「自分が出ている作品なんですけど、ちょっと物足りない」と、はっきり批判を口にしている。また節子は、この頃から会社への不満をマスコミに向けて口にするようになっていく。

〈本数が少いのは私が持ち込まれる企画をみんなことわってるからだなんていわれることもあるけど、それは誤解で、実はちっとも持ち込んでくれないからなんです。だから本当いうといい仕事をしたい、とくにいい監督さんにビシビシきたえてもらいたいという気持でいっぱいなんです〉 （「東京新聞」昭和三十三年十一月三日）

さらに、今の東宝は若い観客向けの企画ばかりになっている、自分が望むような重厚な映画は、もう作られないのかもしれないと、そんな嘆息を漏らしてもいる。

確かに東宝は「社長シリーズ」「駅前シリーズ」といったB級娯楽映画に比重が傾いていた。

節子は半年以上、銀幕から遠ざかる。

次に出演したのは、『日本誕生』（稲垣浩《ひろし》監督）で同年十月に公開された。東宝製作一千本記念として作られた大作で、所属する俳優たちは、ほぼ全員が出演している。主役の「日本武尊《やまとたけるのみこと》」を演じたのは三船敏郎。節子は「天照大神《あまてらすおおみかみ》」の役だった。最高位の太陽神である。東宝に所属する女優の中で頂点に立つのは節子だと世間に示した配役といえよう。

本作はB級路線に流れていた東宝が社の威信をかけ、社を挙げて取り組んだものだった。だからこそ、節子にもそれなりに配慮したのであろう。だが、節子は例によって、気を遣うふうもない。

『日本誕生』の公開直前に「日刊スポーツ」の取材を受け、「（天照大神は）口をつぐんでツンとしているだけ。おそれ多い役だけど、つまらないわね」と切り捨てた。さらに、「会社が使ってくれないことをあまり気にしないことにしている」「もうおバーチャンだから」「大根ですもの」「あたしがやりたいと言ったって、会社はやらせてくれない」と散々に答えた後で、「でも、細川ガラシャは今でも、やってみたいと思っている」と述べ、理由をこう語っている。

〈とかく女性は男性の従属的な役割しかないでしょ、その中で自分の意志を貫抜《ママ》いたガラシャ夫人はあたくしにとって魅力〉（「日刊スポーツ」昭和三十四年十月二十一日）

引退する前に、なんとしても細川ガラシャを演じて「代表作」としたかったのだろう。

昭和二十年代の半ばから十年近くも〝細川ガラシャ〟にこだわり続けた。男に従属しない女性を演じて、日本社会に提示したかったのだろう。自分にも年齢の壁が迫っていることを知っていた。

安保改定問題で幕を開けた昭和三十五年（一九六〇）六月、節子は四十歳になった。若い頃は、「どうして結婚しないんだ」と責めるように問われることが多く、気持ちが不安定になりがちで、早く四十歳になりたいと思っていた。四十にもなれば、そういうことも聞かれなくなり、また、人間もできて心穏やかになるのではないか、と期待したという。表面的な自分の顔立ちの美しさだけを取り上げ褒め上げる、世間の価値観に反発を覚えてもいたのだろう。もっと自分の内面を見て欲しいと彼女は望んでいた。だが、実際に、その年齢になったとき、多くの人が彼女に興味を失ったことを知った。若さを失えば別の美質に目を向けてもらえるのではないかという期待は空となった。

引退を意識したからだろう。前年から一転、四本の映画に出演し、最後の多作の年しく外れたのである。

節子はまず、『路傍の石』（久松静児監督）に出演する。節子の起用は原作者・山本有三の強い希望だった。貧しさのなか、少年を献身的に育てる母親役だ。節子はめずらしく、大変に気乗りしていた様子である。「この数年、サラリーマンの奥さんが夫の浮気に悩むような役ばかりやらされて、食傷気味だったので、なおさらこの仕事に乗っている」と新聞のインタビューに答えている。確かに作品のテーマは彼女の好みに合致していた。だが、世評は高くなかった。

続く『娘・妻・母』（成瀬巳喜男監督）は『東京物語』（小津安二郎監督）を翻案したような作品だった。山の手の中流家庭を舞台に、家族の変容を描いており、節子は夫に急死された出戻りの娘を演じている。母親思いの長女で兄妹《きょうだい》たちが母を引き取ろうとせず、押し付け合うのを見て若い男性（仲代《なかだい》達矢）の求愛を振り切り、実母も引き受けてくれるという資産家との再婚を決意する、というストーリーである。この作品では「永遠の処女」原節子と仲代達矢のキスシーンが話題となり、実際には、はっきりと映されなかったものの映画の宣伝として盛んに吹聴《ふいちょう》された。

仲代の回想によれば、キスシーンの前日、結髪師の中尾さかゑがやってきて、「仲代さん、お願いだから原さんに本当の接吻《せっぷん》はしないでくださいね」と釘《くぎ》を刺されたという。映画はそれなりにヒットした。

世間では新安保法案の強行採決に反対する学生たちが国会議事堂を取り囲み、連日、デモが繰り広げられていた。そのなかで、東大生の樺美智子《かんばみちこ》が死亡するという事件が起こった頃のことである。

節子は休む間もなく、続いて東宝で『ふんどし医者』（稲垣浩監督）の撮影に入った。貧しい人に尽くす、幕末期の医者の夫婦を描いた作品で、『路傍の石』に続いて、森繁久彌《もりしげひさや》との共演だった。妻は夫を支える貞女だが、大のばくち好き。ばくちに夢中になると夫の着物まで質に入れてしまう、というストーリーで取り立てて節子が演じるまでもない役柄だった。

そして、この年の最後を締めくくる作品が、小津監督の『秋日和《びより》』だった。節子にとっては三年半ぶりの小津作品で、ひとり娘を嫁がせる未亡人の母という役どころであった。

これまで節子は、母親といってもせいぜい小学生ぐらいの子どもがいる役しか演じてこなかった。それが、突然、成人した娘を持つ役を小津から振られたのである。節子の娘を演じたのは、司葉子だった。節子の心境はどのようなものだったのか。

映画のなかの節子と司は姉妹か友達のように仲の良い母娘、という設定になっていた。公開直後に感想を聞かれた節子は、例によって素っ気ない言葉を残している。

〈そういう母親の気持ち、正直にいってわかりませんね。ピンとこない。単純に母親であるだけでなく、子供にとって、友達のような面もあり、兄弟のようでもあるんでしょ〉　（「朝日新聞」昭和三十五年十一月二十四日夕刊）

映画の宣伝に水を差す発言をしていることに驚かされるが、これが彼女の率直な思いだったのだろう。

『秋日和』撮影中のインタビューでも、節子は相変わらず「細川ガラシャ」への思いを語っている。

〈費用がかかりすぎるという理由で実現しませんでしたが、これはいまでもできればやりたいと思っています。二十五年間このことを除いては、とても消極的な態度で女優をつづけてきました。与えられた仕事がいくつかあれば、そのうちで気の進むほうをやらせていただくという程度でしたもの〉（「報知新聞」昭和三十五年九月二十七日）

節子を起用してきた監督が耳にしたなら決して快くは思わなかったであろうが、彼女はあえて語っているのだろう。

映画界への怒りがにじみ、見下している。「細川ガラシャ」以外に自分からやりたいと願ったものはない。他はすべて与えられた仕事にすぎなかった、と自分の女優人生を総括しているのだ。これ以上、年齢を重ねては細川ガラシャを演じられない、もう実現は不可能と悟っての言葉だろう。それにしても、スター女優が十年近くもここまで強く望みながら、なぜ企画は実現しなかったのだろうか。それは節子が監督に熊谷を希望したことと無関係ではないように思われる。義兄の熊谷は『智恵子抄』を撮った翌三十三年、節子を起用せず『密告者は誰か』を撮ったが、これも結果は芳《かんば》しくなかった。そして、その後は一本も撮っていない。

細川ガラシャを演じる希望はいつまでも叶《かな》えられず、イングリッド・バーグマンのような役どころも与えられず、家庭劇の中で男性に期待された理想像を演じ続け、盛りの時を過ぎてしまった。その上、義兄も監督として十分な再起は果たせず、東宝のなかに居場所は得られなかった。納得できる代表作を残して映画界を去るという理想は、もはや叶えられない。節子は人知れず引退に向けた準備を進めていった。

白内障をわずらった頃から節子は蓄えができると、土地や株を購入していた。一説によれば経済に明るい縁者の助言に従ったようである。熊谷の妻で次姉の光代が経済観念のしっかりした人物で、株の銘柄などは彼女が決めていたとの説もある。

もともと節子は質素な暮らしを好んで送ってきた。女優には付き人を何人も身の周りに置いて、あれこれと用事を言いつけることで自分の権勢を誇示する人も多かったが、節子はそういった感性を持ち合わせていなかった。たまに実姉に付き添ってもらうことがあったが、大抵はひとりで身の回りのことをこなした。眼を悪くするまでは他の女優のように運転手付の自動車で乗りつけるようなことはせず、電車に乗り続けた。ぜいたくな着物や宝石類にはまったく興味がなく、高価な調度品も嫌った。外食はほとんどせず、食べ物に凝ることもなかった。撮影所ではよく好物の畳鰯《たたみいわし》を中尾さかゑがいる結髪部屋のストーブであぶって食べた。ぜいたくを慎しんで手にした金で昭和三十三年（一九五八）には狛江の自宅周辺の土地を買い増している。そのほか東京都内、あるいは神奈川県下にも少しずつ土地を購入していた。

節子の世代は、戦後の凄《すさ》まじいインフレを経験している。敗戦時から四年で物価が七十倍になったほどだ。投資が目的だったわけではなく、ただ現金を確かな形に変えておきたかったのだろう。

節子には映画界への依存心はなかった。引退した以上は、経済に行き詰まっても舞い戻るようなことだけはするまいと、それだけははっきりと意識していたようである。だからこそ、誰にも依存せず自活していく道を自分なりに模索し、土地を求めたのだろう。

昭和三十六年（一九六一）、この年は二本の映画に出演するが、これまで同様、どちらも未亡人役だった。

『慕情の人』（丸山誠治監督）では二十四歳の白川由美《ゆみ》と並んで義理の姉妹を演じている。亡夫の友人に思いを寄せられ、「お姉さんのほうがきれいだ」と言われるシーンがあったが、「あんなせりふがあれば、それらしくうつらなければお客さんは笑う」と、撮影後に語っている。

それもあって精いっぱい美しく撮られるようにと、何度も着物を替え、若く見えるように努力しなければならなかった。この役を引き受けるにあたって、「ここのところくたびれた奥さんばかりだったけれど、久しぶりに綺麗な役で」と述べているが恋愛劇のヒロインを演じさせられて、本当に彼女は喜んでいたのか。むしろ辛くはなかったかと思う。不惑の年齢となった節子を白川由美以上に美しく撮らなくてはならない。撮影する側にも無理が生じた。ライトをより強くあてることで老いの兆《きざ》しや肌の衰えを飛ばそうとしたのだろう。ところがそれは、思いがけぬ事態を招いた。

強烈なライトを至近距離から当てられて、節子がふたたび眼を傷《いた》めてしまったのだ。左眼はすでに失ったに等しかったが、この撮影で右眼まで傷めてしまい、節子は病院で治療を受けた。

撮影終了後は休養を取り、ひたすら眼を労《いたわ》った。両眼を失う恐怖を味わった。そして、最後の力をふりしぼるように半年以上空けて、小津監督の『小早川家の秋』に臨んだ。撮影は松竹ではなく、東宝が出資する宝塚映画だった。

前年に小津は『秋日和』で東宝から原節子と司葉子のふたりを借り受けたが、その交換条件として東宝で一本撮るように求められており、その約束を果したのである。名監督を迎えるにあたって、東宝側はできるだけ多くの所属スターを出演させたいと要望し、設定は造り酒屋の大家族となった。プロデューサーは、藤本真澄である。

節子はここでも一家の長男の未亡人「秋子」役だった。昭和三十六年十月に公開され評判を取った。

そして、これが小津と節子による最後の作品となった。

節子は昭和三十五年頃から、映画界への失望をよりはっきりと口にしている。

〈最近は仕事がなければないでもいいと思っています。仕事がないということは私に魅力がなくなったのですから〉（「報知新聞」昭和三十五年九月二十七日）

〈最近の映画はどうでしょう。アクション映画やギャング映画またはお姐ちゃんもののような映画が多くては修身的な映画をやってきた私の仕事が減っていくのは当然ですわ。私は昔から子供に夢を抱かせる映画か倫理的な映画が好きでしたし、これからもそういうものをやっていきたいと思います〉（「報知新聞」昭和三十五年一月十二日）

〈映画はやはり、美しいものを与えるのがほんとうだと思う〉（「朝日新聞」昭和三十五年十一月二十四日）

安直で刺激的な作品が量産されていく状況を節子が憂えていたことがわかる。

昭和三十六年八月には、新東宝が倒産した。粗製濫造《らんぞう》に走った映画界の衰退は信じられぬほどの勢いで進んでいった。代わりに台頭したのがテレビである。翌三十七年になると、テレビの受信契約数がついに一千万台を超え、それに比して映画の観客数は四年前のピーク時の半数近くにまで落ち込んだ。映画界は肥大化していたために、かえってその凋落《ちょうらく》ぶりは劇的だった。

節子が三十七年に出演した映画作品は、二本のみ。堀川弘通《ひろみち》監督の『娘と私』では、子どもを欲するが叶わず、その分、前妻の残した娘に愛情を注いでいくという後妻を演じた。

これが節子にとって最後の主演映画となるが不評であり、また不入りだった。

そしてついに、終わりの時が訪れる。

東宝が創立三十周年記念映画として、オールスターキャストで挑んだ大作『忠臣蔵』に節子も出演。三年前に『日本誕生』で「天照大神」をあてがわれたように、東宝のトップ女優として、節子は松本幸四郎演じる大石内蔵助《くらのすけ》の妻「りく」を演じた。登場するシーンは長くはないが歌舞伎《かぶき》の八代目幸四郎に一歩も引けを取らない、格調高い演技だった。

東宝が社運をかけたこの『忠臣蔵』は、十一月三日に公開された。

毎年作製される東宝のカレンダーは、この年まで十一年連続で節子が「一月」を飾ってきた。だが、翌年のカレンダーに節子の姿はなかった。つまり、節子はもう三十七年のうちに密《ひそ》かに引退を決意し、以降の撮影に応じなかったということになる。三十八年、カレンダーの「一月」を飾ったのは司葉子と藤山陽子だった。

節子にとって最後の作品となった『忠臣蔵』が公開されて間もなく、松竹系の映画館では、小津安二郎監督の『秋刀魚《さんま》の味』がかかった。

小津は東宝の新珠《あらたま》三千代をヒロインに起用したいと当初は考えたようだが、最終的には自社の岩下志麻を使っている。

そこには、昭和二十八年（一九五三）に映画会社間で結ばれ、この年に、再強化された「五社協定」の影響があった。

テレビの台頭に押された五社（松竹、東宝、大映、日活、東映）は、対抗策として所属俳優や監督に対し、他社あるいはテレビでの仕事をさせないという方針をいっそう厳格化したのである。そうした影響もあって節子にも、声がかからなかったのかもしれない。

『秋刀魚の味』は、十三年前の『晩春』の焼き直しとも言える作品だった。岩下が、かつて節子が演じた父親思いで婚期を逃しつつある娘、紀子の役どころを演じている。

小津映画を代表作とされることに、節子自身は不満を抱いていた。小津映画に敬意を払っていたことは確かであり、出演すれば評価されることもわかっていた。だが、彼女が心から演じたいと願っていた女性像はそこにはなかった。もっと躍動感のある画面のなかで、人生に果敢に挑んでいく烈しさを持つ女性を思う存分に演じたいと願っていた。

では、小津自身は、戦後の自作品に満足していたのか。

小津も最晩年は、「小津調」と言われる作品ばかりを周囲から期待されて作ることに不満を持っていたようである。しかし、映画界が斜陽化するなか、一定のファンがいる小津は「小津調」からの脱却を許されなかった。小津にもまた、烈しい女をヒロインとして描きたいという欲求はあり、だからこそ、「紀子」とは異なるヒロインを描いた昭和三十二年の『東京暮色』に期待をかけた。だが、評価は低く、興行的にも成功せず、以後は、まるでシリーズもののように「嫁ぐ娘」の話を撮り続けるようになる。そこには複雑な思いもあったはずだと、傍らで小津を支えてきたプロデューサーの山内静夫《やまのうちしずお》は小津の心境をこう慮《おもんぱか》っている。

〈自分が目指したいと思うところと、自分に求められていることとの差のようなもの

を、或《ある》いは感じられたかもしれない〉（『諸君！』平成二十年三月号）

映画界が傾くなか、ただひとり気を吐いていたのは黒澤明だった。『用心棒』（昭和三十六年）、『椿《つばき》三十郎』（昭和三十七年）とヒット作を打ち出し「世界のクロサワ」の名をほしいままにしていた。彼との縁が切れなければ、節子の女優人生はもう少し違ったものになっていたのではないだろうか。あるいは彼女が望んだ「細川ガラシャ」も監督に熊谷ではなく、黒澤を希望すれば実現した可能性があったのではないだろうか。黒澤と熊谷は作風が近かったが、力量には明らかな差があった。

『忠臣蔵』に出演して以降、節子は特に引退を表明せず、東宝から持ち込まれる企画をことごとく断るようになった。東宝には「気に入った作品があれば出る」と、当初はお茶を濁していたようだが、前々から親しかった人には、「四十歳で引退したい」「引退する時は誰にも気づかれぬように消えていきたい」と話していたという。その言葉通り、彼女は何も語らず、何も発表せず、映画界を去ろうとしていた。静かに、そして、誰にも気づかれぬように。

節子の全盛期に『青い山脈』を撮った今井正監督は当時、こう語っている。

〈いつか生活の条件が変るならば俳優であることを止《や》め、静かな別の生活に入りたい――そんな気持がいつも君の心の底に動いている。俳優であることに心からの喜びを感じ生き甲斐《がい》を感じていない、そんな風に僕には思えるのです〉

（「近代映画」昭和二十四年八月号）

節子の本質を見抜いた言葉ではあるが、そんな彼女のなかには、映画女優であることに自分のすべてを捧げたいという、もうひとつの思いもあった。だからこそ、彼女は結婚をせず、身体を傷め、視力を失い、実兄の死に遭おうとも、映画に出演し続けたのだろう。そこには生活のためという理由だけではない、映画に賭ける彼女の思いが感じられる。それなのに日本映画界は、そこまでの犠牲を払った節子に報いようとはしなかった。

最後まで自分が満足できる出演作に恵まれなかった。彼女自身がそうでありたいと願った意志強く、運命を切り拓いていく力強いヒロインは日本映画界のなかに登場しない。日本社会が、そのような女性を求めておらず、また実社会にも存在しなかったからでもあるだろう。

原節子は戦後の日本人を、その美しさで照らし、慰め、励まし、導いてきた。人々は原節子が演じるヒロインのなかに社会が求める価値観を見出し、進むべき方向を知り、戦後を生きた。そして、戦後が終わったとき、原節子の時代も終わった。人々は節子への関心を失った。

復興から経済成長へ。世の中は東京五輪の開催に向けて動こうとしていた。浮つく世の中は節子がいなくなったことにも、当初、気づかなかった。

第十三章　つくられる神話

節子が出演を断り銀幕から姿を消して一年が経つ頃、ある訃報《ふほう》が流れた。

小津安二郎が亡《な》くなったのだ。昭和三十八年（一九六三）十二月十二日、六十回目の誕生日を迎えた当日の死だった。『秋刀魚《さんま》の味』を発表してから、まだ一年しか経《た》っていなかった。

死因は頸部《けいぶ》にできた癌《がん》で進行が極めて速かったという。それは、戦争中に小津のいた部隊が毒ガスを使用したことと無関係ではないのではないかと、映画研究者、田中眞澄は指摘している。

病室には小津と関係のあった女性たちが、かわるがわる姿を見せた。元芸者の森栄や楽団員の村上茂子。そして、女優も見舞にやってきた。節子も一度、司葉子とともにに訪れている。だが、小津が誰よりも訪問を喜んだのは、年の若い賀世《かよ》だった。賀世は小津が最晩年に交際した銀座のバーに勤める女性で、もとは藤本真澄プロデューサーの恋人であった。だが、藤本の母親に結婚を反対されて別れ、次に見せつけるように小津と付き合い始めたのだった。藤本も小津も独身であり、また、傍らには彼らを溺愛《できあい》する年老いた母親がいた。それは節子も同様だった。彼女もまた、義兄という存在が障害となった面がある。小津も藤本も節子も、ホームドラマをあれだけ世に送り出しながら、自身が家庭を築くことはついになかったのだ。

小津の通夜《つや》は、北鎌倉の自宅で営まれた。

夜が更《ふ》け弔問客も途絶えて、居残った映画人たちは酒を飲み、打ち騒いでいた。そのとき、遅れて来訪者があった。節子だった。小津組のキャメラマンだった厚田雄春《ゆうはる》は、こう回想している。

〈誰も涙を流してしんみりしてた奴《やつ》なんかいない。ところが原節子さんが来られたというんで、玄関に迎えに出て、入ってこられる原さんの顔みたとたんに急に涙があふれてきて、自然と抱き合って泣き出してしまった。しゃくりあげて、こらえきれなく

なったんです〉

（『小津安二郎物語』平成元年）

節子は玄関で皆に囲まれてひとしきり泣くと、踵《きびす》を返して立ち去った。その場にいた記者が後を追いかけ、彼女の短いコメントを取った。

小津の死から五年後の昭和四十三年（一九六八）には小津映画を支えてきた脚本家の野田高梧《こうご》が亡くなった。節子はやはり小津の時と同じように弔問客が途絶えた深夜、ひっそりと野田家を訪れている。

この時も居残った映画人は通夜振る舞いの酒に酔い、大騒ぎをしていた。そのため玄関先に現れた節子に気づく人がいなかった。手伝いに来ていた若者がようやく気づいた時、皆は座敷うちで品の悪い話を大声でしており、しかも、その俎上《そじょう》には折悪しく節子が載せられていた、とも。

小津の通夜に姿を見せてから三カ月後の昭和三十九年（一九六四）三月、節子は東京の狛江の自宅から荷物をすべて運び出すと、鎌倉の義兄夫婦の家に完全に居を移した。

狛江の家は、この数年後に家屋だけ取り壊し、そのまま更地として持ち続けた。

鎌倉に越して後、彼女は友人たちに電話を入れると弾む声でこういったという。

「何も言わずに引っ越してごめんなさいね。お金が貯《た》まったから、もう、やっと映画に出なくてもすむようになったのよ」

「贅沢《ぜいたく》をしなければ、一生食べていけると思う」

東京オリンピックと新幹線の開通に沸き立ち、節子の動向に関心を払う人は少なかった。テレビをつければ古関裕而《こせきゆうじ》が作曲した「東京オリンピック・マーチ」が流れてきた。戦争中は軍国歌謡のヒットメーカーであった、あの古関である。

狛江の家は敷地が八百坪もあったが、義兄の家は鎌倉郊外の古刹《こさつ》の一角にある借家だった。三百坪ほどの敷地内に母屋《おもや》があり、義兄夫婦と息子の久昭が暮らしていた。節子の部屋は、もともと物置小屋だったところを改装した庭先の小さな離れだった。

鎌倉の家では眼を休め、義兄一家に守られて気儘《きまま》に暮らした。マスコミの取材には一切応じず、東宝の関係者はもとより、どんな映画人の訪問を受けても直接会うことはせず、義兄夫婦に対応させた。

翌年には、自分の暮らす離れを改築した。延べ床面積四十九平方メートルのこぢんまりとした家で、ここを終《つい》の住処《すみか》とする覚悟を、このとき決めたのだろう。

世間が節子の事実上の引退に気づき、騒ぎ始めた。だが、真偽をただそうと、いくらマスコミ関係者や映画人が訪ねてきても、本人が表に出てくることはなかった。電話さえも義兄夫婦が受け、節子が望んだものだけが取り次がれた。

義兄夫婦が節子を無理やり世間から遮断し、軟禁しているのではないか、と噂《うわさ》する者もあった。だが実際は、節子が彼らに〝門番〟の役を果たさせていたのだった。

外出する時はマスクをすることが多かった。近所に煙草《たばこ》を買いに行き、鎌倉駅のそばまで化粧品を買いに行く。時には銀座まで出掛け、海にも行った。仕事をやめたら海の傍で暮らしたいと、かつて語ったことがある。残念ながら鎌倉の家から海は見えなかったが、足を運んで材木座海岸までひとりで泳ぎに行くこともあった。車を自分で運転して、少し離れたところで買い物をし海沿いを走って帰ってくる。そんな日常を楽しんでいた。

とはいえ、大半の時間は家のなかで過ごした。映画女優になってからというもの、一歩外に出ればじろじろと見られた。それが嫌でならなかった。だから女優時代から家や部屋にこもる習慣がつき、それが少しも苦痛ではないのだった。

読書をし、時おりレコードを聴く。庭の草木を手入れし、家事をする。同じ敷地内には、姉と義兄、甥《おい》がいて少しも寂しくはない。それでも初めのうちは、友人たちを招いて麻雀《マージャン》や食事をすることも稀にはあった。だが、それが活字になることもあり、人と会うことをより避けるようになった。会わずに電話で話すようになり、そして、電話にも出ない相手が増えていった。

昭和四十年（一九六五）を過ぎた頃、東宝に戻る意思はないことをきっぱりと伝えている。映画に出なくなってから振り込まれた契約料を返却し、今後は一切、振り込みをしないようにと念を押した。現役時代から、会社との金銭のやりとりには潔癖だった。写真家の秋山庄太郎は、撮影所やロケ先に同行し飲食をともにした際、ほかの俳優たちと違って節子だけは、それを会社に付けまわさずに取材者の分まで自分で払っていたと証言している。最後まで、自らの規範を貫いたのだった。

生活費は女優時代の蓄えでまかなった。節子は現役時代から土地や株を買っていたが、日本は昭和四十年代に入り高度経済成長を遂げて、土地の値段がひたすら上がり続けていた。そんななかで引退後も節子は土地を購入し続けている。

箱根の仙石原《せんごくばら》辺りには別荘を持っていた。義兄の熊谷はそこに籠《こも》って、よく絵を描いていたという。百号近いキャンバスに「霊感を受けて一気に描いた」と、天女がひらひらと舞うような絵を描き、訪れた友人や親戚《しんせき》に自慢げに見せ、相手を相変らず当惑させていたようである。

節子が消えた後、日本映画界は音を立てて崩れていった。昭和四十六年（一九七一）には大映が倒産。東映はヤクザ映画で、日活はポルノ映画でなんとか生き抜こうとしていた。

映画界とも世間とも交わることなく、節子は鎌倉の自宅にひたすら籠り続けた。

現役時代、彼女は将来をこう夢見ていた。

〈おばあさんになって、女優をやめて、のんびりと何も云《い》われないで何処《どこ》でも歩けるときがいつくるかしらと、楽しみにしています〉（『映画ファン』昭和二十八年二月号）

ところが、世間はなかなか「原節子」を忘れてくれなかった。

むしろ、時が経てば経つほど彼女が引退したという事実が広まり、それ自体がひとつの話題とされていくようになる。次第に世間を拒絶して完全な沈黙を貫き、人前に姿を現さない生き方を、「現代の神秘」「昭和の謎《なぞ》」と煽《あお》って取り上げる風潮が強まっていった。節子がマスコミに取り上げられまいとすればするほど、逆にその私生活を暴《あば》き、その姿を撮ろうとする。

テレビ局が隠し撮りした節子の最新の映像を「大スクープ」と前宣伝し、放映しようとしたこともあった。この時ばかりは、姉の光代が局に「妹は芸能界と縁を切って暮らしているのだから、そっとしておいてほしい」と直接抗議した。局側はこれを受けて、肖像権などの問題から放映を見送ったが、こうした騒動そのものが週刊誌に取り沙汰された。

昭和四十六年には、ある芸能プロダクションの社長が街頭で、「原節子に映画界復帰を請願する署名運動」を行うという珍事もあった。十万人規模の署名を集めて本人に手渡し、説得してみせるとこの人物は息巻いたが、もちろん節子は一切、取り合わなかった。

引退後、節子は、たとえ事実とどんなに異なる記事を書かれようと、反応せずに、すべてを無視し続けた。そうした姿勢に対し、「なぜ、そんなに世間を拒むのだ」と非難めいた声もあがった。かつて、「なぜ、水着にならないのか」「なぜ、GHQの接待をしないのか」「なぜ、独身なのか」と彼女を責めたように。

映画人の通夜に節子が姿を見せることもなくなり、昭和四十四年（一九六九）に成瀬巳喜男《みきお》監督が亡くなった際には、「会田昌江」の名で供花が送られた。

昭和四十八年（一九七三）、小津の没後十年を記念して信州蓼科《たてしな》に小津と野田高梧の有縁地碑が建てられることになった。関係者に寄付金を募ったところ、「会田昌江」の名で真っ先にかなり多額の寄付が寄せられたと、藤本真澄は証言している。


節子は引退後、マスコミを遠ざけ五十余年の間、一度も取材に応じなかった、といわれている。だが実際には、たった一度だけ電話取材に応じたことがある。昭和四十八年二月十四日の「報知新聞」がそれにあたる。

「私はもう原節子という名前を捨てて、いまは本名の会田昌江で暮らしておりますが」取材を受けるに当たり、これが例外であることを、まず彼女は念押ししている。

今回に限り取材に応じる、その理由は、一枚の「日の丸」にあった。

昭和二十年、中国で米軍の少佐が一枚の日の丸を拾った。そこには墨文字で肉親、友人と思われる人たちの名前が寄せ書きされていた。

少佐はこれをアメリカへ持ち帰った。その後、すっかり忘れていたが、あるとき気がつき、在日米大使に「持ち主を見つけて返してほしい」と送り届けた。ところが、この日の丸には、「きみがよのぎせいとなれよわがしんみん正久君」とあるだけで、持ち主の氏名がわからない。一同、途方にくれたが、寄せ書きの中に著名な女優のサインが含まれていることに気づく。松竹の「水戸光子」と東宝の「原節子」である。

この調査を「報知新聞」が引き受け、水戸光子に日の丸を実際に手に取ってもらい、持ち主に記憶がないかと記者が尋ねている。水戸は、「記憶はありません」と答え、それが二月十三日の紙面で大きく報じられた。

そこで次に「報知新聞」は節子に、「正久君」に心当たりはないかと、人を介して電話取材を申し入れたのだった。

節子は話を聞いてからというもの、懸命に思い出そうと義兄たちにも尋ね一緒に考えたものの、「どうしても思い当たる人がいない」と答えた上で、こう続けている。

〈あのころは戦時下で、この種の国旗には何百回とサインしていますので、ほんとうに申し訳ありませんけど、正久さんというお名前には記憶がありません〉

（「報知新聞」昭和四十八年二月十四日）

これが、公《おおやけ》に残された原節子の最後のコメントとなる。

それにしても、なぜ、この取材にだけ彼女は応じたのか。義兄夫婦を通じて「記憶がない」と言えばすむものを。それはやはり、これが先の戦争で亡くなった人たちにかかわる取材だったからだろう。

彼女は、何百回とサインしたと答えている。それを握りしめて、あるいは節子のブロマイドをポケットに忍ばせて、斃《たお》れていった若者たちがかつていた。節子の映画を観《み》て飛行兵になり、還《かえ》らなかった命もあったろう。だからこそ、この取材にだけは応じる義務があると彼女は判断したのではないだろうか。

戦後、多くの映画人が戦前の自分の行いを反省する言葉を口にした。あるいは、「自分は騙《だま》されていた」「戦争には反対していた」「無自覚だった」と弁解した。しかし、節子は戦前戦中の自らについて、明確な形で安易に反省の弁を述べることはしなかった。だが、彼女の後半生の隠棲《いんせい》は、この前半生の延長にあったのではないだろうか。己れの幸せを追い求めず、経済的に余裕ができても贅沢をせず、出歩かず、家に籠り続ける日々。漏れ伝わる彼女の生活は、まるで喪に服し続けるように質素そのものである。

「原節子」を葬《ほうむ》り、原節子と時代をともにした若き人々への供物とし、自らを悔悟し続けたと見るのは穿《うが》ちすぎか。

節子が隠棲し続けるなか、縁のあった人々は次々と亡くなっていった。『新しき土』のアーノルド・ファンク監督は、一九七四年（昭和四十九）、ドイツで没した。戦後、ナチスの協力者と見られ映画界には戻れず経済的にも困窮して、半ば世捨て人のようにドイツの郊外で暮らしたという。

それでも、クリスマスなどに孫たちが集まると、過去に自分が撮った映画を居間の壁に白いシーツを張って映した。『新しき土』も何度となく見せては、その度にこう自慢したという。

「セツコは今では日本で有名な女優になっているんだよ。無名の新人だった彼女を発見したのは私なんだ。私が彼女を見出《みいだ》したんだ」

ファンクは生涯、ふたりの女優しか愛さなかった。ひとりがレニ・リーフェンシュタールであり、もうひとりが原節子だった。リーフェンシュタールは、映画女優として成功したのち、映画監督となって映画史に名を残したが、また一方ではナチスの協力者として今日も指弾されている。ファンクは孫たちに二人を比較してこう語ったという。

「女優としての素質はセツコのほうがずっと上だ。レニは何を演じてもレニだった。けれどセツコは違った。小さな眼の動きで、すべてを表してしまう本物の女優だった」

ファンクが撮った『新しき土』は節子の運命を変えた一作だった。ナチス政権の支援を受けて撮られた、この国策の日独合作映画は戦後、長く封印された。日本でも川喜多夫妻の強い意向で近年まで上映されることはなかった。

東宝プロデューサーの藤本真澄は、昭和五十四年（一九七九）にこの世を去った。藤本は最晩年に脚本家の白坂依志夫《よしお》と酒を酌《く》み交わした際、酔ってこう口走ったという。

「原節子に実は惚《ほ》れてたンだよ、昔だけどね。できたら結婚したいなんて若気の至りで思ったンだが、その時、ホラ、熊谷久虎。知ってるだろう、姉さんの旦那《だんな》さ。あの右翼野郎と出来てるってきいてね、それで、あきらめたのさ」

熊谷と原節子の関係が映画界のなかで、いかに噂されていたかがわかる。

節子は幼い時に義兄夫婦に引き取られて、彼らを父母のようにして育った。映画界のなかで変わり者とされる義兄の熊谷を節子は尊敬し、かばい続けた。社会の矛盾や、人間の崇高な精神を映画で描きたいと願いながらも、技量不足でそれを実現しきれなかった、この義兄を。

口さがない映画人たちが様々に噂していることも節子は当然、知っていた。戦後、戦争責任を、この義兄ひとりに押し付けたのも彼らだった。こうした義兄への処遇に節子は憤慨し、だからこそ、その再起に全力を尽くした。そうした振る舞いが、よけいに噂を根強くすることを承知の上で、あえて義兄との映画作りにこだわり続けた。監督として最も尊敬しているからだと毅然として言い放った。そこには自分や義兄に向けられた好奇の目に対する強い反発心を感じる。義兄との関係をどう見るかは、人さまざまであろうが、明らかなことは、ひとつだけだ。彼女はそのような周囲の目や噂を耳にしながら映画界のなかにいた、という事実、それだけである。

昭和六十一年（一九八六）五月には、節子に最も大きな影響を与えてきた、その義兄の熊谷久虎が鎌倉の地で世を去った。八十二年の生涯だった。

熊谷は晩年になっても過去の虜囚であり続けたようである。こんな言葉を残している。

〈今だにな、これは凡俗である証拠だが夢をみるよ、その映画界について。そうすると眠れないから、自棄酒《やけざけ》を飲むんだ。はっ、はっ、はっ……〉

（『勲章のいらない巨人たち』昭和五十六年）

熊谷は戦後、鎌倉に移り住んでから禅に凝り、「無」という言葉を好んだ。その影響からか節子も現役時代は色紙を頼まれると、「無」とよく揮毫《きごう》した。熊谷家の墓は耶馬溪《やばけい》の菩提寺《ぼだいじ》から鎌倉の自宅に隣接する古寺に移されたが、その墓石にはただ一文字「無」と刻まれている。

明くる年の六月、夫の後を追うように妻の光代が八十歳で逝《い》った。

光代が映画界に入り、熊谷と知り合うことがなければ、「原節子」が誕生することはなかった。年の離れた二番目の姉である光代は会田昌江の「姉」であり、原節子の「母」でもあった。

節子が引退し、会田昌江に戻ってからも、光代は夫とともに防波堤となってマスコミや映画人から節子を守り続けた。節子の隠遁《いんとん》生活は夫婦の犠牲と献身によって、はじめて成り立ったといってよい。会田昌江とともに、彼らもまた「原節子」に殉じたのである。熊谷夫妻の死後、その役回りは夫妻の次男である久昭とその妻によって引き継がれる。彼らが鎌倉の家で同居を続け、「原節子」と会田昌江を盾となって守り続けたのだ。

時代は平成となる。平成六年（一九九四）、思いがけぬ形で、「原節子」の名が取り上げられ話題となった。

この年の高額納税者番付、いわゆる長者番付に「会田昌江」の名が載ったからだ。全国で七十五位。納税額は三億七千八百万円で、所得総額は十三億円以上と推測された。これは、かつて節子が女優時代に暮らした東京都内狛江の約八百坪の土地を売却したためであった。

昭和二十二年（一九四七）に購入した当時は、麦畑が広がり人家もまばらで寂しいくらいだった。しかし、半世紀近い時を経て、あたりは住宅地と化し地価は高騰《こうとう》していた。

鎌倉に移り住んでからも、節子はこの土地を人に貸すこともせず、手放しもせず放置していた。それまでも、購入したいという話はたびたび持ち込まれ、バブルの絶頂期にはかなりの高値がつけられたが、節子はそうした儲け話には乗らなかった。

だが、義兄夫婦を見送って数年が経ち、心境に変化があったのだろう。売却した時、節子は、七十二歳だった。

他にも節子が購入した土地は、長年の保有によって軒並み大きく値を上げていた。一部は親族に贈与している。土地の売却に伴い、かなりの所得があったはずだが、彼女の生活は少しも変わらなかった。自身が暮らす鎌倉の家は、たいして広くもなく、しかも借地である。着る物にも食べる物にもこだわらず、旅行もせず外食もしなかった。タバコと缶ビール、それに本と新聞があれば良かった。

ひたすら家に籠り、本を読み、自炊をして質素な生活を送り続けた。

ただし、世間への関心を失っていたわけではない。親類の話によれば、平成七年(一九九五)に阪神・淡路大震災が起こった際には、朝一番で自ら郵便局に飛び込み相当な額の義捐金《ぎえんきん》を送ったという。

平成九年(一九九七)には、無二《むに》の親友であった結髪師の中尾さかゑが亡くなってしまう。引退後も互いの家を行き来した唯一《ゆいいつ》の友である。

入院中のさかゑを節子は幾度も見舞っている。昭和十年にふたりは出会った。大人ばかりの撮影所でふたりの少女は肩を寄せ合って生きた。日活から東宝へと共に移籍し、映画の時代を生き抜いた同志だった。残された悲しみは深かったことだろう。

平成十年(一九九八)、黒澤明が亡くなる。享年《きょうねん》八十八。黒澤は凋落《ちょうらく》する映画界のなかで、ひとり孤独な戦いを続けていた。「世界のクロサワ」といわれ、長寿を得て最晩年まで映画製作に携わったが、その過程では自殺未遂も経験している。誰よりも長く創作の苦しみを味わったともいえるだろう。

節子と組み続けていれば彼の映画人生もまた、違ったものとなっていたろうか。

その一方、世間では小津映画に対する評価が、年々高まっていた。すると、それに伴い、小津の実像が次第に神格化されていく。その結果、節子が引退したのは小津の死にショックを受けたからだという、美しい神話が生み出されていった。映画関係者が意図的に流布した面もあった。

しかし、節子は引退後も親しく付き合っていた詩人の慶光院芙沙子《ふさこ》に対して、こんな言葉をもらしている。

〈恋愛は一生に一つしかないもの、その一回が永遠で、それがきのうのことのように忘れられない。(中略)自分が恋した人は、たいしてえらくない人なので、会社から

いわれて他の方と結婚してしまった〉（『女性自身』昭和四十六年八月七日・十四日合併号）

これは明らかに清島長利のことであろう。その清島は戦後、レッドパージで映画界を追われたが、脚本家として復帰していた。

写真週刊誌が何度か、老いた彼女の姿を望遠レンズで盗み撮りした。彼女は散歩を控え垣根を深く高くし、家の奥深くに隠れるよりほかなかった。そして、年々、友人とも親族とも、ほんの数人としか直接には会わなくなっていった。

節子が八十、九十と齢《とし》を重ねるにつれて、無責任な重体説や入院説、死亡説が頻繁に流された。老人ホームに入ったと週刊誌が伝えたことも、一度や二度ではなかった。原節子は今どこにいるのか、もう亡くなっているのではないか。年に一度は死亡説が流れ、大手紙の記者たちは、その度に確認を取ろうと駆けまわった。

鎌倉に行き家のインターフォンを押し、甥の久昭夫妻のいずれかから「元気でおります」と言われて、ほっと胸を撫《な》でおろす。そんなことが繰り返された。肉声や姿が外部にもれることは一切なかった。

平成二十七年（二〇一五）六月、節子は九十五歳の誕生日を迎えた。

彼女は、いたって元気だった、という。足腰が弱って家から出ることはめっきり少なくなったが、ひたすら本を読み、時には庭の草木の手入れを楽しんだ。

外出はせず人にも会わなかったが新聞は二紙を隅々まで読み、IS（イスラム国）の台頭で揺れる中東情勢から世界で多発するテロに至るまで社会や政治、経済に関心を持ち続けていた。新聞の書評や広告を見て、「この本を買って来て」と久昭夫妻に頼んだ。

小さな頃、海の向こうの国々に行きたいと強く願った。それなのに引退後、彼女は一度も海外旅行にはいかなかった。時間も金銭的な余裕も十分すぎるほどあったであろうに。子どもの頃と同じように、ただ本を読んで、空想するだけで満足していたのだろうか。

久昭夫妻が「たまには出かけよう」と誘っても、直前になって、「やっぱり私はやめておくわ」と断ることが多かったという。

買い物は久昭夫妻が請け負い、食事は母屋から届けたが、サラダなど簡単なものは自分で作った。ぜいたくをせず質素で極めて禁欲的な生活を、彼女は五十年以上も続けたのだった。限られた空間のなかで。彼女は自分で自分を幽閉したのである。それは完全な、徹底した隠棲だった。決して姿を見られまいとした、「原節子」を守るために。「原節子」を嗤《わら》わせぬために。それが会田昌江の後半生であった。

この年は、戦後七十年の節目の年でもあった。そして、原節子がデビューしてから八十年目の年にもあたった。終戦記念日が近づくにつれて戦争に関連する書籍が次々と刊行され雑誌やテレビでは戦争の特集が増えていった。

甥の久昭は、叔母が突然、写真の整理をはじめるのを見た。破いては捨てていたという。

八月の終戦記念日の前後、急に節子は体調を崩した。夏風邪を引いたようだった。いつも病院に行くとマスコミに騒がれるからと、いつも頑に医者にかかろうとしない。甥が説得して連れていった時には、すでに肺炎を起こしてしまっていた。

それでも最後まで意識はしっかりとしていた。酸素マスクを付けていたので筆談で遺志を伝えた。

平成二十七年九月五日、原節子という伝説を生き切った会田昌江は、九十五歳でその生涯に幕を下ろした。

その死は故人の固い遺志によって、およそ三カ月のあいだ、世に知られることはなかった。

あとがき　会田昌江と原節子

原節子が亡《な》くなったと知ったのは、篠《しの》つく雨の夜だった。

平成二十七年（二〇一五）十一月二十五日、傘を持たずに外出した私は、冷たい雨に打たれて小走りに家路を急いでいた。

鞄《かばん》の中には、イングリッド・バーグマンの主演作『凱旋門《がいせんもん》』のDVDが入っていた。節子が若き日に憧《あこが》れたバーグマン、中でもとりわけ惹《ひ》かれたというヒロインが登場する。ずいぶん前に一度、映画館で観《み》たきりなので、観なおしてみようと借りてきたものだった。

雨に濡《ぬ》れぬよう鞄をかばい、ようやく家にたどり着いたとき、携帯電話が鞄のなかで鳴った。知り合いの新聞記者から「原節子が亡くなった、という話がまた流れていて」と告げられた。

私は、端《はな》から信じなかった。この三年間だけでも何度、こんな情報が流れて翻弄《ほんろう》されてきたことか。どうせ、デマだ。デマに違いないと思い込んだ。思い込みたかったのかもしれない。

ところが間もなく、鎌倉で彼女と同居する甥《おい》の久昭氏が自宅に押し寄せた報道陣に対して逝去の事実を認めた。九月五日に亡くなり今日まで伏せてきたのだ、と。すぐさま、テレビはニュース速報を打った。

六月十七日の誕生日、花を届けに行った日のことが急に思い出された。夏日のような蒸し暑さのなかで何度も逡巡《しゅんじゅん》した末、私はインターフォンを押した。出て来てくれたのは同居する甥の妻で、会田昌江への花束と手紙を託した。その際、彼女の健康を尋ねると、「お蔭《かげ》さまで元気です」と、いつもと同じ返答をもらった。ほんの数カ月前の出来事だった。

ただ、正直にいえば、彼女が九十五歳の誕生日を迎えて元気に暮らしていると聞かされても、私はそれを信じ切れずにいた。

心のどこかに、彼女はもうこの世にいないのではないか、ひと知れず病院で臥《ふ》せっているのではないか、と思う気持ちがあったのだ。おかしな言い方になってしまうが、私は訃報《ふほう》を受けてはじめて彼女の死ではなく、彼女の生を感じていた。

彼女は確かに生きていたのである。あの鎌倉の山懐《やまふところ》に抱かれた家で。五十年以上も人前に姿を晒《さら》さずに。その事実が、事実として初めて実感をともなって私の胸に迫ってきた。三年の間、彼女を追い続けるなかで、私ははじめて彼女を現身《うつしみ》として、このとき実感したのだった。

彼女は最後まで世間に騒がれることを望まなかった。だから、自分の死を可能な限り伏せるようにと言い残し、この世を去った。

親族が語ったところによれば、亡くなる前日まで意識ははっきりしていたという。

訃報は十一月二十五日の夜、ニュース速報でまず流され、翌朝の新聞は大手紙からスポーツ紙に至るまで、一面で彼女の死を報じた。一女優の死が、これほど大きく取り上げられた例は過去にないだろう。しかも、彼女は五十年以上も前にスクリーンからも、世間からも、姿を消しているというのに。

テレビでは代表作として、『東京物語』のシーンが繰り返し流された。小津にほのかな思いを寄せていて、小津の死に殉じて姿を消したのだといった、これまでに流布《るふ》されてきた見立てもまるで事実のごとく語られていた。

彼女は勁《つよ》い女優であり、勁い女性だった。

完全な男社会だった日本で、流されるのではなく抗《あらが》い続けた。引退や隠棲《いんせい》、独身を貫き通したことも、やはり彼女の「抗い」だったと私には思えてならない。

多くの巨匠たちに愛され、数々の名作に出演し、幸福な女優だと語る人がいるが、実はたしてどうであろうか。彼女は最後まで代表作を求め続けた。しかし、その夢は果たされなかった。女優人生のなかで恋を犠牲にし、実兄を失い、自身の健康を損ない、得られたことはどれほどのものだったろう。

原節子の言動は、しばしば激しく矛盾していた。心の振れ幅がそれだけ大きかった、と捉《とら》えるべきなのだろう。

「女優は嫌いだ」「早くやめたい」と言いながらも、彼女ほど仕事に誇りを持ち、自らを映画に捧《ささ》げて生きた女優はいないだろう。結婚という人生の選択肢に対しても、肯定的な見方と否定的な見方の両方を披露して、その言辞は一貫していない。

彼女の本心はなかなか摑《つか》めないが、この一貫性のなさと振れ幅の大きさも、「会田昌江」と「原節子」という二つの人格の間に絶えず存在した葛藤《かっとう》の深さと、物事を突き詰めて考える本人の気質からきているように、私には思えた。

この気質は、「演技」にも及んだ。役を与えられれば小手先ではなく、心からその人物になりきろうとした。思いとは裏腹に、口ではやる気がないふうを装《よそお》いながら、彼女はいつも全身全霊で役にぶつかっていたのだった。

映画に対しても男性に対しても社会に対しても、理想を求め過ぎてしまう。だから落胆する。期待と失望を繰り返す。結果、発言が矛盾してしまう。物事の本質を見抜き過ぎてしまう。この矛盾こそが、彼女の人格の中核をなしていたのだろう。だからこそ彼女の笑顔が、私には哀《かな》しく見えるのかもしれない。

原節子はまた、自分の意志とは無関係に時代を背負わされた存在でもある。彼女が人々に特別に記憶される理由もまた、そこにある。同時代の女優でも、これほど激動の歴史と重なる生涯を送った人はいない。関東大震災、昭和恐慌《きょうこう》、満洲事変、日中戦争、三国同盟、太平洋戦争、廃墟《はいきょ》からの復興……。その一幕一幕で、彼女は精一杯に自分の役割を果した。そして、高度経済成長のさなかに姿を消した。

原節子とは何だったのかと聞かれたならば、私は、迷わず「日本」と答えたい。戦後七十年にあたる年の、終戦の日を見届けて、九十五年の人生に終止符を打った。それもまた、実に彼女らしい最期《さいご》ではなかったろうか。

本書の刊行は、原節子の訃報を受けて決まったことではない。

「原節子さんが生きている間に出してあげたかったですね」と、言ってくださる方もあるが、私はそうした言葉に素直に頷《うなず》くことができないでいる。

私はこれまでに何度か、鎌倉の自宅に伺い、評伝を書く旨《むね》を綴《つづ》った手紙や自分の著書を、同居する親族に手渡してきた。

おそらく彼女は、私からの手紙を読み、「ありがたい」とは思わなかったことだろう。むしろやめてほしい、迷惑だ、そっとしておいてほしい、と感じたに違いない。自分について語ることも、語られることも望まない、それが原節子であり、会田昌江だと思う。

原節子の美貌《びぼう》と風格、その孤高な演技者としての態度を間近に見て、かつて新藤兼人は「まるで僕にはライオンのように見えた」と評した。

彼女に対する私のイメージもまた、ライオンである。

原節子を追いかけて三年以上の歳月が過ぎてしまったが、振り返ってみれば、深い茂みの中を、ただただ伝説のライオンの姿を追って、さ迷っていたような気がする。彼女の駆け抜けた跡を追い、後ろ姿なりとも捉えたいと願い続けたが、道は細く、険しく、しかも草深かった。

途方にくれ、諦《あきら》めかけた日もあったが、時おり、藪《やぶ》を抜けた向こうから、じっとこちらを見る眼差《まなざ》しを感じることがあった。あるいはまた、哀しげな遠吠《とおぼ》えを耳にしたようにも思うことがあった。それは決して群れを求める咆哮《ほうこう》ではなく、理解されることのない人生を歩んだ者の叫びと聞えた。

本書をまとめるにあたり、彼女の写真を集める過程で改めて気づいたことがある。極端にポートレートが少ないのだ。戦争の影響もあるが、写真を撮られることを嫌った映画女優だった。

彼女は、「ポーズをとって、にっこりとほほ笑んで、『私、美しいでしょう』だなんて、こんなに醜悪なことはないわ」と、写真家の早田雄二に語っていたという。同じく写真家の秋山庄太郎には、初対面の日に「あなた、映画の仕事は好き?」と尋ね、「あまり好きではない」と答えた秋山に、「私も嫌いよ。気が合うわね」と応じて友人として付き合うようになったという話は先に記した。その秋山にも、「ことさら美しく撮ろうとしないでほしい。自然にありのままの私を撮ってほしい」と何度も念を押している。

自宅での撮影が終わるとビールを出し、野菜炒《いた》めやオムライスを自ら作ってくれた、そんな女優はほかにいなかった、とも秋山はエッセイに綴っている。

執筆にあたっては、現存するすべての出演作を観るように努めた。入手困難なものは市井《しせい》の映画ファンの協力を得てDVDを借り受け、九割近くを観ることができた。今日では埋もれてしまった名もしれぬ作品の中に、むしろ彼女の息吹《いぶき》を感じることが多かった。

節子の恋愛については、これまでも清島長利の名が挙げられていたが、清島本人が頑《かたく》なに否定し続けたため、真偽は定かではなかった。清島の死後も親族が故人、また原節子への配慮から、否認を通してきた。今回、長利の長男である清島利典氏にはじめてインタビューに応じていただき、すべてを知ることができた。清島家と関わりの深かった杉本セツ子氏のご尽力の賜物《たまもの》である。

五十年以上も沈黙を守り、決して会うことの叶《かな》わなかった彼女の生涯を描くことは、私にとって容易なことではなかった。

本書が世に出ることを後押ししてくださったすべての方に感謝しつつ、筆を擱《お》きたい。

二〇一六年二月

石井妙子

文庫版あとがき

『原節子の真実』を出版してから、早いもので三年の歳月が流れようとしている。この間、国内外を問わず、映画研究者、ジャーナリスト、市井《しせい》のファンの方々から、私は様々な問い合わせや質問、あるいは情報の提供を受けた。

原節子という稀有《けう》な女優に対する関心がいかに深いものであるかを、今も日々、噛《か》みしめている。

彼女はこれまであまりにも、根拠のない風説によって語られてきた。彼女自身がまったく否定も肯定もせずに受け流し続けた結果、虚偽の情報が半ば事実として定説化していってしまったのだが、今後、時間をかけて、それらが検証され、精査されていくことを願っている。

本書に私が詳細な主要参考文献一覧を載せたのも、彼女に心を寄せる方々の研究の助けになればと考えてのことであるが、同時に、彼女が隠棲《いんせい》生活を営むようになってから、いかにメディアが彼女を追いかけ、どのように報じてきたかを、記事のタイトルから察してもらえたらと願ってのことでもある。姿を晒《さら》さぬことで「原節子」を守り続けた会田昌江と、世間、あるいはメディアとの攻防の後半生だったといえようか。

徹底した男性優位の日本の映画界で、彼女は常に苦悩していた。歯ぎしりをし、怒りを滲《にじ》ませつつ、最後は諦観《ていかん》に至り、静かに映画の世界から去っていった。与えられた美に捕われまいとし、ことさらぞんざいに扱い、年を重ねるなかで、それに執着して抗《あらが》うことをしなかった。「原節子」として生きた生身の女性の苦悩に思いを馳《は》せ、掘り下げなければ、決して彼女の一生も、実像も理解することはできない。

原節子という存在があまりにも大きく、神秘性に満ちていたために、彼女に関する事実に反する情報は生存中から流布《るふ》され続けてきたが、中には、まったくのデマを故意に流す人もいたし、あるいは、原節子の名を騙《かた》る愉快犯もいた。何の接点もないのに関係者であるがごとく振る舞う人もあった。そして、メディアはこうした人々に、ずいぶんとたやすく騙《だま》されてきた。

例えば、隠棲する原節子の自宅に行ったところ面識がないのに招き入れられ、カレーライスをご馳走《ちそう》してもらった、と書いた作家がいる。彼女の性格、振舞いから考えて私にはとても信じ難かったが、親族に死後、確認したところ、やはり事実ではないとのことであった。

あるテレビタレントは交通事故に遭った際、原節子から人づてに数珠《じゅず》を送られたという話を繰り返し語っているが、これもまったくの虚偽である。原節子の名を騙る愉快犯が、この著名人を喜ばせようとして、あるいはかつごうとしてしたことなのだが、今に至るまで事実と信じ込まされてしまっている。彼女の死後、この件も親族ははっきりと否定した。こうした誤った「秘話」は原節子の実像を大きく歪《ゆが》めるものなので、ここに、あえて指摘しておきたい。

また、昭和十七年（一九四二）に日本の軍事力を諸外国に知らしめるために陸軍参謀本部の意向で創刊されたグラフ雑誌『ＦＲＯＮＴ』に載った「インド号」でサリーを着て写る女性は原節子だとする研究書があるが、これは原節子に顔立ちの似た女優の轟夕起子《とどろきゆきこ》であろう。

誤報が溢《あふ》れる一方で、本書の執筆後には貴重な新情報も、いくつかもたらされた。映画監督の木下亮《りょう》さんは叔母・原節子の死後に、手記を発表したが、肉親としての視点と映画人としての視点から、彼女の実像を伝えており心打たれるものであった。

また、ドイツ在住の語学教師、澄子・モリソン・クリーターさんからは、原節子が

『新しき土』の宣伝のため昭和十二年（一九三七）にドイツを訪問した際の秘話が寄せられた。ドイツで原節子に付き添い通訳を務めたのは、明治初期に日本に招かれた「お雇い外国人」のひとりで、「君が代」の編曲者として知られるフランツ・エッケルトの孫娘、ドロテア・ヘードヴィク・ハル・ペルツ女史であった、と。原節子は通訳のドロテアさんに大変に感謝し、日本から持参した自分の振袖《ふりそで》を贈っていた。その振袖と貴重な写真を収めたアルバムをドロテアさんは手放すことなく、「セッチャンは、とても美しかった」と周囲に思い出を語っていたという。そして、最晩年に交流のあった日本人女性でドイツに暮らす澄子さんにこれらの品を託し、間もなく亡《な》くなった。

その後は澄子さんの手元で保管されてきた、この振袖を拝見する機会を先日、私は得たが、色鮮やかな振袖が目の前に広げられた瞬間、十六歳の原節子の息吹《いぶき》を感じ、胸にこみ上げるものがあった。

日独合作映画『新しき土』は原節子の一生を運命づけた作品であるが、本書の執筆にあたっては、ファンク監督の孫マティアス・ファンクさん、ドクター・ハックの子孫にあたるアネッテ・ハックさんの協力を得たことも、ここに明記しておきたい。

原節子の秘められた恋に関しては、杉本セツ子さんのご尽力により清島長利の長男である清島利典さんのご証言を得られたことに再度、謝意を表したい。

この三年の間には、原節子が戦後まもなくに書いたエッセイ「手帖抄」が発見されるという出来事もあった。雑誌『想苑』（一九四六年十一月号）に寄せたもので、立教大学の石川巧教授が火野葦平《あしへい》資料館の坂口博館長との交流のなかで発見し、『新潮』（二〇一七年一月号）に掲載されて、大きな反響を呼んだ。

『想苑』は福岡県久留米市の金文堂出版部が発行していた季刊雑誌であり、火野葦平ら、原節子の義兄である熊谷久虎とともに九州独立運動に関わった九州在住の文化人たちとの関わりが深かった刊行物である。

原節子の名前で発表されていても、実際には記者や映画会社の宣伝部員が勝手に書いた、というものも少なくないのだが、この「手帖抄」に関しては発表媒体、発表された時期、また文体などから考えてみて、彼女自身が書いたものと私には感じられた。彼女の人間性がにじみ出ており、敗戦後の気持ちの在りようもよく表れている。このまま埋もれてしまうのは惜しいと考え、今回、この文庫版の巻末に採録することにした。

最後に「彼女の墓所を知りたい」という問い合わせをファンの方、メディア関係者から数多く受けるのだが、どうかそういう考えは持たないで頂けたらと願っている。

彼女は死の間際《まぎわ》まで自分の痕跡《こんせき》を残すまいと配慮に配慮を重ね、自分の墓所を知られまいとした。その思いを尊重し、心のなかで偲《しの》んで欲しい。

書き終えて、彼女を思う時間はかえって長くなった。私は今後も、彼女の後姿を追いかけ、考え続けるだろう。彼女を忘れることは私にはきっと、生涯、できないだろう。

二〇一八年十二月

石井妙子

主要参考文献

全章を通じて

（書籍、私家版含む）
『東宝映画十年史抄』東宝映画（昭和十七年）
『東宝二十年史抄』東宝（昭和二十九年）
『日活五十年史』日活（昭和三十七年）
『東宝三十年史』東宝（昭和三十八年）
『日本映画発達史Ⅰ〜Ⅴ』田中純一郎（中公文庫、昭和五十〜五十一年）
『日本映画俳優全集　女優編』（キネマ旬報社、昭和五十五年）
『永遠のマドンナ　原節子のすべて』佐藤忠男監修（出版協同社、昭和六十一年）
『写真集　原節子』マガジンハウス編（マガジンハウス、平成四年）
『原節子伝説』千葉伸夫（翔泳社、平成七年）
『日本映画史1〜4』佐藤忠男（岩波書店、平成七年）
『原節子　伝説の女優』千葉伸夫（平凡社ライブラリー、平成十三年）
『原節子「永遠の処女」伝説』本地陽彦（愛育社、平成十八年）

『原節子　あるがままに生きて』貴田庄（朝日文庫、平成二十二年）
『李香蘭と原節子』四方田犬彦（岩波現代文庫、平成二十三年）
『原節子のすべて』新潮45特別編集（新潮社、平成二十四年）
『原節子』原田雅昭ほか編（キネマ旬報社、平成二十四年）
『原節子　わたしを語る』貴田庄（朝日文庫、平成二十五年）

（新聞・雑誌など）
「このままの生き方で」原節子『映画スター自叙伝集』（丸ノ内書房、昭和二十三年）
「私の歴史①」原節子『映画ファン』（昭和二十七年十一月号）
「私の歴史②」原節子『映画ファン』（昭和二十七年十二月号）
「私の歴史③」原節子『映画ファン』（昭和二十八年一月号）
「私の歴史④」原節子『映画ファン』（昭和二十八年二月号）
「早春夜話①」原節子『東京新聞』（昭和三十四年二月二十日夕刊）
「早春夜話②」原節子『東京新聞』（昭和三十四年二月二十七日夕刊）
「早春夜話③」原節子『東京新聞』（昭和三十四年三月六日夕刊）
「早春夜話④」原節子『東京新聞』（昭和三十四年三月十三日夕刊）
「早春夜話⑤」原節子『東京新聞』（昭和三十四年三月二十日夕刊）
「早春夜話⑥」原節子『東京新聞』（昭和三十四年三月二十七日夕刊）

第一章

（書籍、私家版含む）
「関西旅行の夢」原節子『ほどがや』保土ケ谷尋常高等小学校編（昭和七年三月）
『卒業記念写真集』横浜市保土ケ谷尋常高等小学校（昭和八年三月）
『文集ほどがや』（昭和五十二年）
「一四〇周年記念　歴史で振り返る保土ヶ谷小学校」（平成二十四年十月）

（新聞・雑誌など）
「保土ケ谷区時報」（昭和十年七月一日）
「スタア出世物語（7）世紀の乙女　原節子物語」『東宝映画』（昭和十三年十月号）
「原節子さんお答え下さい」『スタア』（昭和二十四年六月号）
「私のおあいしたスタアたち」柴田早苗『映画ファン』（昭和二十六年十一月号）
「キャメラで見た妹　目で見た妹　原節子を語る」会田吉男『映画ファン』（昭和二十七年五月号）
「原節子さんにお尋ね致します！」『東宝映画』（昭和三十六年四月号）
「よこはま映画外史オデヲン座物語」『神奈川新聞』（昭和六十一年八月十五日）
「原節子の『秘められた恋』」『週刊新潮』（平成十六年十二月三十日・平成十七年一月六日合併号）

第二章

（書籍、私家版含む）

『回顧録　大海　池永浩久』池永大海回顧録刊行会（昭和二十五年）
『映画女優』入江たか子（学風書院、昭和三十二年）
『われ過ぎし日に』志賀暁子（学風書院、昭和三十二年）
『熊谷九寿画集』（美術出版社、昭和四十二年）
『マキノ雅裕女優志　情』マキノ雅裕（草風社、昭和五十四年）
「映画界の異端児の告白的放談——熊谷久虎」『勲章のいらない巨人たち　森山幸晴対談集』（世界聖典刊行協会、昭和五十六年）
『女優事始め』岡田嘉子ほか（平凡社、昭和六十一年）
『ルパシカを着て生まれてきた私』岡田嘉子（婦人画報社、昭和六十一年）
『実録大河内傳次郎』池永敬（ライオンズマガジン社、平成二年）
『溝口健二を愛した女』大西悦子（三一書房、平成五年）
『大分県歴史人物事典』（大分合同新聞社、平成八年）
『聞き書　女優山田五十鈴』津田類編（平凡社、平成九年）
『遍歴　女優山田五十鈴』藤田洋（河出書房新社、平成十年）
『岡田嘉子　悔いなき命を』（日本図書センター、平成十一年）
『内田吐夢　映画監督五十年』内田吐夢（日本図書センター、平成十一年）
『ききがき　女たちの記録』小野恵美子（青山社、平成十一年）

『山田五十鈴　映画とともに』山田五十鈴（日本図書センター、平成十二年）
「田中絹代　私の履歴書」『女優の運命　私の履歴書』田中絹代ほか（日経ビジネス人文庫、平成十八年）
『「帝国」の映画監督　坂根田鶴子』池川玲子（吉川弘文館、平成二十三年）

（新聞・雑誌など）
『日活画報』（昭和二年二月号）
『日活』（昭和二年五月号）
「女優・ダンサー・女給の生活を覗く」牧野二朗『近代』（昭和八年一月号）
「一九三四年の監督陣を語る」左銀一郎『日活』（昭和九年十二月号）
「日活の銀幕へ　横浜高女から会田昌江嬢」『横浜貿易新報』（昭和十年六月二十八日）
「映画女優は何故堕落するか」北山虎造『中央公論』（昭和十年九月号）
「原節子」岸松雄『新映画』（昭和十一年五月号）
「新進花形　スター座談会」原節子・田村芙紗子・久原日出子ほか『日活画報』（昭和十一年六月特別号）
「或るファンの話」原節子『日活画報』（昭和十一年七月号）
「子をめぐりて……　水久保澄子国際愛破綻の真相」水久保澄子『主婦之友』（昭和十二年十二月号）
「池永浩久・和央父子」『日本映画』（昭和十三年四月号）

「聖らかな処女　お節ちゃん」田口哲『近代映画』（昭和二十四年八月号）
「仕事の幸福」原節子・田中澄江対談『婦人公論』（昭和二十七年十一月号）
「芸談」熊谷久虎『週刊読売』（昭和三十年三月二十七日号）
「欲望のない女優　面接・原節子」『週刊朝日』（昭和三十五年五月一日号）
「マキノ雅裕の映画界内緒ばなし」『週刊文春』（昭和五十七年五月六日号）

第三章

（書籍、私家版含む）
「川喜多夫妻渡欧日記　昭和十二年」『東和商事合資会社社史』東和商事（昭和十七年）
『駐独大使大島浩』鈴木健二（芙蓉書房、昭和五十四年）
『映画監督　山中貞雄』加藤泰（キネマ旬報社、昭和六十年）
『第二次大戦下ベルリン最後の日　ある外交官の記録』新関鉄哉（日本放送出版協会、昭和六十三年）
『ゲッベルス』平井正（中公新書、平成三年）
『日本の選択4、9』NHK取材班編（角川文庫、平成七年）
『ナチズム極東戦略』田嶋信雄（講談社選書メチエ、平成九年）
『レニ・リーフェンシュタールの嘘と真実』スティーヴン・バック、野中邦子訳（清流出版、平成二十一年）
『虚妄の三国同盟』渡辺延志（岩波書店、平成二十五年）

『Arnold Franck, *Er führte Regie mit Gletschern, Stürmen und Lawinen. Ein Filmpionier erzählt*, Nymphenburger Verlagshandlung, 1973』

（新聞・雑誌など）

「ファンク博士一行　晴れの入京」『キネマ旬報』（昭和十一年二月二十一日号）

「ファンク博士の橋渡しで原節子独逸行決定　義兄熊谷久虎監督も付添役で」『キネマ旬報』（昭和十二年一月二十一日号）

「輝く〝新しき土〟豪華なる試写会」『都新聞』（昭和十二年二月五日）

「フ博士と原節子嬢　きのふ独逸へ放送」『報知新聞』（昭和十二年二月十二日）

「驟雨の雨よ　恍惚的なニッポンさらば　ファンク博士退京」『東京朝日新聞』（昭和十二年二月十三日）

「原節子さん兄妹　いよいよＰＣＬへ」『東京朝日新聞』（昭和十二年二月十四日）

「恋の濡れ衣乾かして　日本嬢原節子さんけふ伯林へ」『読売新聞』（昭和十二年三月十日）

「〝節ちゃん旋風〟に送られて」『読売新聞』（昭和十二年三月十一日）

「〝新しき土〟に映画最高賞」『大阪日日新聞』（昭和十二年三月二十六日）

「熊谷久虎監督渡独送別座談会」『映画評論』（昭和十二年四月号）

「原節子の殉情初恋物語――『新しき土』のヒロインとオリンピック花形の恋――」青木県造『話』（昭和十二年四月）

「十八娘を待つ　第二の『新しき土』原節子」『大阪朝日新聞』（昭和十二年四月十四日）

「原節子ベルリン通信　第一信」『大阪毎日新聞』（昭和十二年四月十六日）
「原節子ベルリン通信　第二信」『大阪毎日新聞』（昭和十二年四月十七日）
「原節子ベルリン便り㊤」『東京日日新聞』（昭和十二年四月十六日）
「原節子ベルリン便り㊥」『東京日日新聞』（昭和十二年四月十七日）
「原節子ベルリン便り（終り）」『東京日日新聞』（昭和十二年五月七日）
「ドイツ映画界のレコード破り〝侍の娘〟引張凧」『東京日日新聞』（昭和十二年五月二十日）
「全欧の話題『侍の娘』ロング・ランで最高記録樹立」『東京朝日新聞』（昭和十二年五月二十日）
「原節子断想」水町青磁『新映画』（昭和十七年八月号）
「『河内山宗俊』の原節子」岸松雄『映画ファン』（昭和二十八年十月号）
「半世紀ぶりに登場した原節子『初恋の人』」『週刊新潮』（平成五年八月十二日・十九日合併号）
「日独合作映画『新しき土』をめぐって（その1）」海老坂高『帝京大学外国語外国文学論集第九号』（平成十五年）
『日独合作映画『新しき土』をめぐって（その2）」海老坂高『帝京国際文化　第十七号』（平成十六年）
「原節子とナチス」石井妙子『新潮45』（平成二十六年一月号）

第四章

（書籍）
『戦争と日本映画　講座日本映画4』（岩波書店、昭和六十一年）
『東宝行進曲　私の撮影所宣伝部50年』斎藤忠夫（平凡社、昭和六十二年）
『百年目にあけた玉手箱　第3巻』小島威彦（創樹社、平成七年）
『川喜多かしこ　映画ひとすじに』川喜多かしこ（日本図書センター、平成九年）

（新聞・雑誌など）
「掘出し物語⑦人間の巻　既成女優にない素質」『東京朝日新聞』（昭和十一年十一月二十六日）
「原節子少し肥って　久し振りに踏む母国の土」『都新聞』（昭和十二年七月二十九日）
「銀幕の寵姫みやげ話」『読売新聞』（昭和十二年七月十九日）
「海外見聞記」熊谷久虎『キネマ旬報』（昭和十二年十二月一日号）
「『阿部一族』の映画化」熊谷久虎「スタジオ一人一語」原節子『日本映画』（昭和十三年二月号）
「熊谷久虎」留野悪『新潮』（昭和十三年四月号）
「〝水着写真〟は恥辱　原節子、断然拒絶す」『読売新聞』（昭和十三年七月五日夕刊）
「日本映画女優論」丹羽文雄『映画之友』（昭和十三年九月号）
「随筆」熊谷久虎『日本映画』（昭和十三年十月号）
「スリー・モンキー」原節子『映画ファン』（昭和十四年一月号）

「上海の旅」原節子『東宝映画』（昭和十四年二月上旬号）
「原作者と主演者の対談」原節子・丹羽文雄『東宝映画』（昭和十四年十月下旬号）
「美しき花・七人寄れば」『映画ファン』（昭和十五年二月号）
「映画人登録　原節子」山法師『日本映画』（昭和十五年五月号）
「思い出のアルバム——戦前篇——」原節子『平凡』（昭和二十五年十一月号）
「映画『上海陸戦隊』の思い出」熊谷久虎『文学』（昭和三十六年五月号）
「原節子の『秘められた恋』」『週刊新潮』（平成十六年十二月三十日・平成十七年一月六日合併号）

第五章

（書籍）

「椎名利夫」『キネマ旬報別冊　日本映画人名大鑑』（キネマ旬報社、昭和三十四年）
『私の映画人生』山本薩夫（新日本出版社、昭和五十九年）
『大東亜戦争と日本映画』櫻本富雄（青木書店、平成五年）
『戦争と映画』清水晶（社会思想社、平成六年）
『帝国の銀幕』ピーター・B・ハーイ（名古屋大学出版会、平成七年）
『戦時下の日本映画』古川隆久（吉川弘文館、平成十五年）
『総動員体制と映画』加藤厚子（新曜社、平成十五年）

（新聞・雑誌など）
「語れ今宵を！」高杉早苗・原節子・神田千鶴子『映画之友』（昭和十一年初夏臨時大増刊号）
「原節子」島津保次郎『日本映画』（昭和十五年六月号）
「春待つ心」原節子『映画之友』（昭和十六年四月号）
「『指導物語』について」熊谷久虎『映画之友』（昭和十六年六月号）
「銀幕の恋人を語る」原節子『民報』（昭和二十二年五月三十一日）
「原節子の『秘められた恋』」『週刊新潮』（平成十六年十二月三十日・平成十七年一月六日合併号）

第六章

（書籍）
『革命前後』火野葦平（中央公論社、昭和三十五年）
『ある軍人の紙碑』町田敬二（芙蓉書房、昭和五十三年）
「戦争占領時代の回想」今井正『戦争と日本映画　講座日本映画4』（岩波書店、昭和六十一年）
『百年目にあけた玉手箱　第1、3、5巻』小島威彦（創樹社、平成七年）
『原智恵子　伝説のピアニスト』石川康子（ベスト新書、平成十三年）
『昭和の天才　仲小路彰』野島芳明（展転社、平成十八年）
『盲目の暦』火野葦平（創言社、平成十八年）

『〈弱さ〉と〈抵抗〉の近代国学』石川公彌子（講談社選書メチエ、平成二十一年）
（新聞・雑誌など）
「問題作と作家を語る」熊谷久虎ほか座談会『日本映画』（昭和十六年一月号）
「直言」熊谷久虎『映画評論』（昭和十六年十二月号）
「初冬の朝」原節子『映画之友』（昭和十八年一月号）
「海軍問答　熊谷久虎訪問記」近藤日出造『新映画』（昭和十八年一月号）
「朗らかに歩む・原節子インタヴユウ」『新映画』（昭和二十一年一月号）
「原節子の人間解剖」『話』（昭和二十八年二月号）
「日本の裏街道を往く五　九州イデオロギーの群像」大宅壮一『文藝春秋』（昭和三十一年五月号）
「自らを幽閉した永遠の処女」『女性自身』（昭和四十六年八月七日・十四日合併号）
「進駐軍への芸能慰安　原節子らに何が起こったのか」桑原稲敏『潮』（昭和五十六年九月号）
「スメラ学塾をめぐる知識人達の軌跡」森田朋子『文化資源学　第4号』（平成十八年）

第七章

（書籍）
『髪と女優』伊奈もと（日本週報社、昭和三十六年）
『カツドウヤ自他伝』山本嘉次郎（昭文社出版部、昭和四十七年）

『カメラひとつで飛び出して』秋山庄太郎（文藝春秋、平成七年）
『天皇と接吻』平野共余子（草思社、平成十年）
『評伝　黒澤明』堀川弘通（毎日新聞社、平成十二年）
『蝦蟇の油』黒澤明（岩波現代文庫、平成十三年）
『杉村春子』中丸美繪（文藝春秋、平成十五年）
『藤田嗣治』近藤史人（講談社文庫、平成十八年）
「幸枝」黒澤明『大系黒澤明　第1巻』（講談社、平成二十一年）
『わたしの渡世日記　上、下巻』高峰秀子（新潮文庫、平成二十四年）
『黒澤明の十字架』指田文夫（現代企画室、平成二十五年）

（新聞・雑誌など）
「日記抄・街に行く」原節子『近代映画』（昭和二十年十二月号）
「原節子さん★希望訪問記　まだ恋人を持たぬ麗人」田村泰次郎『スタイル』（昭和二十一年新年特大号）
「戦争責任者の問題」伊丹万作『映画春秋　第一巻第一号』（昭和二十一年八月十五日発行）
「戦争責任者の解明」自由映画人集団『映画製作』（昭和二十一年七月号）
「原節子設計」『近代映画』（昭和二十一年十二月号）
「座談会　映画演劇に就て」黒澤明・原節子・藤田進『新映画』（昭和二十二年一月号）
「私の周囲のこと」原節子『近代映画』（昭和二十二年二月号）

「原節子に」田村泰次郎『近代映画』（昭和二十二年九月号）
「島津保次郎監督素描」吉村公三郎『映画芸術』（昭和二十二年十月号）
「キャベツを持つ女　原節子ざっくばらんの記」『近代映画』（昭和二十二年十月号）
「したしいお友達　原節子さん」『映画ファン』（昭和二十三年四月号）
「ゴシップへの抗議　原節子さんに訊く」『映画ファン』（昭和二十三年十月号増刊）
「気にかけぬスターの看板」『アサヒ芸能新聞』（昭和二十三年十二月十日号）
「四たび来た8月15日」『近代映画』（昭和二十四年八月号）
「買い出しに明け暮れの最中で！」『近代映画』（昭和二十四年九月号）
「八月十五日の顔」山田五十鈴『キネマ旬報』（昭和三十五年八月号）
「八月十五日の日本映画」『キネマ旬報』（昭和三十五年八月号）
「女優・原節子の謎」鈴木和夫『週刊文春』（昭和五十三年七月六日号）
「七色の花」映画パンフレット　詳細不明

第八章

（書籍）

『麦と兵隊』火野葦平（新潮文庫、昭和二十八年）
『小津安二郎　人と仕事』小津安二郎・人と仕事刊行会編纂（蛮友社、昭和四十七年）
『一プロデューサーの自叙伝　藤本真澄　映画に賭ける』尾崎秀樹編（東宝株式会社出版事業部、昭和五十六年）

『小津安二郎全発言』田中眞澄編（泰流社、昭和六十二年）
『小津安二郎戦後語録集成』田中眞澄編（フィルムアート社、平成元年）
『小津安二郎に憑かれた男』永井健児（フィルムアート社、平成二年）
『全日記　小津安二郎』田中眞澄編（フィルムアート社、平成五年）
『巨匠とチンピラ』三上真一郎（文藝春秋、平成十三年）
『小津安二郎周游』田中眞澄（文藝春秋、平成十五年）
『小津安二郎と戦争』田中眞澄（みすず書房、平成十七年）

（新聞・雑誌など）
「戦争を体験して　小津安二郎新しき出発」『都新聞』（昭和十四年七月十六日）
「原節子の魅力」黒沢明『映画ファン』（昭和二十一年十二月号）
「装はれざる美しさ」『映画ファン』（昭和二十二年一月号）
「演技者の質」吉村公三郎『キネマ旬報』（昭和二十二年十二月一日）
「原節子さんについて」吉村公三郎『映画ファン』（昭和二十三年二月号）
「希望対談　木下惠介・原節子」『映画ファン』（昭和二十三年三月号）
「花形スターインタビュー　原節子の巻」水島公夫『映画読物』（昭和二十三年三月号）
「美しき女優同志」原節子・轟夕起子『近代映画』（昭和二十三年三月号）
「魅力対談」高峰三枝子・原節子『映画ファン』（昭和二十三年四月号）
「バァグマンへの手紙」原節子『映画グラフ』（昭和二十三年八月号）

「おおらかな顔になりたい　原節子さん、5分間インターヴュウ」『映画ファン』（昭和二十三年十月号）
「ゴシップへの抗議　原節子さんに訊く」『映画ファン』（昭和二十三年十月号増刊）
「恋愛・結婚・仕事　原節子さんは語る」『大映ファン』（昭和二十三年十二月号）
「春風に話もはずむ節ちゃんと三船くん」『映画グラフ』（昭和二十四年三月号）
「映画が発達しても文学は滅びません」『アサヒ芸能新聞』（昭和二十四年四月十二日号）
「原節子を語る」旗一兵『映画読売』（昭和二十四年五月号）
「原節子さん」『近代映画』（昭和二十四年六月号）
「私の好きなメロドラマ」原節子『キネマ旬報』（昭和二十四年七月一日上旬号）
「緑の芝生の上で　ある日の原節子さん」『映画ファン』（昭和二十四年八月号）
「原節子を描く」石坂洋次郎、「この頃の私」原節子、「原節ちゃんに」今井正、「原節子さんのこと」杉村春子『近代映画』（昭和二十四年八月号）
「原節子君」小津安二郎『映画読物』（昭和二十四年九月号）
「対談　丹羽文雄・原節子」『近代映画』（昭和二十四年九月号）
「初顔合わせ大いに語る」上原謙・原節子『映画ファン』（昭和二十四年十月号）
「原節子さん訪問」富田英三『映画ファン』（昭和二十四年十月号）
「原節子さんの近況」永富映次郎『新映画』（昭和二十四年十月号）
「原節子抄」『映画物語』（昭和二十四年十一月号）
「きものの美しさ　和服姿の原節子」『新映画』（昭和二十四年十二月号）

「私の人生劇場　原節子にきく」『日本評論』（昭和二十五年十月号）
「思い出のアルバム——戦後篇——」原節子『平凡』（昭和二十五年十二月号）
「第一線作家群の横顔（6）芸研プロダクション」『映画新報号』（昭和二十五年十一月下旬号）

第九章

（書籍）
『大系黒澤明　第2巻』（講談社、昭和二十一年）
『恋の果』川崎長太郎（小川書店、昭和二十三年）
『絢爛たる影絵　小津安二郎』高橋治（文藝春秋、昭和五十七年）
『随筆うらじろ草子』紅林さかえ（財経詳報社、平成五年）
『蓼科日記抄』「蓼科日記」刊行会編（小学館スクウェア、平成二十五年）
（新聞・雑誌など）
「シナリオ　西住戦車長伝」野田高梧『日本映画』（昭和十五年一月号）
「私の周囲のこと」原節子『近代映画』（昭和二十二年二月号）
「キャベツを持つ女　原節子ざっくばらんの記」『近代映画』（昭和二十二年十月号）
「ゴシップへの抗議　原節子さんに訊く」『近代映画』（昭和二十三年秋の増刊号）
「私のこの頃」原節子『映画読物』（昭和二十四年九月号）

「原節子さんに捧ぐる恋文」富田英三『映画ファン』(昭和二十四年十月号)
「原節子さんと先生映画 今度は女医の役」『アサヒ芸能新聞』(昭和二十五年二月七日号)
「美しい映画をつくるために」原節子・猪熊弦一郎『芸術新潮』(昭和二十五年五月号)
「喋らざる演技賞の女優 原節子さんとの30分」『近代映画』(昭和二十五年七月号)
「節ちゃん・大いに語る」『東宝』(昭和二十五年七月号)
「人物天気図 原節子」(朝日新聞、昭和二十五年七月二十日夕刊)
「原節子さんと暮す十日間」『平凡』(昭和二十五年九月号)
「恋敵小津安二郎」川崎長太郎『文藝春秋増刊号 秋燈読本』(昭和二十五年秋)
「映画対談」原節子・志賀直哉『婦人倶楽部』(昭和二十六年一月号)
「クキーン美し!ふるさとの喜び」原節子・山口淑子『近代映画』(昭和二十六年七月号)
「日本のこと・ドイツのこと」原節子、ベルント・ローゼ『婦人画報』(昭和二十六年七月号)
「彼女の個性 小津安二郎談」「海外向けホープ女優 原節子紙上発声版」『時事新報』(昭和二十六年九月十四日)
「女優生活あれやこれや」杉村春子・原節子・淡島千景『映画ファン』(昭和二十六年九月号)
「女ばかりの座談会 男性にもの申す」原節子・杉葉子・淡島千景など『平凡』(昭和二十六年十一月号)
「結婚話も進行中?」『毎日新聞』(昭和二十六年十一月四日夕刊)
「原節子結婚説」『朝日新聞』(昭和二十六年十一月十二日)
「〝めし〟大阪ロケ 座談会」原節子・上原謙ほか『映画ファン』(昭和二十六年十二月号)

「節ちゃんのお部屋」『近代映画』（昭和二十六年十二月号）
「パリで日本映画ロケ　横光利一の『旅愁』」『毎日新聞』（昭和二十六年十二月二日）
「あゝ乾杯！原節子さん」『近代映画』（昭和二十七年一月号）
「原節子さんポケット問答」『映画ファン』（昭和二十七年一月号）
「あなたはどう答えますか？」原節子『週刊朝日』（昭和二十七年一月六日・十三日合併号）
「〝暮からずっとカゼ引いて……〟原節子　結婚ゴシップには案外淡々」『アサヒ芸能新聞』（昭和二十七年一月二十日号）
「カンのよい原（節子）と高峰（秀子）　小津監督の映画談議」『毎日新聞』（昭和二十七年一月二十二日）
「原節子と結婚　清潔な人が好き」『読売新聞』（昭和二十七年二月十二日）
「銀幕の聖処女　原節子の魅力を探る」旗一兵『キング』（昭和二十七年三月号）
「原節子」『映画ファン』（昭和二十七年五月号）
「心静かな春を過ごしたいわ　白梅匂う鎌倉のひととき――」『近代映画』（昭和二十七年五月号）
「旦那さまは大変よ　汚い足で座敷へあげぬ」『アサヒ芸能新聞』（昭和二十七年七月六日号）
「原節子さん大いに語る」『婦人生活』（昭和二十七年九月号）
「がっちりして大きい小津先生」原節子・三宅邦子・淡島千景『映画ファン』（昭和二十七年十月号）
「仕事の幸福」原節子・田中澄江対談『婦人公論』（昭和二十七年十一月号）

「欲望のない女優 面接・原節子」倉光俊夫『週刊朝日・別冊』(昭和三十五年五月一日号)

第十章

(書籍)

『白魚』真船豊(創元社、昭和二十六年)
『映画入門』今村太平(現代教養文庫、昭和三十年)
『映画裏方ばなし』鈴木一八(講談社、昭和五十五年)

(新聞・雑誌など)

「バァグマンへの手紙」原節子『映画グラフ』(昭和二十三年八月号)
「原節子」金原文雄『新映画』(昭和二十七年一月号)
「あゝ乾杯! 原節子さん」『近代映画』(昭和二十七年一月号)
「キャメラで見た妹 目で見た妹 原節子を語る」会田吉男『映画ファン』(昭和二十七年五月号)
「見損なったパリの夢 話題の人・原節子さん訪問」『毎日新聞』(昭和二十七年六月十五日)
「原節子の人間解剖」『話』(昭和二十八年二月号)
「〝まるで一年生、出直しだワ〟一年ぶりで『白魚』に出る原節子」『東京新聞』(昭和二十八年五月二十六日)
「女優と監督 原節子・熊谷久虎」『毎日新聞』(昭和二十八年七月十日夕刊)

「原節子さんにおききする『白魚』出演の弁」『新映画』(昭和二十八年九月号)
「私の好きな女の型　原節子」『丸』(昭和二十九年一月号)
「原節子は『そこひ』」『報知新聞』(昭和二十九年二月四日)
「原節子は盲目になるのか」『週刊映画』(昭和二十九年六月十三日号)
「〝私はカメラがこわい〟遂にとらえた原節子」『報知新聞』(昭和二十九年十月二十一日)
「原節子、白内障で入院」『東京タイムズ』(昭和二十九年十一月十一日)
「美しい年齢」向坂逸郎・原節子『中央公論』(昭和三十二年十一月号)
「わが青春の原節子」池部良『週刊読売』(昭和五十年七月十九日号)
「村上茂子さんのこと」笹沼真理子『シナリオ』(平成二十六年十一月号)

第十一章

(書籍)

『美しき母への讃歌』林房雄(大日本雄弁会講談社、昭和三十二年)
『私の芸界遍歴』森岩雄(青蛙房、昭和五十年)

(新聞・雑誌など)

「私の好きな女の型　原節子」『丸』(昭和二十九年一月号)
「包まれた原節子の去就をめぐる三つの話題」『週刊サンケイ』(昭和三十年二月六日号)
「悲しみに堪えて全快も近い初春」『近代映画』(昭和三十年三月号)

「〝黒い眸〟昔のま、鎌倉にいた原節子」『報知新聞』（昭和三十年三月二十七日）
「〝結婚相手は気長にさがす〟またいい映画をと再起の原節子さん」『朝日新聞』（昭和三十年四月七日夕刊）
「母物は慣れる為　原節子　最大関心は健康」『東京新聞』（昭和三十年四月十八日）
「女優・原節子　現代女優伝その6」『人物往来』（昭和三十年六月号）
「時の人話題の人診断　原節子」『婦人公論』（昭和三十年七月号）
「人妻の歩いたこの十年　まことの愛を求める原節子」『スポーツニッポン』（昭和三十一年二月二十六日）
「ことしこそ新生面を　原節子三年ぶりの小津作品」『スポーツニッポン』（昭和三十二年二月十日）
「かなえられぬ結婚　原節子との一問一答」『週刊東京』（昭和三十二年二月二十三日号）
「美しい年齢」向坂逸郎・原節子『中央公論』（昭和三十二年十一月号）

第十二章

（新聞・雑誌など）
「〝一と夏泳ぎ暮らしました〟原節子、久々に東宝砧撮影所へ」『内外タイムス』（昭和三十三年九月二十二日）
「庭球、美容体操をして　久しぶりに『女ごころ』に主演の原節子」『東京新聞』（昭和三十三年十一月三日）

「戦後派スターの典型　偶像からの脱皮がカギ　原節子」『日本経済新聞』（昭和三十四年六月二十一日）
「衰えぬ〝気品〟その後の原節子」『日刊スポーツ』（昭和三十四年十月二十一日）
「『私も恵まれなかった』主役一年ぶり、『路傍の石』を語る原節子」『報知新聞』（昭和三十五年一月十二日）
「珍しく二本連続出演　家族向き映画が好きと原節子」『東京新聞』（昭和三十五年二月五日）
「欲望のない女優　面接・原節子」倉光俊夫『週刊朝日・別冊』（昭和三十五年五月一日号）
「大モテの原節子三本連続出演」『産経新聞』（昭和三十五年五月十一日）
「永遠の聖処女／接吻す」『週刊女性』（昭和三十五年五月十五日号）
「消極的だった女優25年　原節子にきく〝今と昔〟」『報知新聞』（昭和三十五年九月二十七日）
「芸術祭の顔⑮原節子さん　美しいものを与える映画を」『朝日新聞』（昭和三十五年十一月二十四日夕刊）
「姉妹みたいに仲良く楽しく！」原節子・司葉子『東宝映画』（昭和三十六年十月号）
「『忠臣蔵』にかける情熱」『スポーツニッポン』（昭和三十七年七月五日）
「〝日本の恋人〟の思い出」『ミセス』（昭和六十一年九月号）
「原節子さんとご一緒できたほうが、わたしはうれしかったかしら」香川京子『東京人』（平成十五年十月号）
「『原節子』『司葉子』『美空ひばり』宝田明が見た『女優の秘密』」『週刊新潮』（平成十八年五月四日・十一日合併号）

「小津安二郎先生とわたし（3）」山内静夫・石井妙子『諸君！』（平成二十年三月号）

第十三章

（書籍）
『小津安二郎物語』厚田雄春・蓮實重彥（筑摩書房、平成元年）
『野田高梧　人とシナリオ』「野田高梧　人とシナリオ」出版委員会編（シナリオ作家協会、平成五年）
『小津安二郎と茅ヶ崎館』石坂昌三（新潮社、平成七年）
『ぼくの女優交遊録』堀江史朗（主婦の友社、平成十四年）
「来し方を　思う涙の　耳に入り」藤本真澄『山口瞳対談集3』（論創社、平成二十一年）
『殉愛』西村雄一郎（新潮社、平成二十四年）
「映画界の異端児の告白的放談――熊谷久虎」『勲章のいらない巨人たち』（世界聖典刊行協会、昭和五十六年）
（新聞・雑誌など）
「小津安二郎氏」『産経新聞』（昭和三十八年十二月十二日夕刊）
「原節子　永住の地鎌倉にただ今大工監督」『報知新聞』（昭和四十年三月十二日）
「〝幻の女優〟原節子」『スポーツニッポン』（昭和四十一年七月十五日）
「これが49歳・原節子の隠された私生活！」『週刊平凡』（昭和四十五年六月十八日）

「〝永遠の処女〟原節子のマスコミを拒否する生活」『週刊ポスト』（昭和四十五年八月七日号）
「げいのう★引退女優の引っぱり出しに署名運動」『週刊現代』（昭和四十六年七月一日号）
「『原節子さん、芸能界にカムバックして下さい！』と、全国の街頭で、署名運動……」『週刊平凡』（昭和四十六年七月一日号）
「自らを幽閉した永遠の処女」『女性自身』（昭和四十六年八月七日・十四日合併号）
「まあ！私のサイン　驚く水戸光子」『報知新聞』（昭和四十八年二月十三日）
「わたしにも記憶がない　原節子さん〝帰って来た日の丸〟語る」『報知新聞』（昭和四十八年二月十四日）
「ついにテレビで公開できなかった　原節子さんの生々しい近況写真」『週刊平凡』（昭和五十年八月二十八日号）
「原節子は〝マッカーサーの恋人〟だった⁉」『週刊文春』（昭和五十二年十二月一日号）
「ついにとらえた原節子の近影」『週刊文春』（昭和五十三年六月十五日号）
「〝最後のスター〟原節子はなぜ消えたのか」鈴木和夫『週刊文春』（昭和五十三年六月十五日号）
「第2弾‼女優・原節子の謎」鈴木和夫『週刊文春』（昭和五十三年七月六日号）
「縁側の節子さん――〝永遠の処女〟師走の〝御近影〟」『ＦＯＣＵＳ』（昭和五十八年一月七日号）
「独占スクープ　幻の大女優　原節子さん突然処分した三十億円不動産なぜ？」『週刊女性』（平成五年十月五日号）

「長者番付で30年ぶりに浮上した〝伝説の聖女〟原節子のプライバシー」『週刊読売』（平成六年六月五日号）
「原節子が長者番付で『表』に出た『裏』事情」『サンデー毎日』（平成六年六月五日号）
「原節子は『ビール、麻雀、水泳』が好き」『週刊文春』（平成七年八月三十一日号）
「80歳を迎える原節子さんの『神々しい老後』」『FRIDAY』（平成十二年六月三十日号）
「鎌倉でひっそり暮らす『永遠の処女』原節子」『FOCUS』（平成十二年十一月二十九日号）
「幻の名女優・原節子さん（82）清閑なる生活」『女性自身』（平成十四年七月三十日号）
「映画記者を走らせた『原節子』死亡情報」『週刊新潮』（平成十四年十一月二十一日号）
「原節子さんとご一緒できたほうが、わたしはうれしかったかしら」香川京子『東京人』（平成十五年十月号）
「原節子は『なぜ引退したか』」『週刊新潮』（平成十七年一月十三日号）
「原節子さん自宅を離れ『医療マンション』へ『伝説の女優』に囁かれる『重病説』」『週刊女性』（平成十八年七月十一日号）
「原節子『医療マンション入居』で心配される『病状』」『週刊現代』（平成十九年一月六日・十三日合併号）
「『永遠の処女』原節子を追って」斎藤充功『文藝春秋』（平成十九年二月号）
「小津安二郎先生とわたし（3）」山内静夫・石井妙子『諸君！』（平成二十年三月号）
「脚本家　白坂依志夫の世界」白坂依志夫『シナリオ別冊』（平成二十年六月号別冊）

「小津安二郎外伝　四人の女と幻想の家」照井康夫『文學界』（文藝春秋、平成二十五年八月号）
「村上茂子さんのこと」笹沼真理子『シナリオ』（平成二十六年十一月号）
「総力取材！ヴェールを脱いだ『原節子』隠遁52年間の後半生」『週刊新潮』（平成二十七年十二月十日号）
「同居の甥が明かした原節子が愛した男」『週刊文春』（平成二十七年十二月十日号）
「追悼　昭和の大女優　原節子さん　永遠の聖女が遺した謎」『週刊朝日』（平成二十七年十二月十一日号）
「追悼　叔母・原節子と裕次郎の奇縁」木下亮『文藝春秋』（平成二十八年二月号）

本作品には、今日の人権意識に照らし、不適切な表現を含む証言を収録しています。それは、現代において、明らかに使用すべき表現ではありません。しかし、当時はそうした誤った考え方が存在し、そのような価値観にとらわれる人々もいたという歴史的背景に鑑み、そのまま収録することとしました。

決して差別の助長、温存を意図するものではないことをご理解の上、お読みいただければ幸いです。

手帖抄

原節子

省線電車。ものすごい混雑。赤ン坊の泣声と怒声罵声《ばせい》。ぽうとなるほどの人いきれ。でも、座席にかけてゐるわたしは楽だつた。座席にかけてゐることが何だか申わけないやうにも思はれ、わたしは眼をつむつてゐた。それでも私の膝の上は胸の高さまで人々の荷物だつた。せめて荷物だけでも持つてあげねばかけて居られない気もち。ところが、突然膝のあたりから足首にかけて生温い液体が流れるのを感じた。わたしはハツとした。つづいてまた流れた。それは疑ふまでもなく横向きのままわたしの前まで押されて来た婦人の背の赤ン坊の——である。膝頭から足首にかけてむづ痒《がゆ》くなつて来た。わたしはだまつてゐた。赤ン坊がはげしく泣きだした。でも婦人——母親は混雑のため赤ン坊をあやすこともできなかつた。席を譲らうにも、膝の上は荷物だし、その荷物の持主はみな離れたところへ押しやられてゐるのだ。車内のあちこちで赤ン坊が泣きだした。それはけつして愉しい心地ではない。「気が狂ひさうだ」と誰かが呻《うめ》いた。

「やかましいぞッ！」

「泣かぬ子と替へて来いッ！」

「うるさいツ、降りろッ！」

怒声がはんらんした。と、突然、

「黙れ！うるさければ貴様が降りろ。母親の身にもなつてみよ。心で泣いてるぞ！」

軍国調に云《い》へば、その声は三軍を叱咤《しった》する烈々たる気魄《きはく》に充ちてゐた。一瞬、車内はシーンと静まつてしまつた。

×

二等車の中で。

その列車が大阪に近づいて来ると、一人の青年が座席のビロードの布をナイフで切り取つて、自分の靴を磨きはじめた。並んでかけてゐる若い女の人は、ただほほゑんでゐるばかり。

×

省電の中で。

若い娘さんが座席にかけてゐた。その前に若い母親が乳児を抱いて立つてゐた。やがて娘さんが、「どうぞ、抱《だつ》こさせて下さい」と若い母親に手をさしのべた。すると隣りにかけてゐた紳士が

「抱いてあげる親切があつたら、席を譲りたまへ、君は若いンぢやないか」

とその娘さんに呶鳴《どな》つた。(いかにも罵倒的に。)娘さんはまつ赤になつた。

「では、お言葉に甘えまして。すみませんわねえ」

若い母親はさも嬉《うれ》しさうに乳児を娘さんに与へた。娘さんはホツとしたやうに若い母親を見上げてほほゑんだ。わたしも救はれたやうにホツとした。

紳士は「善」を知つてゐると云へよう。けれども「善」を行へないたぐひであらう。

×

先頃、ある会社で「ミス・ニッポン」を募集した。容貌《ようぼう》容姿の美が条件の全部。勿《もち》論《ろん》、商業政策でしかない。

容貌容姿は条件にせず、ほんとに無比といへる、人間として申分のない人を撰《えら》ぶということは金儲《もう》けにならないことなので、未だ一度も企画されたことがない。しかし朝日新聞社が継続実行してゐる「健康児」の表彰は幾分この企画に似通ふものだと思ふ。これに似た企画が次々に実現されてほしい。

容貌容姿の美しさを主条件とするNO・1を撰ぶといふことは、文化の水準を高めるいとなみとは云へない。企画者もそれをよく知つてゐるにちがひないが。

×

「まともにしてゐては生きてゆけないよ」

「さうだとも。何とかなるまではやむを得ぬさ」

よくきかされる会話である。

敗戦前の日本人は、日本人自身をおめでたいほど高く評価してゐた。日本といふ国は世界無比の国であり、日本人は世界で最も優秀な民族であると考へ、自惚《うぬぼ》れてゐた。ところが敗戦は、その日本人をひどく自卑的にし、今ではあべこべに日本人は全くなつてゐないといふ声が、はんらんしてゐる。ほんとにわたしたちは日本人でありながら日本人がいやになつてしまふほどのいろいろな現象を目撃する。日本人にあいそをつかしたい思ひをさせられることはたびたびである。

けれども、欠陥の多い日本そして日本人ではあるが、自卑してはいけないと思ふ。日本人はあくまで日本人である。日本人にあいそがつきたといつても、自分も日本人である以上、めいめいが何とかして一日も早くお互に愉しく生きてゆけるやうに仕向けようではないかといふこころになつて、手近かな自分の周囲からその実現につとめなくてはいけないと思ふ。それは結局自分のためだし、それが大きく結集してはじめて日本全体が住みよく明るい国として育つて行くのだと思ふ。わたしはけつして教育家でも宗教家でもない。ただ、敗戦後わたしはいつもそんなことを考へずにゐられない嶮《けわ》しい世相の中に生きながら、日本人の誰もが自分とこの祖国を正当に再認識してほしいと念ふのである。日本再建はそこからだとわたしは云ひたい。

（初出「想苑」一九四六年。「新潮」二〇一七年一月号に再録された）

解説

ヤマザキマリ

原節子が出演する映画を初めて見たのは、十七歳でイタリアに移り住んだ時のことだった。映画好きの大学生の友人に、ある日「君は日本人なのに小津安二郎も知らないで、画家という表現者になるつもりなのか。どうかしている」と呆《あき》れられ、フィレンツェの下町にある学生向けの汚い映画館で見せられたのが、『東京物語』だった。今でもなお、小津安二郎は欧州の映画好きが年齢問わず強く支持する監督のひとりであるが、その後様々な日本映画を通じて原節子という女優をイタリアの映画館のスクリーンやテレビで見ることとなる、その始まりがこの作品だった。

上映が終ると、私たちは映画館の中にあるカフェへ移動して、その場にいた仲間と熱心にそれぞれの『東京物語』評を交わし合った。日本とイタリアの家族のありかたの違い、情動の抑えられた静かで深い表現。映像についてのあれこれを語り合う中で、イタリア人たちは皆、登場人物の紀子《のりこ》を演じた原節子を〝あの聖母のような様子の〟

だの〝女神的な〟などと形容した。誰ひとりとして、美人、とか、綺麗《きれい》な、といったありきたりな表し方をしないのが印象的だった。考えてみれば、イタリア人は滅多に女優に対して〝聖母のような〟などという崇高なたとえを用いることはない。実際、抜群に美しい容姿を持った女優であっても、誇張のない、内面から溢《あふ》れ出てくるような自然な気高さと、慈悲深さを兼ね備えた雰囲気をもつ人はあまり思い当たらない。

私もそれまで原節子を全く知らなかったわけではない。日本のメディアは、私が生まれた時には既に引退していたこの幻の女優を何かと取り上げることがあったし、彼女が日本の映画史における重要な存在であることも知っていた。手元にあった往年の女優グラビアにも勿論《もちろん》原節子の写真は載っていたし、母が若い頃に見た黒澤明監督の『白痴』で、原節子がどれだけ素晴らしかったか、映画の中で羽織っていたマントがいかに素敵だったかを語っていたことも記憶に残っていた。並外れた容姿の美しさと存在感。それが、数々の素晴らしい映画でヒロインを演じつつも、突然銀幕から去った、この女優の伝説たる所以《ゆえん》なのだと私は思い込んできた。

ところが、『東京物語』の映像の中で初めて見た、実際に動いている原節子は、私がそれまで抱いていたイメージとは何かが違った。大柄で目鼻立ちがはっきりしているため、その佇《たたず》まい全体に東洋人の女優には珍しいドラマチックなものが感じられた、というのもある。確かに美人ではあるけれど、日本人好みの繊細でコケティッシュな美しさとは明らかに種類が違う。演技力がないわけではないのに、本人の生真面目《きまじめ》な資質が端々から滲《にじ》み出てしまっているのも印象的だった。

あれから三十年の月日を経て石井妙子さんの作品を介し、原節子という女優と改めて向き合ってみてわかったのは、女優という職業のレイヤーを外した人物として私が推察したことは、強《あなが》ち間違ってはいなかったということである。原節子という名の女優を生業としていた会田昌江は、生真面目さと正義感を備えた女性だった。自分という人間を、日本の映画界を、激動の時代の日本という社会を、そして世界そのものを、しっかり俯瞰《ふかん》して見ることのできる勤勉な人物だった。傲《おご》りや自惚《うぬぼ》れに陥ることを恐れて、常に沈着冷静に自らを観察する、弛《ゆる》みのない厳しい意識が、彼女の置かれているいかなる状況においても伝わってくる。持って生まれた美しさに対しても原節子は徹底して客観的だった。自分の授かった肉体に適応する職業は女優である、という徹底的にクールな分別が感じられるのだ。女優という職業を好きか嫌いかという短絡的な次元で捉《とら》えることはない。考えてみれば、私も漫画家になりたいと思ったことなどないし、絵を描くことも、漫画家という職業も決して好きなわけではない。ただ、成り行きで始めたこの仕事をこうして長く続けていられるのは、黙っていても白い空白さえあれば絵を描かずにいられなくなる、そんな自分の性に合っているからなのだと、この本を読み終ってから、はっきり自覚するようになった。

この評伝に記されている原節子の生涯の出来事のなかで、特別私が強く共感を覚えたのは、ドイツとの合作映画『新しき土』の撮影後、十六、七歳だった節子が欧州とアメリカを巡って日本に帰国した直後の心境についての描写かもしれない。私は十四歳で初めてひとりで欧州に出されたが、それまで置かれていた空間よりも遥《はる》かに広く深い場所を体験してしまった若い人間は巣立った若鳥と同じで、自分がそれまで居た場所に戻ってきても、窮屈さや視界の狭さを感じずにやり過ごすことは不可能だと言っていい。

空気の淀《よど》んだ日本の映画界。〝西洋かぶれ〟という自らに向けられた冷酷な誹謗《ひぼう》、そして第二次世界大戦の勃発《ぼっぱつ》。原節子の周りは、これでもかというくらい人間を失望させる要素で溢れかえっていた。でも実はそのような過酷な環境こそが、この若い女優の精神を熟成させていったことは間違いない。疑念も懸念《けねん》も苦悩も失意といったあらゆる負の感情にも囚《とら》われず、欧州で出会ったマレーネ・ディートリッヒのような毅《き》然《ぜん》とした女優としての、いや、女優を生業とする人間としての貫禄《かんろく》を身につけるためには、目の前の現実から決して意識を逸《そ》らしてはいけないのだと、勤勉な原節子は感じていたはずだ。若さと美しさを備えていながらも、女優原節子の自意識はもっともっと深く、険しい場所にあったのだろう。小津安二郎にとって原節子が唯一《ゆいいつ》無二の存在になったのも、きっとこの生真面目さと純粋さでできているような女優の内側に潜む、人間的な成熟に気がついていたからではないだろうか。

原節子が映画という浮き世の世界と関わりを保ちながらも、そこの住人になることを拒み、世知辛く厳しい当時の日本社会の現実から目を逸らそうとしない性格の持ち主であったことは、この文庫版で新たに加えられた彼女の自筆エッセイからもしっかりと読み取る事ができる。敗戦後の日本と、日本人の抱える不安や心もとなさを冷静に見つめ、自分の意見を臆《おく》せず表に出すことのできる強さと勇気を持った女性が、果たしてこの当時どれだけいただろうか。

原節子の言葉に軽率さはない。そしてそんな彼女の甘えを許さない勇敢な姿勢が、その美しい容姿を確実に内面からも磨き上げていったのだろう。

そう考えると、『新しき土』の女優探しに日本にやってきたアーノルド・ファンク監督が、田中絹代ら当時の日本で人気だった女優には目もくれず、〝ドイツ人にも通じる美しさ〟を原節子に見出《みいだ》したのは、当然のことだったのである。ファンク監督の審美眼は、若い原節子の美しさの中に、濁りのない清らかさと、人種を超越した神話の女神のような強さを認めたのだ。だとすると『東京物語』を見た直後のイタリア人の若者たちが、原節子をしきりと〝聖母のような〟などと言い表したことにも、すっきり納得がいくわけである。

原節子が世間から大女優と評されるその根拠はどこにあったのか。美しい美しいと言われるその〝美しさ〟とは一体どのような要素でできているのか。あの世界に通じる慈悲深さと、傷つくことにひるまない強さを兼ね備えたオーラは、どのようにして彼女の中に発芽したものなのか。

この評伝は原節子という人を知るためだけにあるのではない。老若男女《ろうにゃくなんにょ》問わず今を生きるあらゆる人に向けられた、成熟した人間と社会を作り上げていくための、いわば人生の参考書だと私は思っている。

戦前戦後の美人女優という固定観念の堅い岩盤を穿《うが》ち、しなやかで逞《たくま》しいひとりの人間像を掘り起こした石井さんの努力と手腕にはつくづく感服するばかりだが、石井さんが最後まで会うことの叶《かな》わなかった原節子自身も、ここではないどこかで、きっと同じ思いを抱いているだろう。

（二〇一八年十二月、漫画家・随筆家）

この作品は平成二十八年三月新潮社より刊行された。

石井妙子著

おそめ

―伝説の銀座マダム―

かつて夜の銀座で栄光を摑んだ一人の京女がいた。川端康成など各界の名士が集った伝説のバーと、そのマダムの華麗な半生を綴る。

有吉佐和子著

華岡青洲の妻

女流文学賞受賞

世界最初の麻酔による外科手術――人体実験に進んで身を捧げる嫁姑のすさまじい愛の葛藤……江戸時代の世界的外科医の生涯を描く。

青柳恵介著

風の男 白洲次郎

全能の占領軍司令部相手に一歩も退かなかった男。彼に魅せられた人々の証言からここに蘇える「昭和史を駆けぬけた巨人」の人間像。

青木冨貴子著

GHQと戦った女 沢田美喜

GHQと対峙し、混血孤児院エリザベス・サンダース・ホームを創設した三菱・岩崎家の娘沢田美喜。その愛と情熱と戦いの生涯！

遠藤周作著

王妃 マリー・アントワネット（上・下）

苛酷な運命の中で、愛と優雅さを失うまいとする悲劇の王妃。激動のフランス革命を背景に、多彩な人物が織りなす華麗な歴史ロマン。

尾崎真理子著

ひみつの王国

―評伝 石井桃子―

新田次郎文学賞、芸術選奨受賞

『ノンちゃん雲に乗る』『クマのプーさん』など、百一年の生涯を子どもの本のために捧げた児童文学者の実像に迫る。初の本格評伝！

河盛好蔵著

藤村のパリ

読売文学賞受賞

姪との「不倫」から逃げるように渡仏した島崎藤村。その生活ぶりをつぶさに検証し、一九一〇年代のパリを蘇えらせた、情熱の一書。

山口瞳
開高健 著

やってみなはれ みとくんなはれ

創業者の口癖は「やってみなはれ」。ベンチャー精神溢れるサントリーの歴史を、同社宣伝部出身の作家コンビが綴った「幻の社史」。

海音寺潮五郎著

西郷と大久保

熱情至誠の人、西郷と冷徹智略の人、大久保。私心を滅して維新の大業を成しとげ、征韓論で対立して袂をわかつ二英傑の友情と確執。

梯久美子著

散るぞ悲しき

―硫黄島総指揮官・栗林忠道―
大宅壮一ノンフィクション賞受賞

地獄の硫黄島で、玉砕を禁じ、生きて一人でも多くの敵を倒せと命じた指揮官の姿を、妻子に宛てた手紙41通を通して描く感涙の記録。

黒柳徹子著

トットひとり

森繁久彌、向田邦子、渥美清、沢村貞子……大好きな人たちとの交流と別れを綴った珠玉のメモワール！ 永六輔への弔辞を全文収録。

草間彌生著

無限の網

―草間彌生自伝―

果てしない無限の宇宙を量りたい――。芸術への尽きせぬ情熱と、波瀾万丈の半生を、天才自らの言葉で綴った、勇気と感動の書。

神坂次郎著
縛られた巨人
――南方熊楠の生涯――

生存中からすでに伝説の人物だった在野の学者・南方熊楠。おびただしい資料をたどりつつ、その生涯に秘められた天才の素顔を描く。

沢木耕太郎著
檀

愛人との暮しを綴って逝った「火宅の人」檀一雄。その夫人への一年余に及ぶ取材が紡ぎ出す「作家の妻」30年の愛の痛みと真実。

佐藤昭子著
決定版 私の田中角栄日記

田中角栄は金権政治家だったのか、それとも平民宰相なのか。最も信頼された秘書が日記を元に、元首相の素顔を綴った決定版回想録。

最相葉月著
星新一（上・下）
――一〇〇一話をつくった人――
大佛次郎賞・講談社ノンフィクション賞受賞

大企業の御曹司として生まれた少年は、いかにして今なお愛される作家となったのか。知られざる実像を浮かび上がらせる評伝。

佐賀純一著
浅草博徒一代
――アウトローが見た日本の闇――

大正昭和の世相を背景に、浅草で勢力を張った博徒が物語る愛と波乱の生涯。知られざる「日本の闇」を生きたアウトローの告白。

笹本恒子著
ライカでショット！
――私が歩んだ道と時代――

日本初の女性報道写真家は今年100歳、まだまだ現役。若さと長生きの秘訣は、溢れる好奇心と毎日の手料理と一杯のワイン！

山崎豊子著

花のれん
直木賞受賞

大阪の街中へわての花のれんを幾つも幾つも仕掛けたいのや——細腕一本でみごとな寄席を作りあげた浪花女のど根性の生涯を描く。

吉川英治著

宮本武蔵（一）

関ケ原の落人となり、故郷でも身を追われ、憎しみに荒ぶる野獣、武蔵。彼はいかに求道し剣豪となり得たのか。若さ滾る、第一幕！

吉村昭著

ポーツマスの旗

近代日本の分水嶺となった日露戦争とポーツマス講和会議。名利を求めず講和に生命を燃焼させた全権・小村寿太郎の姿に光をあてる。

隆慶一郎著

一夢庵《いちむあん》風流記

戦国末期、天下の傾奇者《かぶきもの》として知られる男がいた！　自由を愛する男の奔放苛烈な生き様を、合戦・決闘・色恋交えて描く時代長編。

リリー・フランキー著

東京タワー
—オカンとボクと、時々、オトン—
本屋大賞受賞

オカン、ごめんね。そしてありがとう——息子のために生きてくれた母の思い出と、その母を失う悲しみを綴った、誰もが涙する傑作。

寮美千子編

空が青いから白をえらんだのです
—奈良少年刑務所詩集—

彼らは一度も耕されたことのない荒地だった。葛藤と悔恨、希望と祈り——魔法のように受刑者の心を変えた奇跡のような詩集！

K・ウォード
城山三郎訳

ビジネスマンの父より
息子への30通の手紙

父親が自分と同じ道を志そうとしている息子に男の言葉で語りかけるビジネスの世界のルールと人間の機微。人生論のあるビジネス書。

カフカ
頭木弘樹編訳

絶望名人
カフカの人生論

ネガティブな言葉ばかりですが、思わず笑ってしまったり、逆に勇気付けられたり。今までにはない巨人カフカの元気がでる名言集。

カポーティ
佐々田雅子訳

冷血

カンザスの片田舎で起きた一家四人惨殺事件。事件発生から犯人の処刑までを綿密に再現した衝撃のノンフィクション・ノヴェル！

B・クロウ
村上春樹訳

ジャズ・アネクドーツ

ジャズ・ミュージシャンが残した抱腹絶倒、荒唐無稽のエピソード集。L・アームストロング、M・デイヴィスなど名手の伝説も集めて。

M・デュ・ソートイ
冨永星訳

素数の音楽

神秘的で謎めいた存在であり続ける素数。世紀を越えた難問「リーマン予想」に挑んだ天才数学者たちを描く傑作ノンフィクション。

H・A・ジェイコブズ
堀越ゆき訳

ある奴隷少女に
起こった出来事

絶対に屈しない。自由を勝ち取るまでは——残酷な運命に立ち向かった少女の魂の記録。人間の残虐性と不屈の勇気を描く奇跡の実話。

増田俊也著

木村政彦はなぜ力道山を殺さなかったのか（上・下）

大宅壮一ノンフィクション賞・新潮ドキュメント賞受賞

柔道史上最強と謳われた木村政彦は力道山との一戦で表舞台から姿を消す。木村は本当に負けたのか。戦後スポーツ史最大の謎に迫る。

松沢呉一著

闇の女たち

—消えゆく日本人街娼の記録—

なぜ路上に立ったのか？　長年に亘り商売を続ける街娼及び男娼から聞き取った貴重な肉声。闇の中で生きる者たちの実像を描き出す。

町山智浩著

〈映画の見方〉がわかる本

ブレードランナーの未来世紀

魅力的で難解な傑作映画は何を描く？　資料と証言から作品の真の意味を読み解く、時代や人間までも見えてくる映画評論の金字塔。

松山巖著

須賀敦子の方へ

静かな孤独をたたえ、忘れ得ぬ作品を遺した文筆家須賀敦子。親交の深かった著者が、追想とともにその文学と生涯を丹念にたどる書。

宮本輝著

流転の海　第一部

理不尽で我儘で好色な男の周辺に生起する幾多の波瀾。父と子の関係を軸に戦後生活の有為転変を力強く描く、著者畢生の大作。

森下典子著

日日是好日

—「お茶」が教えてくれた15のしあわせ—

五感で季節を味わう喜び、いま自分が生きている満足感、人生の時間の奥深さ……。「お茶」に出会って知った、発見と感動の体験記。

原《はら》節《せつ》子《こ》の真《しん》実《じつ》

新潮文庫 い - 95 - 2

平成三十一年二月一日発行

著者 石《いし》井《い》妙《たえ》子《こ》

発行者 佐藤隆信

発行所 株式会社 新潮社

郵便番号 一六二—八七一一
東京都新宿区矢来町七一
電話 編集部(〇三)三二六六—五四四〇
読者係(〇三)三二六六—五一一一
https://www.shinchosha.co.jp

価格はカバーに表示してあります。

乱丁・落丁本は、ご面倒ですが小社読者係宛ご送付ください。送料小社負担にてお取替えいたします。

印刷・株式会社光邦 製本・株式会社大進堂

ISBN978-4-10-137252-5 C0195